LES ÉNIGMES DE L'HISTOIRE DE FRANCE

Sous la direction de
Jean-Christian Petitfils

LES ÉNIGMES DE L'HISTOIRE DE FRANCE

LE FIGARO HISTOIRE / PERRIN

Editions Perrin
12, avenue d'Italie
75013 Paris
Tél. : 01 44 16 09 00
Fax : 01 44 16 09 01

ISBN : 978-2-262-07287-2

Dépôt légal : janvier 2018

Composition : Peter Vogelpoel

Sommaire

Avant-propos

Si les énigmes de l'histoire fascinent tant le public, c'est sans doute parce qu'elles se présentent le plus souvent comme de captivantes enquêtes policières, auxquelles ne manque que le mot de la fin. Nombreuses ont été les études parues depuis le XIXe siècle, époque de la naissance de la critique historique. Certaines s'appuient sur une documentation sérieuse et une démarche rigoureuse – on songe aux travaux du regretté Alain Decaux, qui leur a consacré, en partie, ses talents d'historien et de conteur –, d'autres, au contraire, fantaisistes, mêlent invraisemblances et extravagances, ésotérisme de pacotille et « complotisme » échevelé, le tout relayé aujourd'hui par les rumeurs délirantes circulant sur Internet. Le meilleur et le pire en somme !

L'histoire, et singulièrement celle de la France, regorge de mystères. C'était vrai sous la monarchie absolue, où l'organisation de l'Etat royal avait été conçue pour demeurer dans les brouillards de l'Olympe. « Le secret et le mystère sont un de vos premiers devoirs, je vous prie de vous en ressouvenir », écrivait le 10 février 1710 le ministre Pontchartrain à M. de Bernaville, gouverneur de la Bastille. Mais il en est encore de même de nos jours dans notre régime démocratique où, en dépit d'un désir parfois maladif de transparence, les traditions de dissimulation perdurent. La notion du « Secret Défense », légitime en soi, n'a-t-elle pas couvert ces dernières années bien des turpitudes des pouvoirs publics ?

Personnages énigmatiques, affaires d'espionnage ou d'enlèvement, coups tordus de services spéciaux que l'on s'efforce de passer sous silence, morts inexplicables, crimes politiques ou passionnels, organisations clandestines, les sujets ne manquent pas, souvent envahis par l'irrationnel, les mythes ou les fantasmes qui les défigurent jusque dans leurs dimensions romanesques.

Traités par les meilleurs spécialistes, universitaires, historiens et chercheurs de renom, venus des horizons les plus divers, vingt de ces mystères, depuis la bataille d'Alésia à l'été de l'an 52 avant notre ère jusqu'à l'étrange voyage du général de Gaulle à Baden-Baden les 29 et 30 mai 1968, ont été retenus ici. A partir de documents d'archives incontestables, de témoignages fiables, d'un travail de recoupement d'indices ou de sources nouvelles, ces enquêteurs chevronnés se sont attachés à proposer, sans les imposer, les hypothèses les plus logiques et les plus vraisemblables.

N'en déplaise aux détectives amateurs qui se complaisent dans les ronrons de l'histoire et se copient les uns les autres, une des conclusions à tirer de ce livre est que la recherche avance, que les halos légendaires se dissipent, bref que l'on serre toujours plus près la vérité. Des pièces inédites ou négligées sortent encore des archives, des témoignages nouveaux – pour les affaires les plus récentes – remettent subitement en cause des vérités apparemment bien établies.

Dans plusieurs cas, les scientifiques ont eu recours aux techniques modernes d'investigation : graphologie, analyse de l'encre d'un document ou de la texture chimique du papier, examens médico-légaux de restes humains conservés ou exhumés, identification par l'ADN. On sait par exemple que le mystère de l'exécution des derniers Romanov a pris fin avec l'expertise de leurs empreintes génétiques et que l'imposture d'une mythomane, Anna Anderson, la fausse grande-duchesse Anastasia, a été formellement reconnue grâce à cette méthode. Les recherches d'ADN ont été également utilisées pour résoudre l'énigme de Gaspar Hauser, ce jeune vagabond, hébété et titubant, arrêté sur la place de Nuremberg le lundi de Pentecôte de 1828, en qui on a voulu reconnaître le fils de Stéphanie de Beauharnais, grande-duchesse de Bade, ou celle de la *Dunkelgräfin* (la « comtesse des Ténèbres »), morte en 1837 au château d'Eishausen, dans le duché de Saxe-Hildburghausen, qu'on croyait être la fille de Marie-Antoinette, Madame Royale.

Ces vingt mystères peuvent se regrouper en six grands thèmes :

1. DES ÉVÉNEMENTS OU DES PERSONNAGES DE PREMIER PLAN

Alésia. Une défaite improbable

Aux lointaines origines de la France, un mystère peut en cacher un autre : si pour l'archéologue Jean-Louis Brunaux la localisation de la bataille d'Alésia à Alise-Sainte-Reine, en Bourgogne, ne mérite même pas la discussion, il importe en revanche de comprendre pourquoi le vaillant Vercingétorix, à la tête de plus de 300 000 combattants, sur un terrain choisi par lui, a dû concéder la victoire aux 60 000 légionnaires de César.

La Saint-Barthélemy. Une nuit très obscure

Laurent Theis fait le point sur la soudaine et violente tuerie des protestants, déclenchée au Louvre et dans Paris le 24 août 1572, au son du tocsin de Saint-Germain-l'Auxerrois. Le mouvement gagna la France entière et fit au total environ 10000 victimes. La difficulté réside à la fois dans l'enchaînement précis des faits et la désignation des commanditaires : la reine mère Catherine de Médicis ? Le roi Charles IX ? Son frère Anjou (futur Henri III) ? Le duc Henri de Guise ? Qui et pourquoi ?

Robespierre, un monstre bien utile

Jean-Clément Martin s'attaque au « mythe Robespierre », autrement dit à la légende noire de l'Incorruptible, bouc émissaire, selon lui, rendu seul responsable de la Terreur par les Thermidoriens. De quoi enfiévrer un débat toujours passionné !...

Jean Moulin, le rendez-vous tragique

Qui est responsable de l'arrestation par les Allemands à Caluire, le 21 juin 1943, de Jean Moulin, alias Rex, délégué pour la France du général de Gaulle ? Olivier Wieviorka s'efforce de faire la lumière sur l'un des épisodes les plus sombres de l'histoire de la Résistance. Des noms sont écartés, d'autres resurgissent... Une authentique et irritante énigme qui a conduit à la disparition tragique du grand héros de la France libre.

De Gaulle à Baden-Baden : le coup de Massu

Impuissant devant ce qu'il appelait la « chienlit », le Général a surpris tout son monde, y compris son Premier ministre Georges Pompidou, en disparaissant précipitamment de l'Elysée le 29 mai 1968. On apprendra plus tard qu'il s'était réfugié à Baden-Baden, quartier général des forces françaises en Allemagne. Repli tactique savamment élaboré ou pitoyable « fuite à Varennes » ? Pierre PELLISSIER apporte ses explications avec conviction.

2. DES MORTS MYSTÉRIEUSES

A-t-on armé le bras de Ravaillac ?

L'identité de l'assassin ne fait aucun doute : un demi-fou, François Ravaillac, natif d'Angoulême, soûlé de prônes tyrannicides. Mais n'a-t-il pas été également circonvenu et guidé par une équipe d'une dizaine de tueurs venus au même moment de Bruxelles, sur l'ordre de l'archiduc Albert de Habsbourg ? C'est la question que nous nous sommes posée à partir de pièces d'archives peu connues et d'un faisceau d'indices troublants.

Qui a tué le duc d'Enghien ?

« C'est un crime inutile ! » se serait exclamé Bonaparte en apprenant l'exécution du jeune duc d'Enghien, fusillé dans les fossés du château de Vincennes le 21 mars 1804, après avoir été enlevé à Ettenheim en territoire badois par un détachement du 22e régiment de dragons et aussitôt jugé par un tribunal militaire *ad hoc*. Plus tard, cependant, l'empereur revendiquera haut et fort cette mort qui confortait son pouvoir. Où est la vérité ? Thierry LENTZ mène l'enquête avec brio.

Saint-Leu. La liaison dangereuse du duc de Bourbon

Le 27 août 1830, Louis-Henri-Joseph, duc de Bourbon, dernier prince de Condé, était retrouvé pendu à l'espagnolette d'une des fenêtres du château de Saint-Leu. Etait-ce un suicide ou un crime maquillé en suicide ? Les soupçons se portèrent sur sa maîtresse, Sophie Dawes, baronne de

Feuchères, héritière d'une bonne partie de sa fortune. Le nouveau roi, Louis-Philippe Ier, qui avait intérêt à sa disparition, n'était-il pas lui aussi impliqué dans cette affaire ? A moins qu'il n'y ait une autre explication, disons, plus délicate… Me Pierre CORNUT-GENTILLE était assurément le mieux placé pour évoquer cette ténébreuse affaire.

Mort de Zola. Un rideau de fumée

La mort du grand écrivain le 29 septembre 1902, retrouvé asphyxié chez lui par des émanations d'oxyde de carbone, a paru accidentelle jusqu'au jour où, cinquante et un ans plus tard, une enquête révéla que le conduit de sa cheminée avait été sciemment bouché. Reprenant la piste criminelle, Alain PAGÈS complète le dossier par des révélations inédites…

3. TRÉSORS ENFOUIS ET SOCIÉTÉS SECRÈTES

Templiers : un sottisier bien garni

Par ses travaux, Alain DEMURGER était tout désigné pour explorer les arcanes de l'ordre du Temple, source inépuisable et *ad nauseam* de fantasmes récurrents, et rétablir enfin la vérité.

Qui se cache sous la Cagoule ?

Olivier DARD étudie l'Organisation secrète d'action révolutionnaire, surnommée la Cagoule, fascisante – et fascinante ! – société terroriste clandestine d'avant guerre, financée et armée par Mussolini, afin de préparer un coup d'Etat dans la crainte d'une prise du pouvoir par les communistes. Il en dévoile avec talent les criminels et dérisoires secrets.

Rennes-le-Château. La faute de l'abbé Saunière

Jean-Jacques Bedu a eu en main la totalité des papiers de cet étrange curé de Rennes-le-Château, que l'on soupçonne, à la fin du XIXe siècle, d'avoir possédé un fabuleux trésor, lié à une société secrète, le soi-disant Prieuré de Sion. Il a pu ainsi percer le mystère de cette affaire qui a pris des proportions ahurissantes, avant de connaître ces dernières années une dimension mondiale avec le roman de Dan Brown, le *Da Vinci Code*.

4. ORIGINES MYSTÉRIEUSES

La Mauresse de Moret. Noirs désirs à la cour du Roi-Soleil

Joëlle Chevé se penche sur cette énigme qui a fait couler beaucoup d'encre : à la fin du XVIIe siècle, une religieuse de couleur, vivant dans un couvent de Bénédictines près de Moret, sœur Louise-Marie-Thérèse, protégée de Mme de Maintenon et à qui les gens de la Cour rendaient visite, était-elle vraiment, comme elle le prétendait, la fille du roi et de la reine, dont elle portait les prénoms ? Ou du roi et d'une maîtresse noire inconnue ?

Napoléon III, recherche en paternité

Biographe du neveu de Napoléon, Eric Anceau dissèque le mystère de sa naissance. S'il fut sans conteste le fils de la volage Hortense de Beauharnais, il n'est pas établi qu'il ait été celui de Louis Bonaparte, roi de Hollande. Les tests ADN soulèvent une troublante question de paléo-génétique. Faut-il remonter à un adultère de « Madame Mère » ?

5. SURVIVANCES

Les vrais mystères de Jeanne d'Arc

Me Jacques Trémolet de Villers, qui a récemment réédité les minutes du procès de Rouen, enquête sur les légendes qui ont fleuri autour du personnage de la Pucelle : n'aurait-elle pas été en réalité la fille d'Isabeau de Bavière ? Son exécution n'a-t-elle pas été fictive ? Ne serait-elle pas réapparue sous le nom de Jeanne des Armoises ?

Louis XVII. Le retour du dauphin perdu

Philippe Delorme était bien placé pour faire la synthèse des dernières recherches sur l'orphelin du Temple, puisqu'il a été à l'origine en 2000 des prélèvements d'ADN sur le cœur de l'enfant-roi, dérobé durant son autopsie en juin 1795 par le Dr Pelletan. Les conclusions qu'il en tire, en dépit des contre-feux des « survivantistes », partisans de Naundorff, sont sans appel.

6. VIEUX SECRETS D'ANCIEN RÉGIME

Anne d'Autriche et Jules Mazarin, « une liaison intime de l'esprit » ?

Ils ont gouverné la France pendant la minorité de Louis XIV. Ce qui reste de leur correspondance secrète est empli de signes cabalistes et d'expressions amoureuses. Ont-ils été amis ou amants ? Ont-ils été mariés secrètement ? Thierry Sarmant fait un point complet sur cette étrange énigme.

Les Poisons : une ombre sur le Roi-Soleil

En 1679, à l'apogée du règne de Louis XIV, éclate cette affaire criminelle, probablement la plus vaste de tous les temps, à laquelle se trouvent mêlées des centaines de personnes, dont les plus grands noms de la Cour, en particulier la favorite, Mme de Montespan. Claude QUÉTEL, auteur d'un ouvrage sur cette énigme, livre ses conclusions.

Le Masque de fer démasqué ?

Qui était ce mystérieux prisonnier d'Etat, « dont le nom ne se dit pas », conduit au Fort royal de l'île Sainte-Marguerite en 1687, un masque d'acier sur le visage, puis transféré en 1698, le visage couvert d'un masque de velours noir, à la Bastille, où il mourut cinq ans plus tard ? Etait-ce un frère jumeau de Louis XIV, le surintendant Fouquet, le diplomate Matthioli ou Molière ? L'énigme n'est pas totalement résolue, mais nous en savons bien davantage aujourd'hui qu'il y a trente ou quarante ans. C'est ce que nous montrons dans cette étude.

L'affaire du Collier, ou le génie de l'intrigue

Marie-Antoinette, qui avait indiscutablement un goût prononcé pour les parures et les diamants, a-t-elle été mêlée de près ou de loin à cette habile escroquerie menée par une aventurière, Jeanne de La Motte-Valois, qui prétendait être son amie intime ? Hélène DELALEX nous livre, dans un récit vivant, la version la plus vraisemblable de ce scandale immense qui éclaboussa la cour de France, préparant ainsi la voie à la Révolution.

Les progrès de l'histoire suscitent parfois désillusions et frustrations. « N'est-il rien de plus décevant qu'une énigme dont le mot est trouvé ? remarquait G. Lenotre, le grand maître de la petite histoire, passionné de mystères et d'affaires ténébreuses. Un puzzle quand tous ses fragments sont en place n'est plus qu'une assez vulgaire image dont personne ne s'amuse : l'intérêt dans ce genre de casse-tête n'est pas d'y réussir, mais d'y travailler, et les vrais joueurs retardent autant qu'ils le peuvent l'achèvement qui met fin à leur plaisir... »

Il est vrai que le propre des mystères historiques a toujours été d'enflammer les passions et les imaginations. Les mystères peuvent être résolus, les légendes sont immortelles... et les débats éternels ! Ce livre suscitera peut-être des contestations, des discussions, voire des polémiques : ce serait heureux si elles faisaient avancer la recherche historique.

Jean-Christian Petitfils

I

Alésia. Une défaite improbable

par Jean-Louis Brunaux

Alésia. La mémoire du lieu cultive le paradoxe. Plus de vingt siècles nous séparent de l'événement qu'elle retient. Pourtant, l'épisode historique n'a rien de glorieux : il marque une défaite cuisante, pis, la fin d'une civilisation. Alésia devrait en être honteusement oublié. Mais l'attachement que les Français lui témoignent est si fort que, depuis la Renaissance, nombre de localités s'en réclament les descendantes. La raison tient à la bataille elle-même qui demeure une énigme. Comment les Gaulois, à la tête de l'armée la plus considérable jamais réunie jusqu'alors sur le sol de France (plus de 300 000 hommes), ont-ils pu céder devant les 60 000 légionnaires de César ? Mais, au fond, ce mystère n'est-il pas celui, plus large, de cette guerre des Gaules dont César voulut qu'Alésia marquât la fin ?

La Guerre des Gaules, *histoire ou fiction ?*

Pour répondre à ces questions, il faut reprendre l'histoire à son début, celle de la conquête romaine. Nous disposons de l'ouvrage, *La Guerre des Gaules*, dans lequel

César narre son aventure en Gaule pendant sept années. Témoignage irremplaçable sur les événements de la fin de l'indépendance gauloise, il est aussi, pour le malheur de l'historien, quasi unique. Et ce récit circonstancié des principaux faits guerriers et particulièrement du siège d'Alésia n'est pas neutre, il est celui du vainqueur. De surcroît, l'auteur est un écrivain de grand talent, capable, sans mentir vraiment, de tordre les faits pour les ajuster à sa vision de la Gaule, des Gaulois et de sa « conquête ».

Or César, proconsul (administrateur temporaire d'une province romaine après la sortie de sa charge de consul en 59), avait en venant en Gaule des intentions calculées. Il lui fallait faire une guerre facile à gagner et à même de conforter son ascension politique par la renommée acquise et la richesse confisquée à l'ennemi. Composé des rapports annuels qu'il faisait parvenir au Sénat romain pour justifier les subsides qu'il en recevait pour faire la guerre, l'ouvrage, immédiatement publié par morceaux, s'est avéré un formidable moyen de propagande. Il lui a valu les plus grands honneurs que la République romaine ait accordés à un général romain.

Sans être pure fiction – César était accompagné en Gaule d'hommes politiques romains : autant d'observateurs vigilants de son action –, *La Guerre des Gaules* ne peut pour autant être considérée comme un véritable manuel d'histoire. Il faut, à sa lecture, ne jamais se départir d'un esprit critique et souvent lire entre les lignes. Son titre, tout d'abord, pose problème : il affirme que la conquête de la Gaule fut avant tout affaire militaire. C'est une fausse évidence.

La Gaule de la fin de l'indépendance

Il en est une autre qu'il faut combattre, celle qui fait des Gaulois des Barbares vivant dans la périphérie et l'ombre du monde gréco-romain. Ils jouissaient, au contraire, d'une authentique civilisation que révèlent leurs inventions technologiques, leurs formes d'art originales, leur pensée religieuse à nulle autre pareille et leurs institutions politiques. Mais surtout, ils étaient beaucoup moins éloignés des Romains que César veut bien le dire. Depuis plus d'un siècle, tous les peuples du sud et du centre de la Gaule pratiquaient activement le commerce avec Rome. Des centaines de milliers d'amphores de vin et d'huile y parvenaient depuis l'Etrurie et le Latium. Les Gaulois les payaient avec des minerais, des produits agricoles, des esclaves, mais aussi des outils et des véhicules desquels ils étaient devenus maîtres dans la fabrication. Les Romains en ont souvent conservé les noms gaulois : l'*essedum* (char à deux roues), le *carpentum* (voiture bâchée), le *carrus* (voiture à quatre roues), parmi une douzaine de types de véhicules ; mais aussi ceux des vêtements : le *sagum*, le *cucullus*, la *caracalla*, le *birrus*, tous des types de manteaux. Ce ne sont là que quelques exemples des produits gaulois adoptés par les Romains ; il faut leur ajouter le tonneau, le savon, la cotte de mailles, la tactique de la tortue (boucliers formant une carapace au-dessus d'un groupe de guerriers), etc.

La Gaule n'était pas une nation. Ses différents peuples (César en cite une soixantaine) gardaient une forme d'autonomie : ils constituaient ce que César appelle des « cités », entités politiques, administratives et territoriales correspondant à un ou deux de nos actuels départements. Néanmoins, ces peuples depuis des siècles se regroupaient en confédérations : Celtes entre Seine et Garonne ; Belges entre Seine et Rhin ; Aquitains au sud de la Garonne. Les trois ensembles avaient aussi conscience d'appartenir à un même pays et depuis longtemps s'étaient dotés de quelques institutions communes. La plus remarquable est celle que César appelle le « Conseil de toute la Gaule » : toutes les cités y déléguaient des représentants qui se réunissaient au moins une fois chaque année et désignaient parmi eux un « peuple-patron » disposant, le temps de son mandat, d'une autorité morale et d'un pouvoir d'arbitrage. Il pouvait, dans quelques cas, décider la constitution d'une armée confédérale. L'autre institution est plus célèbre ; il s'agit d'une cour de justice, animée par les druides, et dont la compétence s'étendait non seulement à tous les Gaulois, mais aussi aux cités. Elle tenait ses assises une fois par an au centre de la Gaule (chez les Carnutes de la Beauce). Là devait se trouver aussi un lieu de culte commun à tous les peuples (les enseignes militaires de toutes les cités y étaient déposées et réunies).

La Gaule était donc avant tout un espace politique et religieux. Sa conception avait été l'œuvre des druides, répartis dans tout le pays. Les premiers avaient pris l'habitude de se réunir pour discuter de leurs doctrines et s'étaient placés sous l'autorité d'un chef incontesté. Leurs modes de réunion et de désignation d'un chef de file ont été les modèles des institutions politiques gauloises. Leurs pratiques de la justice, de la religion et de l'éducation furent les ferments de ce fonctionnement commun à tous les peuples au cours des trois derniers siècles de l'indépendance gauloise.

Eduens, Séquanes et Germains

Le commerce de grande envergure avec Rome ne fut pas sans conséquence sur les fragiles équilibres entre les peuples. Quelques-uns se sont considérablement enrichis, provoquant la convoitise des autres. Ce fut le cas des Eduens, habitant le Morvan actuel. Probablement alliés à Rome depuis la seconde guerre punique, ils en avaient reçu le titre officiel de « Frères consanguins des Romains ». C'est par leur territoire que transitaient les produits romains destinés à tout l'est de la Gaule. La Saône qu'empruntaient les bateaux devint un objet de litige incessant entre eux et leurs voisins orientaux, les Séquanes de Franche-Comté : ils se disputaient la propriété du fleuve et la perception des taxes sur les marchandises et les profits tirés du transport par eau et sur les berges.

Au cours des années 70 avant J.-C., le conflit entre les deux cités s'exacerba, prenant souvent une tournure guerrière. Les Eduens sortaient régulièrement victorieux des affrontements. En désespoir de cause, les Séquanes se résolurent à recruter des mercenaires chez les Germains, peuples habitant la rive droite du Rhin. Ces hommes, encore partiellement nomades, étaient de redoutables guerriers. Leur irruption dans le conflit en changea la face : ils repoussèrent les Eduens. Trouvant les terres de la Gaule plus agréables et riches que les leurs, ils s'y installèrent, tout d'abord chez les Séquanes en paiement de leurs prestations, puis chez les Eduens. Les deux anciens adversaires finirent par s'unir pour repousser les envahisseurs, mais en vain.

La menace germaine pour la Gaule devint si grande que vers 60 fut constituée une armée confédérale pour chasser les Germains d'Arioviste. La bataille eut lieu à Admagetobriga, près de Luxeuil. Ce fut un désastre pour les Gaulois : les Eduens y perdirent tous leurs sénateurs. Toutes les familles nobles durent fournir des otages aux Germains. Ces derniers considéraient que la Gaule Chevelue (par opposition à la province romaine du sud de la France) était leur province : ils y firent venir pour la coloniser des peuples amis ou parents du centre et du nord de l'Allemagne.

Ce furent les prémices de la conquête romaine.

L'étrange druide Diviciac et la migration des Helvètes

Diviciac, seul sénateur éduen à avoir échappé à la mort, partit à Rome pour demander l'aide du Sénat. Il y jouissait de solides amitiés : il se fit héberger par Cicéron. C'est d'ailleurs par l'orateur qu'on apprend, au détour de son traité *Sur la divination*, qu'il était druide et que lui et son hôte avaient profité de son séjour à Rome pour comparer leurs pratiques divinatoires respectives : l'un augure (cette fonction faisait partie du *cursus honorum*), l'autre, le Gaulois, spécialisé dans la divination par les nombres.

Il ne fait guère de doute qu'à cette occasion Diviciac rencontra aussi César, sur le point de devenir consul. Il n'obtint pas l'aide qu'il était venu chercher (Rome avait d'autres conflits à régler), mais reçut suffisamment d'assurances pour repartir chez les siens. Il y devint rapidement vergobret (premier administrateur de la cité). Là, d'autres difficultés l'attendaient. Son propre frère, Dumnorix, fomentait un complot avec deux chefs de cités, l'Helvète Orgétorix et le Séquane Casticos. Tous trois devaient s'emparer du pouvoir dans leur cité et prendre ensuite ensemble le contrôle de la Gaule. Pour que le projet aboutisse, il fallait que les Helvètes, étouffés par les Germains qui les entouraient de toutes parts, quittent leur territoire et s'installent au nord de la Gironde, chez les Santons, qui les y avaient invités.

Le projet n'aboutit pas. Orgétorix, convaincu de trahison par son peuple, fut condamné à mort. Cependant, la migration des Helvètes, décidée par les assemblées, et dont les premiers préparatifs avaient commencé en 60, n'était pas abandonnée. Le départ de tout le peuple (près de 400 000 âmes) était prévu pour le printemps 58 et l'itinéraire négocié avec les cités dont les territoires devaient être traversés par l'immense convoi. Au début du mois de mars, les autorités helvètes mirent le feu à leurs douze villes et à leurs quatre cents villages, afin de rendre leur départ inéluctable.

Le proconsulat de César

A ce moment, César entamait son proconsulat. Cette charge, d'une durée d'un an, suivait le consulat et permettait à son titulaire de poursuivre sa carrière politique, voire de la relancer par une expédition guerrière dans la province consulaire qui lui avait été attribuée. Dans le cadre du triumvirat (partage des pouvoirs politiques entre Pompée, Crassus et César), ce dernier avait reçu du Sénat l'Illyricum (bande côtière entre l'Italie et la Grèce), la Gaule cisalpine (Italie du Nord), la Transalpine (province de la Gaule), et son proconsulat était prolongé exceptionnellement à cinq années.

César avait tous les moyens légaux de s'offrir une gloire militaire à bon compte et de s'enrichir considérablement sur les provinciaux. Sa réussite politique en découlerait.

Il lui suffisait de bien choisir le terrain de ses expériences guerrières. L'annonce du franchissement du Rhône par les Helvètes, à la hauteur de Genève, le détermina à intervenir. Les Helvètes voulaient descendre le fleuve par sa rive gauche jusqu'à la confluence avec la Saône, autrement dit par la province romaine dont le fleuve marquait la frontière. César gagna Genève à vive allure pour leur interdire d'aller plus loin. Dans le même temps, il fortifiait toute la rive gauche du Rhône et faisait recruter de nouvelles légions dans la province, précaution qui eût dû être inutile, puisque les Helvètes renoncèrent à ce chemin et entreprirent de suivre la rive droite du fleuve. Il s'agissait désormais d'une affaire intérieure à la Gaule Chevelue.

C'était sans compter sur la duplicité de Diviciac. Il donna le prétexte au proconsul pour pénétrer dans la Gaule demeurée indépendante : les Helvètes, lui annonça-t-il, ravageaient les terres éduennes (pur mensonge : les migrants n'avaient nul besoin de transiter si au nord). Diviciac demandait donc de l'aide au proconsul, ce qui convenait parfaitement à ce dernier : les Helvètes, installés en Saintonge, menaceraient la partie occidentale de la province, encore rétive à l'occupation romaine; il redoutait également que le plateau suisse déserté par ses habitants ne soit la proie de Germains, qui, de là, pourraient fondre sur l'Italie. A ces arguments s'ajoutaient ceux de Diviciac : Dumnorix, son frère, voulait redonner vie au complot évoqué précédemment; le commerce éduen en pâtirait et surtout les espoirs de Diviciac, qui ne rêvait que d'une alliance encore plus forte avec Rome et, pour tout dire, d'une romanisation de la Gaule.

Avec l'aide logistique des Eduens, César s'acquitta brillamment de sa tâche : en quelques semaines, il ramena les Helvètes sur leur territoire. Mais Diviciac avait encore une demande à produire à son allié.

Le protectorat de Rome

La menace germaine ne s'était pas estompée, loin de là. Arioviste avait profité de l'intermède helvète pour augmenter ses conquêtes plus au nord et à l'ouest. Diviciac comptait bien sur la présence du proconsul en Gaule pour qu'il règle le problème. Il est d'ailleurs hautement probable que tous deux en aient formé le projet dès le séjour de l'Eduen à Rome. La chronologie des événements laisse supposer une manœuvre diplomatique de Diviciac auprès de ses congénères gaulois, parfaitement coordonnée avec la campagne militaire. En effet, César se remettait à peine de sa victoire sur les Helvètes que déjà une ambassade, composée de représentants de nombreux peuples gaulois, venait à sa rencontre. Ils voulaient, lui dirent-ils, tenir auprès de son camp leur Conseil de toute la Gaule car ils avaient une importante demande à lui faire : qu'il les aide à repousser les Germains. Il s'agissait d'une mise en scène : la tenue du Conseil de la Gaule, rassemblant des délégués de toutes les cités, nécessitait des mois de préparation ; elle n'avait donc rien de spontané.

César répondit positivement. Mais on comprend, grâce aux événements postérieurs, qu'il assortit son accord de conditions draconiennes. Les Gaulois devraient fournir des hommes, des montures, du fourrage et de la nourriture ; en somme, ils devraient héberger les Romains sur leurs territoires ; ils devraient même par un véritable impôt permettre à César de constituer de nouvelles légions. Ce ne fut rien d'autre que la demande à Rome d'un protectorat. Les délégués en étaient si conscients qu'ils s'étaient jurés entre eux de ne révéler ni le nom des participants au Conseil ni le contenu de leurs discussions avec César.

Rome désormais était partout chez elle en Gaule. A la fin du printemps de 58, la conquête – si ce mot ici a quelque sens – était donc achevée. Immédiatement, César, avec l'aide de Diviciac, entreprit de donner un cadre administratif à cette coopération entre Rome et les Gaulois. Les cités, on l'a vu, possédaient une forme d'autonomie. Il fallait donc faire signer à chacune d'elles de véritables traités. L'entreprise prit des mois, deux années peut-être. Le statut de la collaboration revêtit des formes variables : certaines cités furent considérées comme alliées de Rome, d'autres confédérées, le plus grand nombre furent assujetties (elles acceptaient de payer le tribut qui leur était demandé).

Les Romains repoussèrent les Germains au-delà du Rhin à la fin de l'année 58 mais ne retournèrent pas ensuite dans la province. César disposait encore de quatre années de proconsulat. Il lui fallait justifier la présence de ses légions. La mauvaise volonté des peuples belges qui n'acceptaient pas leur séjour à demeure en Gaule lui donna prétexte d'une intervention en 57. Ce furent, aussi bien chez les Suessions du Soissonnais que chez les Bellovaques du Beauvaisis, les Ambiens de l'Amiénois et les Viromanduens de Thiérache, de fausses victoires militaires : ces cités, convaincues par la diplomatie éduenne, se rendirent sans combattre. Seuls les Nerviens du Hainaut résistèrent quelque peu.

A la fin de l'année 57, à Rome on considéra que la conquête de la Gaule était un fait acquis : les plus grands honneurs jamais décernés à un général victorieux furent attribués au proconsul. Mais César ne transforma pas pour autant la Gaule Chevelue en province. Il avait d'autres projets : accroître sa gloire militaire, s'enrichir encore plus et fortifier son armée (des quatre légions octroyées par le Sénat, il était passé à dix). Toutes ces dépenses étaient payées par les cités gauloises. De 56 à 54, les Romains se contentèrent de consolider les frontières de la Gaule. César mena même plusieurs expéditions hors du territoire, deux fois dans l'île de Bretagne (Angleterre) et deux fois en Germanie : des prouesses inutiles et sans lendemain qui lui valurent une gloire plus grande encore. Il faisait figure à Rome de nouvel Alexandre.

La révolte

Pendant cette longue période, tous les peuples du centre de la Gaule se tinrent tranquilles. Leurs représentants politiques collaboraient avec le proconsul, qui leur avait promis de rendre l'indépendance à leur cité et de faire d'eux ses administrateurs. De certains, tel Commios, l'Atrébate de l'Artois, il avait fait des rois, au pouvoir limité cependant. Partout la noblesse témoignait de ses sentiments proromains et avec d'autant plus d'empressement que la plèbe portait seule l'effort des contributions imposées par les Romains. A partir de la fin de 54 apparurent les premières révoltes contre l'autorité romaine; elles étaient surtout le fait de tribuns du peuple, mais aussi de la jeunesse noble qui ne supportait plus la passivité de ses aînés. Vercingétorix fut de ceux-là. Au cours de l'année 53, les mouvements de résistance se firent plus nombreux et s'unirent. Au début de l'année 52, les Carnutes donnèrent le signal de l'insurrection des peuples du centre (ceux qui jadis étaient appelés Celtes) en massacrant les commerçants romains installés à Cenabum (Orléans), cette action leur rendant impossible tout retour en arrière.

Vercingétorix prit la tête de la rébellion. L'historien grec Dion Cassius nous apprend que le jeune Arverne se trouvait alors dans l'amitié de César. On en a conclu qu'il avait été quelque temps l'un de ces jeunes otages pris à la noblesse gauloise et dont le général aimait s'entourer dans son quartier général. Ainsi s'expliqueraient ses étonnantes connaissances en matière militaire – plus particulièrement celles concernant la stratégie romaine. En effet, Vercingétorix a tôt fait de constituer une armée de près de 100 000 hommes qu'il forme, entraîne et commande, comme s'il en avait toujours fait métier.

Pendant six mois, Vercingétorix tient en échec son adversaire. Une course-poursuite se dispute dans tout le centre de la Gaule, qui épuise les légions et fait terminer leur périple à Gergovie, là où César pensait casser définitivement la résistance gauloise. Mais Vercingétorix a tout appris de l'art militaire romain et met en déroute une légion, ce qui n'était jamais arrivé encore. Les Eduens, jusqu'alors demeurés dans la réserve et toujours fidèles à leur allié romain, se divisent sur la conduite à tenir. Les jeunes nobles se détournent de leurs aînés et, avec la plèbe, se joignent aux rebelles.

Dans le même temps, les cités belges, qui avaient feint l'obéissance à l'occupant, s'étaient elles aussi soulevées, obligeant César à se séparer de son meilleur lieutenant, Labiénus, pour qu'il contienne leurs forces considérables au nord de la Seine et les empêche de se joindre à l'armée de Vercingétorix. La révolte devient si générale que les Eduens convoquent à Bibracte (Mont-Beuvray) un Conseil de toute la Gaule, persuadés d'y être confirmés comme les patrons de la Gaule et d'obtenir le commandement général de ses armées. Mais c'est Vercingétorix qu'on désigne généralissime. Les premiers responsables politiques éduens s'inclinent et acceptent, à contrecœur, de participer à son état-major.

César était alors en mauvaise posture, son armée coupée en deux, une moitié retenue sur les bords de la

Seine, l'autre insuffisante pour affronter les forces coalisées sous la direction de Vercingétorix. Il décide de se replier chez les Lingons (plateau de Langres), qui sont ses fidèles alliés et chez lesquels il peut recruter en masse des mercenaires germains et recevoir des chevaux en grand nombre. Là, Labiénus pourra le rejoindre aisément. L'armée romaine réunie sera moins vulnérable.

Le choix d'Alésia

Dès lors, chacun des deux généraux cherche à piéger l'autre. Vercingétorix, le premier, choisit son terrain d'action. Ce sera à Alésia chez les Mandubiens, petit peuple installé au nord du pays éduen, à proximité de la cité lingonne. C'est un plateau puissamment défendu par la nature, entouré de tous côtés par trois cours d'eau formant confluence à l'ouest, une place inexpugnable, pourvu qu'on fortifie son seul point faible, à l'est : une langue de terre le reliant à un autre plateau. De là, les Gaulois contrôlent le grand chemin qui passe par la Seine et la Saône et menacent directement les Lingons. César n'aura d'autre choix que de venir déloger Vercingétorix, autrement tous ses mouvements seront entravés.

C'était sans compter sur le service de renseignements des Romains, disposant partout d'espions à leur solde. César connaît très tôt le projet de son ennemi, en apprécie l'intelligence et réagit d'une manière inattendue. Ayant réuni ses deux corps d'armée, il se dirige vers la vallée de la Saône, en passant à l'est d'Alésia. Il avait fait savoir à Rome qu'il comptait quitter la Gaule et prendre repos et force en Cisalpine, une intoxication de l'ennemi dont il usa parfois. Le bruit répandu dans l'*Urbs* revient aussi rapidement en Gaule. Vercingétorix se persuade que son stratagème ne servira à rien, réaction escomptée par César. Connaissant la route empruntée par les légions, Vercingétorix décide de les arrêter à la hauteur d'Alésia pour les forcer ensuite à venir attaquer la forteresse où il se sera réfugié. Le corps de l'armée gauloise est divisé en deux : Vercingétorix doit faire barrage avec ses propres troupes, tandis que la puissante cavalerie éduenne prendra en tenailles l'armée romaine en marche. La victoire est immanquable. Les Eduens jurent de ne pas rentrer dans leurs foyers avant qu'ils n'aient traversé à deux reprises les rangs ennemis.

C'est un terrible échec. Les Eduens attaquent trop tôt l'adversaire, alors qu'il est hors de portée du barrage tenu par Vercingétorix. Mais surtout les légionnaires ne sont déjà plus en ordre de marche, ils ont formé le carré et mis à l'abri leurs bagages. De toute évidence, on les a informés du plan des Gaulois. Les Eduens perdent une grande partie de leur cavalerie. Vercingétorix et ses 80 000 hommes n'ont que le temps de se replier à Alésia dont les travaux de fortification ne sont pas achevés. Pour comble de malheur, dès le lendemain, les légions romaines se pressent déjà autour d'Alésia. Des éclaireurs et des espions gaulois les ont guidés par monts et vallées jusqu'à la place forte.

Le plan du chef arverne était pourtant d'une redoutable efficacité : lui-même et sa propre armée s'étaient installés sur le flanc oriental du Mont-Auxois (Alésia) sur lequel avaient été accumulés vivres et fourrage, et où ils pouvaient se réfugier en cas de besoin. Sur toute la périphérie du plateau, au-delà des trois rivières le baignant, se succédaient des collines et plateaux où l'armée gauloise confédérée, en cours de formation, pourrait prendre place. Les Romains seraient ainsi piégés au pied du plateau, pris en tenailles.

Mais la réactivité de César mettait à mal cette audacieuse combinaison tactique. Le grand camp de Vercingétorix n'était pas totalement fortifié et l'armée confédérée était loin d'être rassemblée. Le proconsul comprend la manœuvre de son adversaire. Le siège d'Alésia commence, c'est un chef-d'œuvre de la poliorcétique. César fait entourer le plateau, à son pied, d'une première ligne de siège d'une dizaine de kilomètres de longueur, qu'il garnira plus tard de tours. Cette fortification s'oppose aux assiégés. Dans le même temps, il fait construire une dizaine de camps sur les hauteurs entourant le plateau. Par la suite, il les fera relier par une seconde ligne de siège, tournée vers l'extérieur pour faire face à une armée gauloise venant secourir Vercingétorix.

Les péripéties du siège sont bien connues. Vercingétorix, avant que le blocus ne fût complet, fit sortir de nuit sa cavalerie afin qu'elle se répande dans toutes les cités de la Gaule, pour lever une immense armée. Mais les délégués des cités au Conseil de toute la Gaule, probablement demeurés à Bibracte, refusèrent cette levée en masse. Ils alléguèrent que cette armée démesurée ne pourrait être commandée et serait inefficace. Cependant, plus de quarante-deux cités offrirent des contingents variables (de 1 000 à 35 000 hommes) pour un total de plus de 250 000 guerriers. Cette armée, dite « de secours », fut constituée en trois semaines, ce qui représente une prouesse à peine imaginable, si l'on tient compte de l'immensité du territoire sur lequel elle a été recrutée. Mais ce temps était encore trop long pour les assiégés, rationnés, affamés, et qui durent chasser de la ville d'Alésia femmes, enfants et vieillards.

L'affrontement final

Pour mesurer l'importance du choc entre les deux ennemis, il est nécessaire de faire état des forces en présence. Du côté romain, César dispose de douze légions, soit environ 60000 hommes seulement. Mais il prend bien soin de taire l'effectif de ses auxiliaires, des cavaliers germains en très grand nombre et qui jouent le plus grand rôle dans les trois batailles qui vont se dérouler au pied d'Alésia. Du côté gaulois, Vercingétorix bénéficie d'un nombre de guerriers à peu près égal à celui des légionnaires. L'armée de secours, on l'a vu, comprend près de 260000 hommes, mais de valeur très inégale : seuls 60000 sont dits « d'élite ».

A la fin du mois de septembre, quand celle-ci quitte la plaine d'Autun où elle s'est probablement rassemblée, son train est si long (sans doute une centaine de kilomètres) que les premiers guerriers arrivent en vue d'Alésia alors que les derniers n'ont pas encore quitté le camp. Il ne peut donc y avoir effet de surprise : les Romains ont tout le temps de se préparer à les affronter. Les Gaulois se présentent en ordre dispersé. Il n'y a pas de camp pour les recevoir, aussi doivent-ils se contenter de bivouaquer. Le lendemain de leur arrivée, à midi, les cavaliers partent à l'assaut des lignes romaines, à l'ouest du Mont-Auxois dans la plaine des Laumes, à la confluence des trois rivières. Beaucoup se précipitent dans les chausse-trapes dissimulées devant les fortifications, mais certains parviennent à franchir la muraille et se trouvent entre les deux lignes romaines. Pendant ce temps, les hommes de Vercingétorix, descendus du plateau, s'attaquent à la fortification qui leur fait face. Le combat se prolonge tout l'après-midi. Les assiégés et leurs renforts sont même près de se rejoindre entre les deux lignes. Mais tout à coup, César fait intervenir ses cavaliers germains, dissimulés sur le mont Réa au nord de la plaine des Laumes. Reposés et extrêmement mobiles, ils prennent à revers les Gaulois, les entourent et les massacrent. Le signal de la retraite est donné.

La nuit suivante, contre toute attente, les fantassins gaulois attaquent par surprise le même secteur dont ils connaissent les pièges. Mais les légionnaires sont à leurs postes sur les remparts et disposent de suffisamment de munitions pour résister. Au petit matin, de peur d'être à nouveau pris à revers par les cavaliers germains, les Gaulois doivent rebrousser chemin.

Le jour suivant, un conseil de guerre est réuni. Les Gaulois décident d'attaquer encore le secteur de la plaine des Laumes mais en allongeant considérablement leur front pour fragiliser la défense romaine. Le chef arverne Vercassivellaunos, avec les 60 000 guerriers d'élite, a pour mission de s'emparer du camp du mont Réa où se trouvent les cavaliers germains. Il passe la nuit à s'en approcher. Le signal du combat est donné à midi. Vercassivellaunos se lance à l'assaut du camp. Dans la plaine, les cavaliers gaulois attaquent la ligne romaine sur une longueur de près de cinq kilomètres. De l'autre côté des lignes romaines, les hommes de Vercingétorix descendent à nouveau du plateau, avec échelles, mantelets et grappins. Commence la plus formidable bataille qu'ait connue la Gaule. Les Romains cèdent sur de nombreux points. César lui-même doit descendre dans l'arène et galvaniser ses troupes. A l'en croire, c'est sa présence qui décide du sort de la bataille. La situation se retourne, en effet : des Germains et de nouvelles cohortes surgissent de nulle part. Les Gaulois prennent peur des deux côtés et regagnent leurs camps. Déjà la plus grande partie de l'armée de secours est en fuite, elle a pris le chemin du retour.

Le lendemain, Vercingétorix, pour sauver ses hommes, décide de se rendre. César présente cette bataille non seulement comme sa plus formidable victoire, mais aussi comme le terme de son entreprise de conquête. Il arrête là son récit (à la fin du VIIe livre) ; ce sera l'un de ses lieutenants, Hirtius, qui, quelques années plus tard, écrira un huitième livre pour narrer les événements de l'année 51, considérés comme mineurs par le proconsul.

Les mystères et leur explication

Napoléon, à Sainte-Hélène, est revenu sur le texte de César. Grand stratège lui-même, il s'interroge sur les exploits de son prédécesseur et, peut-être trop respectueux de l'historien antique, ne comprend pas les trois échecs des Gaulois. On perçoit cependant à le lire qu'il doute de l'objectivité du récit. La première attaque, celle de la cavalerie gauloise, peut en effet être interprétée tout autrement que ne le fait César : les cavaliers n'avaient probablement pas l'intention de briser les lignes romaines et de délivrer Vercingétorix ; ils voulaient tout simplement créer des brèches dans les remparts, en vue du combat de nuit qui allait suivre, but qu'ils ont atteint. L'échec de l'attaque de nuit n'en est que plus surprenant : les Romains, qui avaient durement repoussé la cavalerie, auraient dû penser que les Gaulois mettraient quelque temps à reprendre des forces, relâchant leur vigilance. Le contraire s'est produit : en pleine nuit, le rempart, sur plusieurs kilomètres de longueur, était garni de nombreux légionnaires, largement approvisionnés en traits de toutes sortes ; et les Gaulois ne créèrent pas d'effet de surprise. Tout laisse penser que les Romains avaient été avertis des intentions de leur ennemi. Mais c'est le troisième combat, la véritable bataille d'Alésia, qui, décrite par César en termes peu compréhensibles, nous donne les clefs pour résoudre ces énigmes. Toutes les conditions sont alors requises pour que les Gaulois puissent ouvrir suffisamment grand la double ligne parallèle de fortification : le camp du mont Réa et les Germains sont neutralisés; la ligne extérieure de rempart est attaquée et fragilisée sur toute la largeur de la plaine des Laumes; la ligne intérieure est prise d'assaut par les 60000 hommes de Vercingétorix. Il suffisait que la grande masse des fantassins gaulois, demeurés à leur bivouac, s'engouffre dans les brèches ouvertes, comme l'a théorisé Napoléon : « Réunir ses feux contre un seul point; la brèche est faite, l'équilibre est rompu; tout le reste devient inutile et la place est prise. »

Mais ces fantassins n'ont pas bougé; ils ont fait leur bagage et sont partis sur le chemin du retour avant même la fin des combats. On ne peut qu'y voir la mauvaise volonté des généraux éduens Viridomar et Eporédorix qui, depuis leur nomination aux côtés de Vercingétorix, n'ont cessé de traîner les pieds. Dirigeant, avec l'Atrébate Commios et l'Arverne Vercassivellaunos, l'armée de secours, on ne les voit à aucun moment prendre part au combat, contrairement aux deux premiers.

Une fois encore, la victoire de César semble avoir été surtout diplomatique. Et l'énigme d'Alésia n'est finalement que le reflet de celle, plus profonde, qu'est la prétendue « guerre des Gaules ». Si César consacre tant d'efforts à présenter Alésia comme son plus grand succès militaire – il y consacre pas moins de vingt chapitres de son VIIe livre –, c'est qu'il sait très bien qu'Alésia a aussi une autre signification : rassembler plus de 300000 guerriers appartenant à plus de quarante cités était une vraie victoire, politique, de Vercingétorix. C'est ce que comprennent aussi, inconsciemment, ses lecteurs, à deux mille ans de distance.

Une fausse énigme…

… Celle de la localisation d'Alésia, disputée régulièrement par des localités souvent éloignées du théâtre de la bataille, le territoire des Mandubiens, peuple dont Alésia jouait le rôle de chef-lieu. Alésia a, en effet, laissé des souvenirs historiques. La ville gauloise, non détruite, est devenue une agglomération gallo-romaine, puis une bourgade, Alise-Sainte-Reine (Côte-d'Or), chef-lieu du pagus (canton) mérovingien Alisiensis, à l'origine du nom Auxois. Les ambitieuses fouilles commandées par Napoléon III et celles effectuées par une commission franco-allemande dans les années 1990 ont mis en évidence les traces des fortifications césariennes et livré un abondant mobilier du milieu du Ier siècle avant notre ère, qui ne laissent aucun doute sur l'identification du lieu. Les résultats de ces recherches sont exposés au musée des Antiquités nationales (Saint-Germain-en-Laye) et au MuséoParc Alésia.

Bibliographie sélective

Brunaux, Jean-Louis, *Alésia*, Gallimard, 2012.

Carcopino, Jérôme, *Alésia et les ruses de César*, Flammarion, 1958 (2e éd.).

César, *La Guerre des Gaules*, Les Belles Lettres, 1926, 2 vol.

Reddé, Michel, *Alésia, L'archéologie face à l'imaginaire*, Editions Errance, 2003.

Reddé, Michel ; Schnurbein, Siegmar von (dir.), *Alésia, fouilles et recherches franco-allemandes sur les travaux militaires romains autour du Mont-Auxois (1991-1997)*, Académie des inscriptions et belles-lettres, 2001, 3 vol.

II

Templiers : un sottisier bien garni

par Alain DEMURGER

En langage journalistique le sujet Templier est un « marronnier », c'est-à-dire un sujet que l'on ressert périodiquement sans même avoir besoin de le renouveler (J.-V. Bacquart). Enigmes, mystères, secrets lui sont généralement associés, car il est naturellement un aliment de choix pour toutes les théories ésotériques ou complotistes que l'on peut imaginer.

Disons-le tout net : l'historien ne peut pas lutter contre ce flot incessant où tout est confondu : histoire, légende, imaginaire. Aussi ne lutterai-je point pour démêler le vrai du faux dans ce « sottisier templier ». Celui-ci est bien là et il est en lui-même un objet historique, même si son contenu ne tient pas la route. Aussi je ne parlerai pas de la prétendue charte de Larménius et des listes de grands maîtres ayant succédé à Jacques de Molay jusqu'à nos jours, tout cela reposant sur des faux tellement grossiers qu'on se demande comment on peut encore raisonner dessus. Je laisserai en partie de côté les problèmes de la filiation entre Temple et franc-maçonnerie, ou – mais cela est d'une autre nature – du développement, hors de la maçonnerie, des groupes templaristes en tous genres. Je proposerai seulement quelques thèmes pour montrer comment légendes et affabulations se sont formées à partir de quelques faits réels et de beaucoup d'autres qui ne le sont pas ; la nature a horreur du vide on le sait, alors il faut les combler par n'importe quels moyens.

Aux origines, une expérience religieuse neuve dans le christianisme occidental

On suit historiquement assez bien l'origine de l'ordre du Temple depuis les interrogations spirituelles d'Hugues de Payns, ce seigneur champenois vassal des comtes de Champagne qui se fit moine au couvent bénédictin de Molesme mais le quitta bien vite car il ne répondait pas à ses attentes spirituelles, et qui trouva sa voie dans la croisade. Par deux fois, après le succès de la première croisade et la prise de Jérusalem en 1099, il partit en Terre sainte avec son seigneur le comte Hugues ; et la deuxième fois, en 1114, il y resta avec l'objectif de mener une vie religieuse au service de la Terre sainte sans cesser d'être lui-même, c'est-à-dire chevalier. Encouragé par le roi de Jérusalem Baudouin II (1118-1131), Hugues de Payns et ses premiers compagnons obtinrent l'appui décisif de Bernard de Clairvaux et la reconnaissance de leur initiative par l'Eglise romaine en janvier 1129 lors du concile de Troyes. Alors un nouvel ordre religieux est fondé, rompant avec les pratiques du monachisme traditionnel tout entier tourné vers la méditation et le retrait du monde. Au contraire, les membres du nouvel ordre entendaient agir dans le siècle, et agir militairement qui plus est, ce qui était entièrement nouveau dans l'Eglise. Le roi de Jérusalem installa les premiers « moines-soldats » dans son palais de Jérusalem, proche de la mosquée al-Aqsa, élevé sur les substructions du palais du roi Salomon pour l'heure confondu avec le Temple de Salomon : ils devinrent « les pauvres chevaliers compagnons du Christ et du Temple de Salomon », autrement dit les Templiers.

L'ordre du Temple est un ordre religieux qui impose à ses membres d'obéir à un maître, de prononcer les trois vœux du moine – obéissance, chasteté, pauvreté –, et de vivre selon une règle. L'ordre bénéficie du privilège de l'exemption, ce qui veut dire qu'il dépend uniquement du pape à l'exclusion de toute autre autorité religieuse (les évêques) et laïque (rois et seigneurs).

Avec le temps, les Templiers ont développé en Occident un solide réseau de maisons et de domaines productifs réunis en « commanderies », qui leur fournit les ressources et les moyens nécessaires à l'accomplissement de leur mission militaire de défense de Jérusalem et des Etats latins d'Orient. Que n'a-t-on dit de leur richesse et de leur fabuleux trésor (j'en reparlerai) ; et de leur emprise sur l'Occident : 250 cathédrales, 45 000 églises, 4 584 commanderies (admirons la précision !) et 3 468 forteresses, nous dit un petit opuscule récent consacré à eux (Jean-Cl. Czmara, *Les Templiers en 200 questions*, 2016) : les « comptes fantastiques » d'Haussmann sont enfoncés !

Il y a bien sûr des incertitudes dans la création du nouvel ordre, mais pas de mystère, pas de secret. Laissons aux amateurs de la *fantasy history* le récit qui fait des premiers Templiers un commando secret chargé dès 1099 (et l'on ose se référer au grand historien du royaume latin de Jérusalem, l'archevêque Guillaume de Tyr, qui n'a jamais situé la création du Temple à cette date !) de faire des fouilles dans le prétendu Temple de Salomon pour mettre la main sur l'Arche d'Alliance ; ils l'auraient ensuite rapportée en France et cachée dans la cathédrale de Chartres (dont ils auraient été naturellement les constructeurs !).

Une règle et ses secrets ou une règle secrète ?

Pas d'ordre religieux, pas de vie monastique sans l'obéissance à une règle. La règle mise au point en 1129 comprend 71 articles et elle a été complétée par des statuts et une jurisprudence. L'ordre du Temple exerce une fonction militaire ; la règle bénédictine, si utile pour la vie au couvent, n'est naturellement de nul secours en ce domaine. A été ajouté un ensemble d'articles ou « retraits » qui forme un véritable code militaire, unique au Moyen Age. Quant à la jurisprudence, constituée au fil du temps, elle met par écrit les pratiques judiciaires qui régissent les rapports internes et externes de l'ordre et de ses membres, ce qu'on appelle la « justice de la maison ».

C'est là que s'introduit le secret. Parmi les accusations portées contre les Templiers par le roi de France en 1307 figure celle de se réunir en secret, à l'exclusion de toute personne extérieure à l'ordre :

1) lors de l'admission de nouveaux frères ;

2) lors des chapitres, tenus portes closes à la nuit tombée.

Naturellement les Templiers ne doivent rien révéler de ce qui se dit et se fait au cours de ces réunions. La diffusion de la règle est limitée : seuls les dirigeants de l'ordre, les maîtres de provinces, les commandeurs des principales maisons de l'ordre peuvent en posséder un exemplaire. La raison invoquée est que l'on craint que les frères, en général peu instruits, ne la lisent sans comprendre ou ne l'interprètent mal. L'ordre est soucieux de ne pas ébruiter les délibérations des chapitres, souvent réunis pour des raisons disciplinaires, pour ne pas porter atteinte à la réputation de l'ordre. En somme, on est là dans la « philosophie » chère à nos modernes « footeux » : cela ne doit pas sortir du vestiaire. Cela vaut pour le Temple comme pour tous les ordres religieux.

Il n'y avait sans doute pas là de quoi fouetter un chat, mais lorsque l'affaire du Temple éclata, que des accusations graves furent portées contre l'ordre, l'argument du secret fut bien commode et facile à utiliser pour le discréditer : il y avait secret parce qu'il y avait des choses à cacher... ; on pouvait donc tout imaginer et les conseillers et agents du roi de France, poursuivant le projet de supprimer le Temple, ne s'en sont pas privés. La postérité également a retenu à charge le secret, mais avec des objectifs différents et divers : les Templiers suivaient en réalité une règle secrète, ce que les accusateurs du Temple, en 1307, n'ont jamais mentionné. Interrogé à Nîmes le 29 août 1311, Bertrand de la Séauve dit qu'« au temps où il fut arrêté dans le couvent de Montpellier, Guillaume de Saint-Just, chevalier (c'est un officier du roi), prit dans la maison du Temple de Montpellier deux livres dans lesquels étaient écrits les statuts ou retraits et la justice de l'ordre du Temple, lesquels livres étaient fermés avec des clefs : lui-même [Bertrand] en possédait une et l'autre était confiée au frère Raimbaud de Caron » (étrange précision car celui-ci, venu de Chypre avec le grand maître en 1306 et arrêté à Paris le 13 octobre 1307, n'avait rien à voir avec Montpellier). Rien de secret dans ces livres : il s'agit tout bonnement des retraits, c'est-à-dire le code militaire, et des articles de jurisprudence ; si ces deux livres avaient contenu des articles scandaleux ou hérétiques, l'accusation se serait empressée de s'en servir contre les Templiers. Lorsque, le 24 août 1307, le pape Clément V ouvrit une enquête sur les accusations dirigées contre le Temple, il demanda au grand maître (qui avait réclamé une telle enquête) de lui fournir un exemplaire de la règle. Il est douteux que Clément V ait attendu de Jacques de Molay qu'il lui donne une « règle secrète » ! Il voulait seulement s'assurer que, dans les copies récentes de la règle que pouvait posséder le grand maître, n'avaient pas été introduits, par mégarde ou non, des modifications, des corrections ou des ajouts douteux.

Au moment où éclate l'affaire du Temple, la question d'une règle secrète ne se pose pas ; il n'y a pas de *« codice ombra »* pour reprendre une expression de Barbara Frale. La règle secrète est en effet une invention du XIXe siècle, période particulièrement féconde et imaginative dans le développement du sottisier templier.

Maillard de Chambure, le premier, en a évoqué l'idée dans sa publication *Règle et statuts secrets des Templiers* en 1840. Le relais est pris, avec davantage de succès, par Merzdorf qui en 1877 publie la soi-disant « vraie règle secrète des Templiers », ce que Peter Partner, auteur d'une belle synthèse sur tout cet « imaginaire » templier, a qualifié de « plus grande falsification de l'histoire du Temple ». Merzdorf prétendait avoir retrouvé dans les « Archives secrètes » du Vatican une règle latine secrète datant du XIIIe siècle ; or ce texte est un faux, peut-être rédigé par Merzdorf lui-même, qui puise dans les pratiques imputées aux cathares l'essentiel de ses articles prétendument secrets. Merzdorf répondait sans doute au livre publié en 1872 par Jules Loiseleur, *La Doctrine secrète des Templiers*. Cet auteur s'appuyait, lui, sur les accusations portées contre les Templiers en 1307-1308 et en inversait le signe pour en faire des articles de la règle secrète, prouvant par là que les Templiers étaient bien coupables d'avoir voulu propager une doctrine religieuse anticatholique.

Là-dessus s'est greffée l'histoire, introduite par Maillard de Chambure, d'un alphabet secret des Templiers à partir d'un document en partie effacé et mal lu que Simonetta Cerrini a pu reconstituer et identifier comme une série de formules de type magique et religieux prononcées pour la guérison des chevaux ; on connaît d'autres formulaires de ce genre pour guérir des fièvres, etc. Le véritable intérêt de ce formulaire est de montrer que les Templiers, loin d'être des super-héros, partageaient la culture et les usages de la société de leur temps : chevaliers, et donc cavaliers, s'occupant, comme la règle leur en fait obligation, de leurs armes et de leurs chevaux, ils utilisaient parfois des recettes que l'on ne s'attend pas à trouver dans un ordre religieux mais qui étaient fréquentes dans le monde laïque.

D'une règle secrète, c'est très facilement que l'on passe à la société secrète.

Les secrets du Baphomet

Lorsque, au début du XVIIIe siècle, en Angleterre, en France, en Allemagne, la franc-maçonnerie prend son essor, il n'est pas question de l'ordre du Temple. Les maçons se réfèrent à la chevalerie qui connaît alors un vif « *revival* » ; la chevalerie, ses valeurs, ses rites, son organisation. En France, le chevalier Ramsey fait le lien avec la croisade ; et de fil en aiguille, on en vient aux chevaliers du Temple, qui firent du Temple de Salomon (ou ce que l'on croit être le Temple de Salomon) à Jérusalem leur « maison chêvetaine ». Même si la tentation est grande de relier les Templiers, puis les maçons, aux premiers constructeurs du Temple de Salomon et à la tradition de sagesse et de science dont le Temple est porteur, ce sont d'autres raisons qui ont conduit à lier maçonnerie et Templiers. Dans la deuxième moitié du XVIIIe siècle, certains maçons allemands, rejetant le rationalisme et l'égalitarisme un peu trop prégnants dans la maçonnerie, vont introduire dans leurs loges des grades hiérarchiques et des rites ésotériques qu'ils pensent avoir été ceux des Templiers. Ainsi se développa ce que Le Forestier a plaisamment appelé le « bobard templier », ouvrant la voie au templarisme ou néo-templarisme du XIXe siècle.

Karl Gottfried von Hund fonda ainsi la « Stricte observance templière » instituant au sommet de sa pyramide des grades celui des « supérieurs inconnus ». Un autre auteur, Friedrich Nicolai, présente en 1782 une des premières moutures du templarisme en ce sens qu'il fait des Templiers les sectateurs d'une doctrine non catholique connue des seuls initiés. Il distingue trois grades : les simples frères qui ne connaissent que la règle ordinaire, celle du concile de Troyes ; les frères du grade de la grande profession à qui on a demandé de renier le Christ et de cracher sur la croix ; et enfin les frères de l'ordre intérieur, les seuls initiés, les seuls à connaître la signification du « Baphomet ». Voilà donc introduit le fameux « Baphomet » sur lequel je vais revenir. Avec Nicolai, la règle historique s'articule sur la règle ésotérique. En quelque sorte, la règle de 1129 serait la vitrine légale du véritable ordre du Temple, société secrète diffusant une doctrine différente de celle de l'Eglise et fondée sur un savoir caché que l'on peut définir comme manichéo-gnostique (et les règles ou doctrines secrètes de Merzdorf et Loiseleur près d'un siècle plus tard en sont l'écho) et dont le Baphomet est le cœur.

Nicolai et quasiment au même moment un autre auteur, Starck, ont inventé le Baphomet templariste en même temps qu'ils développaient l'idée d'une filiation entre les Templiers et les gnostiques et manichéens de l'Antiquité, toutes sectes et doctrines que les docteurs du christianisme de l'Antiquité ont combattues en écartant, pour mieux fixer la doctrine chrétienne, de nombreux textes dits « apocryphes »; parmi eux une série d'« évangiles » fortement entachés de gnosticisme pour qui la véritable « connaissance » (*gnosis*, la gnose), c'est-à-dire la connaissance entière, supérieure et secrète de Dieu ne pouvait être atteinte que par un cercle restreint d'initiés; pour le christianisme au contraire Dieu devait être accessible à tous, par la foi. Dans la construction de Friedrich Nicolai, le Baphomet n'était pas une idole mais le symbole de l'« immersion » gnostique, une sorte de baptême, degré ultime de la connaissance et de la sagesse. Nicolai distingue bien en effet l'idole qui se présente comme un buste avec une tête barbue censée représenter le père de toutes choses, et le symbole qui seul a le nom de Baphomet et qui est une inscription en forme de hiéroglyphe. A ce symbole sont liés de mystérieux objets « baphométiques » que Nicolai a reproduits dans son ouvrage.

Le terme de Baphomet n'est pas une invention de Nicolai et de ceux qui l'ont suivi. Les accusateurs des Templiers, en 1307, leur ont reproché de renier le Christ et d'adorer une idole en forme de tête à une ou plusieurs faces, parfois barbue, parfois avec des pieds (bref, on n'est pas très fixé !), susceptible disait-on d'apporter richesse et puissance aux Templiers : les articles 46 à 60 de la liste des 127 articles qui ont servi de base à l'accusation dans le procès sont consacrés à l'idole et à l'idolâtrie. Pourtant dans les confessions des Templiers, telles que les rapportent les procès-verbaux, l'idole n'est que rarement évoquée et les enquêteurs ne s'y sont pas attardés, sauf dans certains interrogatoires du Midi de la France.

Cette idole n'est pas nommée, sauf dans la déposition de deux Templiers interrogés à Carcassonne : l'un dit avoir adoré une idole « en forme de Baphomet » *(in figuram Baffometi)*, l'autre une figure baphométique dont il dut baiser les pieds en disant « Yalla, qui est le mot des sarrasins ». Dans le procès de Florence, il est dit que lors d'un chapitre, il fut ordonné aux Templiers d'adorer une tête, « votre dieu, votre Baphomet (ou Mahomet) ».

Car dans les pays de langue d'oc, Baphomet n'a d'autre sens que Mahomet. Parlant de l'offensive des Mamelouks contre les chrétiens en Orient, le troubadour Olivier écrit : « Et Bafomet agit de tout son pouvoir… » C'est donc en rapport avec l'islam qu'il faut analyser la présence de ce terme dans le procès des Templiers, un islam que les Occidentaux connaissent mal et assimilent au paganisme et à l'idolâtrie. Seuls les clercs instruits ou un peu curieux, ou tout simplement soucieux de combattre efficacement l'islam, ont fait l'effort de s'informer sur cette religion que le prophète Mahomet a prêchée au contraire contre les idolâtres de La Mecque et de l'Arabie. Il n'y a pas d'idoles, pas de saints, pas d'images, pas de statue de Mahomet à vénérer dans l'islam. Les accusateurs des Templiers ne l'ignoraient pas, mais il fallait le faire croire au bon peuple que l'on voulait convaincre de l'abominable hérésie des Templiers.

On en serait probablement resté là si les *Grandes Chroniques de France* n'avaient pas reproduit une liste de 11 articles d'accusation ne figurant pas dans la liste des 127 articles officiellement retenue dans les différentes procédures menées contre les Templiers. Pour l'essentiel, ces articles portaient sur le culte de l'idole et les pratiques magiques des Templiers, ouvrant la voie aux accusations de magie noire, de sorcellerie et de bacchanales qui constitueraient l'ordinaire des cérémonies secrètes des Templiers.

Sur le moment, cette liste n'eut guère de succès et ne fut utilisée que lors d'un procès dont le procès-verbal est tronqué, de sorte qu'on n'en connaît ni le lieu ni la date (il est probable qu'il se situe dans le Bas-Rhône ou le Dauphiné). Même reprises au milieu du XVIe siècle par l'historien savoyard Paradin, ces accusations ne font toujours pas recette. Ce n'est qu'à la fin du XVIIIe siècle que les partisans de la filiation gnostique du Temple les reprirent à leur compte : la luxure des cérémonies templières décrites par Paradin était bien la preuve des liens des Templiers avec les Ophites (adorateurs du Serpent), les plus scandaleux des gnostiques.

On croise alors l'incontournable Joseph de Hammer-Purgstall. Ce docte orientaliste autrichien, interprète de l'amiral anglais Smith lors de l'expédition d'Egypte de Bonaparte, « découvrit » en 1800, dans un traité d'un auteur irakien du Xe siècle, Ibn Washîyya, un hiéroglyphe qui, traduit en arabe, devint « Bahumed » que l'Autrichien assimila à « Baphomet » et dont les Templiers avaient forcément eu connaissance quand ils étaient en Syrie. Insensible aux critiques de Silvestre de Sacy, non moins orientaliste que lui, Hammer-Purgstall publie en 1818 un livre en latin dont le long titre révèle le contenu et le fond de la pensée de l'auteur sur la culpabilité des Templiers : *Le Mystère du Baphomet révélé ou la démonstration que les Templiers sont coupables, par l'intermédiaire de leurs monuments, de l'apostasie, de l'idolâtrie et de l'impureté des Gnostiques et même des Ophites*. Hammer-Purgstall liait l'ésotérisme des Templiers à celui de la secte ismaélite des Assassins dont il écrivit par ailleurs l'histoire. Il se faisait fort, face à ses nombreux détracteurs, de produire les preuves (objets, images, sculptures, etc.) de ce qu'il avançait. Raynouard, auteur à succès de la tragédie *Les Templiers* en 1805 et d'une histoire du procès des

Templiers documentée aux meilleures sources puisqu'il avait pu consulter les Archives du Vatican que l'empereur Napoléon avait fait transférer à Paris, fit une critique sans concession des théories de Hammer-Purgstall dans le *Journal des savants* ; et il concluait ironiquement qu'il attendait les preuves. Hammer-Purgstall finit par les fournir.

Ce sont les fameux coffrets Blacas, du nom du duc de Blacas, collectionneur et acheteur de deux objets, l'un trouvé à Issarois en Côte-d'Or, l'autre à Volterra en Italie. Il s'agit de deux coffrets ornés de motifs iconographiques aussitôt interprétés par Hammer-Purgstall comme baphométiques et attribués aux Templiers parce que trouvés, au moins pour le premier, dans une région riche en maisons templières (*Mémoires sur deux coffrets gnostiques au Moyen Age*, 1832). Aucune preuve à l'appui de ces affirmations ; aucune analyse des objets, aucune critique du « document ». A le suivre, toute représentation figurée d'un diable cornu, d'une gargouille démoniaque, d'une tête monstrueuse, d'un être androgyne devient un Baphomet templier : ainsi en est-il du soi-disant Baphomet du porche de l'église Saint-Merry (église qui ne fut jamais templière) à Paris, sculpté en 1842 !

Le Trésor

Le Baphomet est né à la fin du XVIIIe siècle, pas avant. Le Trésor est plus ancien. Deux filons conduisent au Trésor du Temple ; l'un est historique, l'autre fantaisiste.

Le premier part d'un fait incontestable : la défense des Etats latins d'Orient d'abord, la défense des acquis de la Reconquista en Espagne ensuite coûtaient cher, très cher. Il fallait des ressources financières considérables pour construire et « garnir » châteaux et grandes forteresses, et payer les soldes des nombreux combattants qui n'étaient pas membres des ordres militaires mais étaient indispensables dans la défense des forteresses comme dans les combats de siège ou de rase campagne : cavalerie légère, piétons, arbalétriers et archers, mineurs et constructeurs de machines de siège. Cela valait pour tous les ordres. Le rôle des maisons et commanderies de l'arrière en Occident était justement de fournir ces ressources : armes et armures, chevaux et autres montures, vivres, argent. Alimenté par des donations, augmenté par des achats, organisé et remembré pour renforcer sa productivité, le patrimoine constitué par les Templiers, mais aussi par les autres ordres militaires en Occident, est devenu effectivement très important. Les chiffres du chroniqueur bénédictin anglais sont exagérés mais significatifs : 9000 manoirs (entendons domaines) en Occident pour les Templiers, 19000 pour les Hospitaliers ! Ces ressources et notamment l'argent étaient transférés en Orient : il fallait des bateaux – les ordres en possédaient quelques-uns et en louaient beaucoup ; il fallait aussi utiliser les techniques financières mises au point par les hommes d'affaires, italiens surtout, aux XIIe et XIIIe siècles : le prêt, sous toutes ses formes, le contrat de change que les Templiers ont utilisé mais n'ont pas inventé (et ne parlons pas de la lettre de change, plus sophistiquée, qui ne commence à se répandre qu'au XIVe siècle, après donc la disparition de l'ordre du Temple). Et les autres ordres (y compris des ordres non militaires, comme l'ordre cistercien) ont fait de même.

La richesse des Templiers (et des autres !) est incontestable. Cessons pourtant d'ajouter des adjectifs ou des adverbes à cette richesse : considérable, fabuleuse, immensément, etc. Cela ne signifie rien tant que l'on n'a pas fait l'effort de compter, d'inventorier et d'additionner. Et quand on le fait, on constate que les Templiers ont effectivement investi des sommes d'argent importantes pour constituer leur patrimoine foncier. La richesse mobilière du Temple est certaine ; elle sert à satisfaire les besoins des Templiers sur le front et, en Occident, à accroître la richesse immobilière. Mais, comme l'a remarqué Jean Favier, les Templiers « n'investissaient pas, ils ne se lançaient pas dans le négoce à vaste échelle ; ils ne faisaient pas, si je puis dire, de capitalisme actif » (*L'Histoire*, n° 198, 1996, p. 34).

Lorsque les Templiers furent arrêtés le 13 octobre 1307, leurs biens furent saisis et inventoriés. Partout on y recense outils, cheptel, réserves vivrières, mais très peu d'argent. A moins de supposer qu'ils aient eu vent de l'arrestation et mis à l'abri leurs « trésors », ce qui n'est pas compatible avec l'idée largement admise et largement vraie (mais il faut y mettre quelques réserves) qu'ils ont été complètement surpris par l'attaque du roi, il n'y a donc pas de trésor ?

Ne soyons pas si affirmatif, mais au fait, qu'est-ce qu'un trésor ? Dans les champs de la commanderie de Payns près de Troyes, on a découvert il y a peu un trésor monétaire composé d'environ 700 pièces correspondant au XIIe et début du XIIIe siècle, donc bien de l'époque templière (mais pas de la fin de l'époque templière). Qui les a enfouies et pourquoi ? Les Templiers pris de panique au moment de l'arrestation ? Sûrement pas, il y aurait alors dans ce trésor des pièces du temps de Saint Louis, de Philippe III et de Philippe IV le Bel. Et puis toutes ces pièces, ensemble, n'ont qu'une valeur de 3 livres tournois dans la monnaie de compte de l'époque ; ce n'est pas « fabuleux » ! Le trésor monétaire enfoui, aubaine des numismates, est de tous les temps et de tous les pays. Ce n'est pas ce genre de trésor qu'il faut chercher, même s'il doit être plaisant ou émouvant d'en trouver un.

Il en est un autre, bien réel aussi, quoiqu'on ne l'ait pas retrouvé, qui mérite attention : le trésor d'Hugues de Pairaud, visiteur du Temple en Occident (sauf l'Espagne). Celui-ci a rassemblé dans un petit coffre un « trésor » qu'il a confié peu avant l'arrestation (c'était un haut dignitaire du Temple sans doute informé qu'il se tramait quelque chose) au commandeur de la maison de Dormelles en Gâtinais. Lequel, inquiet lui aussi, le confia à un pêcheur de Moret. Lorsque le 13 octobre 1307, les Templiers furent arrêtés, le pêcheur prit peur et donna le coffret au bailli royal de Sens. Le trésor d'Hugues de Pairaud existe donc bel et bien, mais on ne risque pas de le retrouver : il est passé dans les caisses royales ! Ce coffret contenait 1 189 pièces d'or et 5 010 pièces de vieux deniers d'argent. Argent mis de côté par le visiteur au mépris de son vœu de pauvreté ? Argent nécessaire à l'exercice de sa fonction ? On ne sait, mais là encore ne rêvons pas : les 5 010 deniers d'argent avaient en tout une valeur de 20 livres 17 sous 6 deniers qui s'ajoutait aux 1 000 livres environ que valaient les pièces d'or en monnaie de compte. C'est dérisoire ! Bien loin des montagnes d'or que s'attendent à trouver les chercheurs de trésor qui ont labouré les souterrains du château de Gisors ou les terroirs de Rennes-le-Château, de la forêt d'Orient ou d'autres. Le « fabuleux Trésor » peut être caché n'importe où. Cependant, c'est bien historiquement ce petit trésor d'Hugues de Pairaud qui est à l'origine du mythe et du second filon qui mène au Trésor.

Certains auteurs, se référant au témoignage du Templier Jean de Châlons, racontent que quelques jours avant l'arrestation des Templiers celui-ci aurait vu à la nuit tombante trois chariots lourdement chargés et couverts de paille ou de foin quitter le Temple de Paris et se diriger vers l'ouest ; ils s'arrêtèrent à Gisors et y déposèrent les mystérieuses charges que la paille dissimulait. L'invraisemblance ne fait pas peur ! L'arrestation des Templiers étant programmée depuis le 13 septembre, le Temple de Paris, comme toutes les maisons templières, était surveillé de près par la police royale ; et la distance à couvrir nécessitait au moins deux jours de voyage : les trois chariots ne pouvaient manquer d'attirer l'attention ! Et combien absurde fut l'idée d'aller déposer à Gisors leur lourde charge, alors que Gisors est château royal et prison (les Templiers arrêtés dans le diocèse de Rouen y seront d'ailleurs emprisonnés dès leur arrestation) ! Le hic est que Jean de Châlons ne parle ni de chariot ni de Gisors, mais d'autre chose.

Comparaissant à Poitiers devant le pape et interrogé le 30 juin 1308, Jean de Châlons (en-Champagne) « dit que les puissants de l'ordre, pressentant cette confusion, fuirent et que lui-même alla au-devant de frère Gérard de Villiers (maître de France) conduisant 50 chevaux et il entendit dire qu'il prit la mer avec 18 galées ; et que frère Hugues de Chalon (sur-Saône) s'enfuit avec tout le trésor de frère Hugues de Pairaud ». Son témoignage confirme la fuite de Gérard de Villiers et d'Hugues de Chalon, attestée par un document de la chancellerie de Philippe le Bel ; le premier a pris la fuite avec quarante autres frères en armes ; quant à Hugues de Chalon, il est le neveu d'Hugues de Pairaud. Comme on l'a vu, le (modeste) trésor d'Hugues de Pairaud existe bien mais Hugues de Chalon n'est pas impliqué dans la tentative de le mettre à l'abri. Les galères ne sont pas des chariots et Gisors n'est pas sur la mer mais qu'importe. L'affabulation peut bien commencer. Remarquons qu'elle est récente et ne s'embarrasse ni de chronologie ni de cohérence : les visions du gardien du château de Gisors, archéologue amateur, imprudent et imaginatif trouvant sous la motte du château des monceaux d'or, les Templiers en Amérique (avec les 18 galères sans doute) et y ramenant, bien avant les Espagnols, l'argent des mines du Pérou qui servit à la construction des cathédrales (aux XIIe-XIIIe siècles, soit avant l'arrestation de 1307), etc. Et qui dit que les chariots imaginaires aient été vers Gisors ? Bien d'autres lieux se sont portés volontaires pour accueillir le fabuleux trésor : Arginy en Beaujolais, la forêt d'Orient la bien nommée, Rennes-le-Château… Rassurons les chercheurs de trésor : un trésor, surtout s'il est fabuleux, n'a d'intérêt que si on ne le trouve jamais ; donc l'espoir est permis.

Mais ce trésor, dira-t-on, n'a rien à voir avec ce grossier matérialisme. C'est un trésor spirituel que les Templiers ont légué à leurs affiliés secrets et tardifs. Voilà Hund, Merzdorf et, après eux, bien d'autres adeptes de l'ésotérisme templier remis en selle. La boucle est bouclée. Comme sur les chaînes d'information continue, le marronnier templier repasse en boucle.

Bibliographie sélective

Bacquart, Jean-Vincent, *Mystérieux Templiers. Idées reçues sur l'ordre du Temple*, Le Cavalier Bleu, 2013.

Dailliez, Laurent, *Les Templiers, ces inconnus*, Tallandier, 1972 ; rééd., Perrin, coll. « Tempus », 2003.

Demurger, Alain, *Les Templiers. Une chevalerie chrétienne au Moyen Age*, Le Seuil, 2005 ; rééd., « Points », 2014.

Favier, Jean, « Philippe le Bel et le trésor des Templiers », *L'Histoire*, n° 198, avril 1996.

Frale, Barbara, *La Leggenda nera dei Templari*, Editori Laterza, 2016.

—, *L'Ultima Battaglia dei Templari*, Viella, 2003.
Le Forestier, René, *La Franc-maçonnerie templière et occultiste aux XVIIIe et XIXe siècles*, A. Faivre (éd.), Editions Montaigne, 1970.
Leroy, Thierry, *Les Templiers. Légendes et histoire*, Imago, 2007.
Markale, Jean, *Gisors et l'énigme des Templiers*, Pygmalion, 1988.
Mollier, Pierre, *La Chevalerie maçonnique*, Dervy, 2005.
Nicolotti, Andrea, « L'idolo/statua dei Templari dall'accusa di Idolatria al mito del Bafometto », dans Canetti Luigi (dir.), *Statue, Rituali, Scienza e Magia dalla Tarda antichità al Rinascimento*, Edizioni del Galluzzo, 2017.
Partner, Peter, *Templiers, francs-maçons et sociétés secrètes*, Pygmalion, 1992.
Sède, Gérard de, *Les Templiers sont parmi nous*, Julliard, 1962.

III

Les vrais mystères de Jeanne d'Arc

par Jacques Trémolet de Villers

Peu de personnages historiques auront inspiré autant de légendes ou de contrefaçons que Jeanne d'Arc. Il faut dire que le caractère extraordinaire de sa vocation, la rapidité foudroyante de ses victoires, la tragédie de son procès et de sa mort ont nourri les imaginations plus encore que les récits scrupuleux des historiens. Il y a toujours, dans les jardins, à côté des plus belles plantes quelques parasites qui essaient de les dépasser. Ce sont d'elles que nous allons parler, avant de les arracher pour que la beauté de la vraie fleur éclate encore plus belle.

D'abord, il y a les légendes qui précèdent Jeanne.

Les légendes d'avant la légende

Nous sommes le samedi 24 février 1431, au procès de Rouen. Jeanne parle.

« Assez près du village de Domrémy, il y a un arbre, qu'on appelle l'arbre des Dames ; d'autres l'appellent l'arbre des Fées ; auprès du pied est une source ; j'ai entendu dire que les malades de la fièvre boivent à cette source et vont y chercher de l'eau pour avoir santé. Cela, je l'ai vu moi-même, mais je ne sais s'ils guérissent ou non [...]. C'est un grand arbre appelé fau [hêtre] d'où vient le beau mai, que l'on disait appartenir à Monseigneur Pierre de Bourlemont, Chevalier.

« Quelquefois, j'allais m'y promener avec les autres filles et je faisais à cet arbre des guirlandes pour l'image de Notre-Dame de Domrémy. Plusieurs fois j'ai ouï dire des anciens, non pas de mon lignage, que les Dames Fées y conversaient. Et j'ai ouï dire à une femme, nommée Jeanne, femme du maire Aubry, de mon pays, laquelle était ma marraine, qu'elle avait vu les Dames Fées. Mais moi qui parle, ne sais si cela est vrai ou non. Je n'ai jamais vu fée à l'arbre que je sache ! »

Même si elle ne les a jamais vues, elle en a parlé et le réquisitoire s'en servira pour lier sa mission à ces personnages féeriques.

Le juge Jean Beaupère poursuit : « Avez-vous souvenir d'un bois qu'on nomme le Bois-Chenu ?

Jeanne — Il y a un bois que l'on appelle le Bois-Chenu, qu'on voit de l'huis de mon père, et il n'y a pas la distance d'une demi-lieue. Je ne sais et je n'ai ouï onques dire si les Dames Fées y conversaient. Mais j'ai ouï dire à mon frère qu'on disait que j'avais pris mon fait à l'arbre des Mesdames les Fées. Mais ce n'était point, et je lui ai dit le contraire. Quand je vins devant mon roi, aucuns demandaient si, en mon pays, il n'y avait point de bois qu'on appelle le Bois-Chenu. Car il y avait prophéties qui disaient que dedans le Bois-Chenu devait venir une pucelle qui ferait merveilles. Mais en cela, je n'ai point ajouté foi. »

Même si Jeanne ne leur prête aucune importance, les légendes ont la vie dure. Lorsqu'elle arrive à Chinon, le 6 mars 1429, le roi la reçoit, et avant de « la mettre en œuvre », lui fait subir un examen de femmes, lors duquel elle est chargée de dire si « elle est homme ou femme, pucelle ou corrompue », puis un autre examen ecclésiastique pour savoir si elle est folle, sorcière ou « saine d'esprit et de doctrine ». Le même examen sera répété à Poitiers, par un vrai tribunal ecclésiastique, pendant trois semaines. Les procès-verbaux de ces « procès » que Jeanne appelait le « Livre de Poitiers » n'ont pas été retrouvés. Qui les a cachés ? Ont-ils été perdus, ou détruits ? Voilà encore de quoi nourrir les énigmes.

Mais il n'y eut pas que les légendes annonciatrices.

Le cas Catherine de La Rochelle

Jeanne est entourée, dès son arrivée à Chinon et jusqu'à sa capture à Compiègne, d'une foule qui la vénère, et aussi, à son gré, l'invente. On touche son manteau, son fourreau, son anneau. On la supplie de guérir les malades et de ressusciter les morts, et même si elle s'en défend, on publie qu'elle l'a fait. Des simulatrices – ou des illuminées – viennent jusqu'à elle pour lui dicter sa conduite. Le cas le plus significatif est celui de Catherine de La Rochelle.

L'affaire est retracée à l'audience du 3 mars 1431. Jeanne vient d'être questionnée sur un enfant qu'elle avait visité à Lagny :

« L'enfant avait trois jours. Il fut apporté à Lagny devant l'image de Notre-Dame, il me fut dit que les pucelles de la ville étaient devant Notre-Dame et que je voulusse aller prier Dieu et Notre-Dame qu'Il lui veuille donner vie. J'y allai et priai avec les autres. Finalement, il apparut vie, et il bailla trois fois, et puis fut baptisé et aussitôt mourut, et fut enterré en terre sainte. Or, il y avait trois jours, comme l'on disait qu'en l'enfant la vie n'avait apparu, et il était noir comme ma cotte. Mais quand il bailla, la couleur lui commença à revenir. Et j'étais avec les pucelles à genoux devant Notre-Dame à faire ma prière.

L'évêque — Ne fut-il point dit dans la ville que vous aviez fait cette résurrection et que c'était à votre prière ? »

Jeanne répond souverainement – et même un peu méprisante : « Je ne m'en enquerrai point. »

C'est après cette évocation du « miracle de Lagny » que le juge en vient à Catherine de La Rochelle.

L'évêque : « Connaissez-vous point Catherine de La Rochelle ? L'avez-vous vue ?

Jeanne — Oui, à Jargeau et à Montfaucon en Berry.

L'évêque — Ne vous a-t-elle point montré une dame vêtue de blanc, qu'elle disait qui lui apparaissait aucune fois ?

Jeanne — Non.

L'évêque — Que vous a dit cette Catherine ?

Jeanne — Cette Catherine me dit que venait à elle cette dame blanche vêtue de drap d'or, qui lui disait qu'elle allât par les bonnes villes, et que le roi lui baillât des hérauts et trompettes pour faire crier que quiconque aurait or, argent, ou trésor mussé [caché] l'apportât aussitôt ; et que ceux qui ne le feraient, et qui en auraient de mussés [cachés] elle le connaîtrait assez bien, et saurait trouver lesdits trésors, et ce serait pour payer mes gens d'armes. »

L'illuminée a un propos très matériel. Elle cherche l'or, l'argent ou le trésor. Jeanne n'est pas dupe : « A quoi, je répondis qu'elle retournât à son mari, faire son ménage, et nourrir ses enfants. »

On voit Jeanne, tout au long de sa courte vie, dénonçant avec humour et en riant ces supercheries prétendument surnaturelles. Comme Catherine de La Rochelle avait su gagner la confiance de beaucoup, elle alla jusqu'à la vérification expérimentale.

« Je demandais à cette Catherine si cette dame blanche, qui lui apparaissait, venait toutes les nuits, et pour ce, je coucherai avec elle et j'y couchai, et veillai jusqu'à minuit, et ne vis rien, et puis je m'endormis. Quand vint le matin, je demandais si elle était venue : et elle me répondit qu'elle était venue, et que je dormais, et qu'elle n'avait pu m'éveiller. Alors je lui demandais si elle reviendrait point le lendemain, et elle me répondit que oui. Pour laquelle chose, je dormis de jour, afin de pouvoir veiller la nuit. Et je couchai la nuit suivante avec Catherine et veillai toute la nuit. Mais je ne vis rien, bien que souvent je lui demandasse si elle ne viendrait point. Et Catherine répondait : oui, tantôt. »

Catherine de La Rochelle est le modèle des « fausses Jeanne » qui surviennent après sa mort. Leur cas était comme réglé à l'avance par Jeanne elle-même dans son procès.

Jeanne a-t-elle été brûlée ?

Lors de son exécution, le 31 mai 1431, sur le bûcher, le bourreau, après avoir constaté qu'elle était asphyxiée sans être encore brûlée, arrêta le feu, écarta flammes et fumée, pour que les assistants puissent bien la voir, telle qu'elle était, nue et morte. La crainte qu'elle inspirait à ses ennemis était telle qu'il fallait qu'ils la voient ainsi, pour être certains qu'il n'y avait pas eu magie, miracle ou substitution.

Quand on eût bien constaté que Jeanne était morte, le bourreau remit le feu. Comme on le sait, seul son cœur ne brûla pas, malgré les efforts du bourreau qui avait rajouté de l'huile, de la poix, du petit bois et qui s'en vint, affolé, dire au cardinal de Winchester qu'il n'avait jamais vu cela, que c'était un miracle, et qu'il était damné pour avoir brûlé une sainte.

Le cardinal lui intima l'ordre de jeter le cœur avec les cendres à la Seine, en faisant attention qu'il n'en reste rien. Le bourreau obéit. On l'emmena ensuite boire dans les tavernes pour noyer son désespoir.

Malgré l'évidence violente de cette scène, quelques années plus tard parut une femme prénommée Claude qui se disait Jeanne. Elle tenta de se faire reconnaître à Orléans, où elle trompa quelques personnes. Plus étonnant, il semble qu'elle trompa l'un des frères de Jeanne.

... ou ressuscitée en Claude des Armoises ?

On lit dans la chronique du doyen de Saint-Thibault de Metz :

« L'an 1436, le vingtième jour de mai, la Pucelle Jeanne qui avait été en France vint à la Grange-aux-Ormes près de Saint-Privat ; elle y fut amenée pour parler à quelques-uns des seigneurs de Metz, elle se faisait appeler Claude et le même jour y vinrent la voir ses deux frères dont l'un était chevalier et s'appelait messire Pierre et l'autre Petit-Jean, écuyer. Et ils croyaient qu'elle avait été brûlée ; mais lorsqu'ils la virent, ils la reconnurent, et elle aussi les reconnut. Par la suite, Claude des Armoises rencontra le sire Pierre Leuve, conseiller du duc de Bourgogne, qui lui donna un cheval, et son équipement guerrier masculin fut complété par un seigneur de Boulay et un certain Nicolas Gronart qui lui remit une épée. »

Régine Pernoud et Marie-Véronique Clin écrivent dans leur *Jeanne d'Arc* :

« Cette prétendue Jeanne à la vie aventureuse réapparut à Trèves et donna son avis sur les deux hommes qui se disputaient le siège épiscopal. A l'instigation du comte de Wurtemberg elle se rend aussi à Cologne. On a ces détails par l'inquisiteur Jean Nider, prieur des dominicains de Nuremberg, et plus tard de Bâle, docteur de l'université de Vienne. »

La fausse Pucelle « se glorifiait de pouvoir comme Jeanne l'avait fait auparavant pour le roi Charles de France, introduire l'un des deux candidats à l'épiscopat. Cette même Jeanne se disait suscitée par Dieu ». Devant le tribunal de l'Inquisition, elle se livra à quelques tours de prestidigitation – briser un verre, puis le verre redevint intact, déchirer une nappe en deux, et la nappe resta entière… Elle ne convainc pas l'inquisiteur. Elle épousa le chevalier Robert des Armoises, le 7 novembre 1436. Claude se faisait appeler Jeanne.

En 1439, le 18 juillet, elle est reçue à Orléans. On lui offre la table et le vin. Le 1er août, elle reçoit une somme d'argent pour le « bien qu'elle a fait à la ville durant le siège ». C'était dix ans après. Les Orléanais avaient bien connu Jeanne. Comment se sont-ils laissés prendre ? Il faut croire que la nostalgie, l'envie de penser qu'elle n'était pas morte, la force de son pouvoir surnaturel étaient tels que la faussaire a pu en jouer.

A l'approche annoncée du roi, elle s'en va précipitamment et c'est alors qu'elle rejoint Gilles de Rais, qui l'engage dans sa troupe. L'année d'après, Gilles de Rais est arrêté, jugé, condamné à mort, exécuté.

Claude des Armoises – Jeanne – gagne alors Paris. Beaucoup commencent à croire à son aventure, mais elle reconnaît elle-même son imposture devant le roi.

« Advint que à l'heure que le roy la manda pour venir devant lui, il était en un jardin sous une grande treille. Il commanda à l'un de ses gentilshommes que, dès qu'il verrait la Pucelle entrer, qu'il s'avança pour la recueillir comme s'il fut le roy ; ce qu'il fit. Mais elle, connaissant aux enseignes susdites qu'il ne l'était pas, le refusa et s'en vint au roi. Dont il fut ébahi et ne sut que dire, si non en la saluant bien doucement, lui dit : "Pucelle m'amie, soyez la très bien revenue, an nom de Dieu qui sait le secret qui est entre vous et moi."

« Alors, miraculeusement, après avoir ouï ce seul mot, se mit à genoux devant le roy, cette fausse Pucelle en lui criant "mercy" ; et sur le champ confessa toute la trahison. »

Pierre Sala (1457-1529), écuyer à la cour de France qui relate cet épisode, est le seul qui donne la teneur de la prière secrète que Charles VII, en grand désarroi, avait faite, une nuit, à Dieu et dont Jeanne lui avait révélé le contenu dès leur première rencontre à Chinon, ce qui avait vivement frappé le roi. La supercherie dura, en tout, quatre ans, et s'éteint de l'aveu même de celle qui l'avait construite.

Claude des Armoises n'est pas la seule à avoir joué les « Jeanne » ressuscitées. Nous savons par une lettre de rémission datée de février 1457 et accordée à une certaine Jeanne de Sermoise mariée à un Angevin nommé Jean Douillet qu'elle était détenue dans la prison de Saumur depuis plus de trois mois pour s'être fait passer abusivement pour Jeanne la Pucelle.

Y en a-t-il eu d'autres ? En tout cas deux « ressuscitées », c'est déjà une de trop. Cependant pour certains chroniqueurs, malgré la différence des dates, cette Jeanne Douillet serait la même que Jeanne/Claude des Armoises, devenue veuve de Robert et remariée « à un obscur Angevin » nommé Douillet.

Jeanne, bâtarde royale ?

Mais la légende la plus surprenante éclôt au XIXe siècle dans le cerveau imaginatif de Pierre Cazes, sous-préfet de Bergerac : Jeanne serait une bâtarde, fille d'Isabeau de Bavière et de Louis d'Orléans. Régine Pernoud a émis l'idée que le sous-préfet aurait inventé cette histoire pour tromper son ennui. Toujours est-il que né en 1805 dans une pièce de théâtre, le « roman » de « Jeanne la Bâtarde d'Orléans » fut présenté par son auteur en 1819 et depuis son succès n'a cessé de croître, malgré l'invraisemblance d'un récit que toutes les données historiques démentent absolument.

Dans le récit de Pierre Cazes, Jeanne serait née le 20 novembre 1407, jour où, selon les annales du temps, la reine Isabeau avait effectivement donné naissance à un enfant qui ne vécut pas. D'après les témoins d'alors, cet enfant était de sexe masculin, prénommé Philippe. Mais le sous-préfet décida que c'était une fille, née des amours d'Isabeau de Bavière, femme de Charles VI, et de Louis d'Orléans, et, pour cacher l'adultère, hâtivement transportée à Domrémy et confiée à des parents adoptifs qui se trouvent être, précisément, Jacques d'Arc et Isabelle Romée. Fille de reine et de prince, la petite Jeanne aurait été élevée en vue d'un rôle qu'on voulait lui faire jouer plus tard, celui de libératrice de la France.

Le « secret » que Jeanne a révélé à Chinon à Charles VII n'était donc pas la prière secrète que le dauphin avait adressée à Dieu et que lui seul connaissait, mais le fait qu'elle était sa sœur. « Bien entendu, observe Régine Pernoud, la question reste de savoir pour qui le secret en était un, puisque Jeanne le savait très bien, que ses parents adoptifs le savaient mieux que personne et qu'évidemment Charles VII en avait été instruit avant tout le monde… »

Mais peu importe, puisque l'histoire laisse la place à l'imagination romanesque. Continuons. Puisque Jeanne était de sang royal, sœur du roi, elle ne pouvait pas être brûlée. Donc, elle ne le fut pas ! C'est une fausse Jeanne qui fut brûlée tandis que la vraie – la princesse – s'évadait. La preuve en est que, plusieurs années après, une Jeanne réapparut qui se fit reconnaître comme telle par son frère (d'adoption, Petit-Jean), par les échevins d'Orléans… mais pas par le roi, qui avait décidé de garder le secret. Jeanne/Claude des Armoises devient la preuve d'un « mystère » de l'origine de Jeanne, origine royale… clandestine. En effet, comme elle est de sang royal, Cauchon, qui, lui aussi, était dans le secret, l'avait fait évader par le couloir secret du château de Rouen. Une vraie sorcière condamnée prit sa place sur le bûcher. Jeanne, ensuite, réapparaît. Elle est Claude des Armoises mais sa vie devient plus difficile. Charles VII accepte qu'elle se fasse passer pour une fausse « Jeanne », mais, malgré l'énormité de l'escroquerie, la ménage puisqu'elle est sa sœur. Elle finit sa vie en résidence surveillée, mais royale.

Ce secret des origines de Jeanne est consigné dans les interrogatoires du Livre de Poitiers, où Jeanne a raconté tout ce qu'elle savait de sa naissance et de son ascendance. C'est pour dissimuler cette bâtardise que le Livre de Poitiers a été gardé secret. Il serait aujourd'hui dans les trésors du Vatican, à moins qu'il n'ait disparu dans une valise que le cardinal Tisserant avait préparée pour un inconnu qui devait la remettre aux Archives nationales de France après la mort du cardinal, en 1972, mais que, précisément, on ne retrouva pas parce qu'il fallait que le scandale n'éclatât point. Donc, le mystère demeure, jusqu'à la découverte de cette valise posthume contenant un secret que le cardinal défunt ne voulait pas garder sur sa conscience.

Ce que j'écris là m'a été raconté par un auditeur, à la suite d'une conférence que je prononçais sur le procès de Rouen. Pour que le mystère reste entier, j'ignore son nom, mais la chose, pour lui, ne faisait aucun doute. Evidemment, le secret doit être gardé pour des raisons qui ne tiennent plus à l'honneur d'Isabeau de Bavière – dont Louis XI, son petit-fils, disait lui-même qu'elle était une « grande putain » –, mais pour l'honneur de l'Eglise, qui a canonisé Jeanne sans savoir qui elle était vraiment. En effet, Jeanne a juré sur les Evangiles, à la première audience de son procès, qu'elle dirait vérité sur ce qu'on lui demanderait, sauf sur ce qui concernait son roi. Et elle a précisé les sujets sur lesquels « volontiers, elle répondrait ». Ainsi, « de mon père, de ma mère et des choses que j'ai faites depuis que j'ai pris le chemin de

France, volontiers, je jurerai ». Jeanne est donc délibérément parjure et la vierge sainte du procès est, en réalité, une habile intrigante qui dit n'importe quoi parce qu'elle sait qu'elle ne sera pas, en définitive, exécutée.

Le procès de Rouen devient non plus la plus grande tragédie judiciaire depuis le procès de Jésus-Christ, mais une comédie qui s'achève par le coup de théâtre habituel dans ce genre de spectacle : la substitution, sur l'échafaud, d'une vraie sorcière déjà condamnée à l'héroïne royale dont l'évasion était organisée. Les auteurs qui suivent Pierre Cazes se répètent tous, le mécanisme étant toujours le même. Avec les vrais mystères, on fabrique de fausses énigmes.

Jeanne parle comme une princesse

Jean Cocteau disait : « Le plus grand écrivain de langue française, c'est Jeanne d'Arc. » Les témoins ont rapporté, lors du procès dit de réhabilitation, combien elle avait charmé ceux qui la rencontraient, à la ville, à l'armée et à la Cour, par la qualité de sa conversation, son humour et l'éloquence de ses propos. Dès lors, comme ce « parler » ne peut pas être celui des paysans de Domrémy, il faut que Jeanne le tienne d'ailleurs. Cet ailleurs, c'est son origine royale et l'éducation qui lui a été donnée par Colette de Corbie, sur ordre de la Cour.

Seulement, comment expliquer que, même avec une éducation princière, ce don de la repartie aille jusqu'à l'énoncé d'une vérité théologique que de nombreux théologiens n'avaient pas su dire en aussi peu de mots ?

Nous avons lu, dans les pages précédentes, cette description de jeunes filles de Domrémy à l'arbre des Fées, où Barrès voyait un charmant poème en prose alliant un paganisme naïf et innocent à une jeune et féminine dévotion mariale. Lorsque le 22 février 1431, dans la salle du parement du château de Rouen, Jean Beaupère dit à Jeanne : « Quand avez-vous commencé à ouïr ce que vous nommez vos voix ? », Jeanne répond : « Quand j'eus l'âge de 13 ans. J'eus une voix de Dieu pour m'aider à me gouverner. Et la première fois, j'eus grand peur. Et vint cette voix environ l'heure de midi, au temps de l'été, dans le jardin de mon père. »

13 ans à l'époque, c'est l'âge de la nubilité pour les jeunes filles. C'est aussi l'âge où elles peuvent décider de vouer à Dieu leur virginité. Ce que Jeanne fera dès qu'elle aura clairement identifié la voix qui est venue à elle.

« Pour m'aider à me gouverner. » Dieu, qui est la Toute-Puissance, le Créateur, vient vers elle, humblement, « pour l'aider à se gouverner ». Jeanne fait entrer celui qui l'écoute dans la douceur ineffable du mystère des rapports de Dieu avec les hommes, du Créateur avec sa créature.

Plus tard, dans une autre audience, Jeanne dira de cette voix « qu'elle est belle et douce et humble et parle langage de France ». Elle dira encore « la troisième fois, je sus que c'était la voix d'un ange ». Elle a opéré ce discernement en raison de ce que la voix ne lui disait que de bonnes choses : « Bien se conduire, fréquenter l'église et les sacrements… » C'est donc avec sa raison – son intelligence naturelle – qu'elle a discerné que cette voix était bonne, et que, donc, c'était une voix de Dieu. Elle procède ainsi, humble jeune fille, comme une grande théologienne et, après avoir entendu la voix, jugé que cette voix était de Dieu, elle y adhère par un acte de volonté, « et j'eus cette volonté de le croire ». La perfection de cette langue française s'allie à la perfection de la pensée et nous entraîne, avec simplicité, dans le mystère divin. Si on réfléchit que, pendant six ans – de 13 à 19 ans –, Jeanne a été en conversation quotidienne avec ses voix, que ses voix l'ont formée pour sa mission, pendant quatre ans, de 13 à 17 ans, on ne s'étonne plus de la qualité de son langage. Et le mystère efface la prétendue énigme.

Le mystère de la perfection de son art militaire

Dès son arrivée à Orléans et sa première rencontre avec Dunois – le Bâtard d'Orléans –, qui est le chef des troupes de Charles VII, elle manifeste cette qualité propre aux grands chefs militaires, « le coup d'œil ». Elle voit ce que les autres n'ont pas vu et qui lui paraît, à elle, évident. Et elle le dit à Dunois : « C'est vous le Bâtard d'Orléans ? » Et comme il lui répond qu'il est effectivement le Bâtard d'Orléans et qu'il se réjouit de son arrivée, elle lui réplique : « C'est vous qui avez conseillé de me faire venir par cette voie, et de ne pas marcher directement où étaient Talbot et les Anglais ? »

Dunois — « Je lui répondis que c'était moi, et d'autres plus sages que moi encore, qui avions donné ce conseil, croyant mieux faire pour la sécurité de l'opération. »

Alors Jeanne dit textuellement : « En nom Dieu, le conseil de Dieu Notre Sire est plus sûr et plus sage que le vôtre. Vous avez cru m'abuser, et vous vous êtes abusé bien davantage, car je vous apporte meilleur secours qu'eut jamais capitaine ou cité : le secours du Roi du Ciel… »

Dunois poursuit dans sa déposition du 22 février 1456 : « En un clin d'œil, le vent qui était contraire et empêchait considérablement les bateaux de ravitaillement de remonter le fleuve, le vent tourna brusquement et devint propice. On mit tout de suite les voiles et je fis entrer les bateaux [...]. A partir de ce moment, je fondai de grandes espérances sur la Pucelle et, plus qu'auparavant je la suppliai de vouloir bien passer la Loire et entrer à Orléans où elle était attendue avec impatience. »

Cette présence surnaturelle au cours du combat va de pair avec un art stratégique qui stupéfie les hommes d'armes les plus aguerris : « Elle était fort ignorante en tout, sauf dans l'art de la guerre. » En réalité, Jeanne révolutionne l'art de la guerre de son temps. D'une guerre de siège et de positions, elle fit une guerre de mouvement dont la campagne de la Loire est le sommet. Les Anglo-Bourguignons tiennent Meung, Jargeau et Beaugency, trois places fortes. Immédiatement après la victoire d'Orléans, sur la demande du roi, Jeanne entame le nettoyage de la Loire. Contrairement à l'avis de ses capitaines, elle place son armée au milieu du dispositif ennemi, et, avec une tactique qui sera joliment qualifiée de napoléonienne, elle va détruire l'une après l'autre, en empêchant leur réunion, les forces adverses. Les maîtres mots de cette stratégie sont la rapidité du mouvement, l'attaque avec le maximum de forces réunies contre le point le plus faible de l'ennemi. Une fois la victoire acquise, reporter le plus rapidement possible son effort sur un deuxième point, puis sur le troisième, sans laisser le moindre répit. L'attaque doit surprendre par son impétuosité et sa violence. A la fin, quand seront tombées successivement Meung, Jargeau et Beaugency, apprenant que les renforts anglais arrivaient dans la plaine de Patay, Jeanne joint ses troupes à celles du connétable de Richemont qui vient d'arriver et dont les autres – dont Jean d'Alençon – ne veulent pas. Elle les contraint à l'unité. Quand Jean d'Alençon – son « beau duc » – lui dit : « Si Richemont et ses hommes se joignent à nous, je m'en vais... », Jeanne lui répond : « Ce n'est pas l'heure de s'en aller, c'est l'heure de s'entendre », et elle inflige aux Anglais, le 18 juin 1429 à Patay, une défaite qui venge Azincourt : « Plus de 4 000 ennemis tués ou prisonniers », dit Dunois dans sa déposition.

Les fabricants d'énigmes expliquent cette virtuosité militaire par le fait que l'un de ses premiers compagnons, Bertrand de Poulangy, était celui qui l'avait emmenée, à sa naissance, de Paris à Domrémy. Chevalier, il l'aurait éduquée dans l'art de la guerre. Dunois, qui était dans le secret, pour réconforter les habitants d'Orléans leur aurait dit qu'une pucelle viendrait, de par Dieu, les libérer et avait aussitôt envoyé Collet de Vienne chercher Jeanne à Domrémy en disant à Baudricourt de lui fournir, à elle et à Bertrand de Poulangy, des chevaux, des armes et une petite équipe. Pour que ce récit soit cohérent, il faut admettre que Dunois, tenu au secret, a sous la foi du serment menti dans sa déposition au procès en réhabilitation, et, comme on a vieilli Jeanne de cinq ans, on vieillit Bertrand de Poulangy de vingt ans. Naturellement, celui-ci, étant au courant depuis le début, a menti lui aussi au procès en réhabilitation. Il déclarait avoir environ 63 ans alors qu'en fait il en avait 83. Il déclara avoir connu Jeanne à Vaucouleurs alors que c'est lui qui l'avait emmenée, bébé, à Domrémy.

Tous les témoins du procès en réhabilitation ont ainsi menti, la première étant Isabelle Romée, qui, dans sa requête, écrit au pape : « J'avais une fille, née en légitime mariage... » Et comment expliquer que Jeanne, éduquée par un chevalier dans l'art de la guerre selon les méthodes de son temps, ait adopté une stratégie totalement ignorée de ces chevaliers ?

Autre mystère de Jeanne, la sûreté de son jugement politique

Après la victoire de Patay, le roi est dans l'euphorie complète. Son Conseil, unanime, décide d'exploiter la victoire, en repoussant les Anglais à la mer, et en reprenant la Normandie, ce qui ne peut que faire plaisir au jeune duc d'Alençon. Contre l'unanimité du Conseil, Jeanne décide que le roi doit aller se faire sacrer à Reims. Dunois en atteste dans la même déposition :

« Je me souviens aussi qu'après ces victoires, les princes de sang et les capitaines voulurent que le roi allât en Normandie et non pas Reims. Elle, la Pucelle, fut toujours d'avis qu'il fallait aller à Reims pour sacrer le roi, et elle donna les motifs de son choix : quand le roi serait couronné et sacré, la puissance de ses adversaires ne cesserait de diminuer, et, finalement, ils ne pourraient plus nuire à lui-même, ni au royaume. Tous s'y rallièrent. »

Cette intelligence politique est devenue pour les fabricants d'énigmes la preuve que Jeanne était princesse bâtarde, manipulée par Yolande d'Aragon, la belle-mère du roi. Mais alors, comment expliquer qu'elle fut seule à avoir cette intuition géniale ?

Et aussi le mystère judiciaire

Celui-là, les fabricants d'énigmes n'ont pas osé l'aborder de front. Or, pour un praticien des audiences criminelles et de la justice pénale, l'aisance de Jeanne dans le combat judiciaire appelle l'admiration et l'étonnement.

Elle est la seule accusée dans l'histoire à se tenir aussi aisément, sans conseil autre que celui de ses voix, devant des juges qui sont la fine fleur de l'université de Paris. Ces juges sont en masse, quarante-cinq, cinquante, cinquante-cinq, ils la harcèlent de questions, si bien qu'elle doit les interrompre en disant : « Tout beau, messieurs, l'un après l'autre, s'il vous plaît, sinon je ne pourrai répondre. » Elle ne sait « ni A, ni B ». Elle a 19 ans, et elle les désarçonne par l'assurance de ses réponses. « Jeanne, êtes-vous en état de grâce ? — Si j'y suis, Dieu m'y garde. Si je n'y suis Dieu m'y mette ! » Et après cette réplique célèbre, le chant qui s'élève comme la prière de l'âme : « Je serais la plus dolente du monde si je savais n'être point en état de grâce. »

Aucun chef d'Etat, chef de guerre, au long de l'histoire, ayant comparu pour répondre de ses actes devant un tribunal n'a eu cette liberté, cette audace de comportement. L'échappatoire trouvée par les fabricants d'énigmes est que le procès n'existe pas, puisqu'au procès, l'accusée n'est pas la vraie Jeanne, mais un personnage qui lui a été substitué. Là, il faut mettre un terme à la description de ces hypothèses puisque, justement, les seules pièces certaines que nous ayons sur l'histoire de Jeanne sont les procès-verbaux du procès de Rouen et donc la vraie question demeure : d'où lui viennent cette force et cette aisance, sinon, croyons-nous, de ses voix alliées à sa merveilleuse nature ? L'alliance des deux, la nature et la grâce, dans cette humble et magnifique jeune fille, est le plus beau des mystères de l'histoire de France, et, au-delà, l'un des plus beaux de l'histoire des hommes. A côté de cette splendeur, les misérables imaginations des fabricants de prétendues énigmes historiques n'ont d'autre mérite que de mettre en valeur, par contraste, la juvénile et éclatante lumière de « la sainte la plus grande après sainte Marie ».

En définitive, le vrai mystère de Jeanne, c'est Jeanne elle-même.

Bibliographie sélective

Le site www.stejeannedarc.net propose, consultable et téléchargeable, une très importante documentation comportant une bonne partie des textes indiqués ci-dessous.

Ambrogi, Pascal-Raphaël ; Le Tourneau, Dominique, *Dictionnaire encyclopédique de Jeanne d'Arc*, Desclée de Brouwer, 2017.

Beaune, Colette, *Jeanne d'Arc, vérités et légendes*, Perrin, 2008.

Beaurepaire, Charles de, *Notes sur les juges et assesseurs du procès de condamnation de Jeanne d'Arc*, A. Picard, 1890.

Bouzy, Olivier ; Contamine, Philippe ; Hélary, Xavier, *Jeanne d'Arc, histoire et dictionnaire*, Robert Laffont, 2011.

Clin, Marie-Véronique ; Pernoud, Régine, *Jeanne d'Arc*, Fayard, 1986.

Pernoud, Régine, *Jeanne devant les Cauchon*, Seuil, 1970.

Quicherat, Jules-Etienne, *Procès de condamnation et de réhabilitation de Jeanne d'Arc, dite la Pucelle*, Jules Renouard et Cie, 1841-1849, 5 vol.

Sepet, Marius, *Jeanne d'Arc*, A. Mame et fils, 1869.

IV

La Saint-Barthélemy. Une nuit très obscure

par Laurent THEIS

« Tout ce jour de dimanche 24 août fut employé à tuer, violer et saccager : de sorte qu'on croit que le nombre de tués ce jour-là dans Paris et ses faubourgs surpasse dix mille personnes, tant seigneurs, gentilshommes, présidents, conseillers, avocats, médecins, procureurs, marchands, artisans, femmes, filles, qu'enfants et prêcheurs. Les rues étaient couvertes de sang, les portes et entrées du palais du roi peintes de même couleur, mais les tueurs n'étaient pas encore saoulés. »

Ce récit, publié dix-huit mois après les faits, d'un huguenot anonyme, témoin engagé mais peut-être oculaire, est corroboré par tous les autres, quelle que soit leur tendance, qui, pour le déplorer ou s'en féliciter, s'accordent au moins sur ce point : en une époque et dans une culture où le massacre n'est nullement objet de scandale, les violences atteignirent ce jour de 1572 et aussi les suivants, à Paris mais également en province, un degré presque inconnu, qui leur conféra, sur le moment et surtout dans la suite, une nature particulière. Les protestants, et aussi quelques autres réputés tels par commodité, furent frappés sans considération d'âge, de sexe, de parenté, de condition sociale, et l'acharnement sur les personnes, les cadavres et les biens fut extrême. Dans ses origines et dans son déroulement, ce déchaînement inouï recèle bien des mystères et des contradictions, qui ajoutent encore à l'énormité du forfait. Seul le résultat physique est à peu près établi : environ 3 000 morts à Paris, 10 000 peut-être pour l'ensemble du royaume, qui compte alors à peu près 15 millions d'habitants. Le bilan politique et moral est, lui, inappréciable, au point que « Saint-Barthélemy » est devenu un nom commun. Rapporter ce que furent au juste ces journées, c'est poser et résoudre la question des responsabilités. Ici, plus que jamais, c'est l'interprétation qui commande le déroulement des faits, et c'est pourquoi, depuis plus de quatre siècles, le débat n'a pas cessé sur ce qui est véritablement advenu, afin de donner sens à l'impensable. Voici un scénario possible.

Pour commencer, la fête

Le jeudi 21 août, on s'est encore bien amusé au Louvre. Le roi Charles IX a affronté en tournoi, avec ses frères Henri d'Anjou et François d'Alençon ainsi que Henri de Guise, son cousin et désormais beau-frère Henri de Navarre, le prince Henri de Condé et leurs compagnons. Dans la tribune, la reine Elisabeth n'a d'yeux que pour son royal époux, tandis que la princesse Marguerite, à présent reine de Navarre, applaudit, sans doute plus attentive aux exploits du duc de Guise qu'à ceux de son nouveau mari. Après trois guerres dites de Religion commencées en 1562, le royaume, depuis deux ans, est relativement en paix, les deux dynasties issues de Saint Louis, Valois, catholique, et Bourbon, en partie protestante, viennent de s'unir, la noce célébrée le lundi achève ces réjouissances, c'est, croit-on, temps d'espérance et de concorde pour la population, de fête pour la jeunesse. Car tous ceux que l'on vient de nommer, et qui vont plonger dans le drame, ont entre 17 et 22 ans. Nés en 1519, les autres acteurs principaux, la reine mère Catherine de Médicis et Gaspard de Châtillon, amiral de Coligny, font figure de vieillards.

Par âge et par tempérament, la Florentine et le huguenot ont de la mémoire, sont entêtés et s'opposent, outre la différence de religion, sur presque tout : influence sur le jeune roi ; guerre ou paix avec l'Espagne, et donc soutien ou non à Guillaume d'Orange et aux gueux de Flandre soulevés contre le duc d'Albe, gouverneur espagnol des Pays-Bas ; sans parler de la conception du bien public et de la nature du pouvoir monarchique. Comme s'opposent aussi, et plus vivement, les clans nobiliaires très puissants Montmorency-Châtillon et Lorraine-Guise, surtout depuis l'assassinat en 1563 du duc François de Guise, père d'Henri le Balafré, à l'instigation, prétend ce dernier, de Coligny.

Feu sur l'amiral

Ce soir-là, les princes et seigneurs huguenots et leurs gens, souvent méridionaux et forts en gueule, rassemblés par centaines dans Paris – Paris si catholique – pour assister au mariage de leur chef, vont se coucher tranquilles, même si, dans la ville capitale perpétuellement bruissante et émotive, des rumeurs circulent comme des armes qui s'aiguisent.

Le vendredi matin, un conseil s'est tenu au Louvre, dirigé, en l'absence du roi qui assiste à la messe, par son frère cadet Henri d'Anjou, futur Henri III. Il n'a pas duré plus d'une demi-heure. En sortant, Coligny rencontre le roi et l'accompagne au Jeu de paume, où s'engage une partie entre Charles IX et Charles de Téligny, gendre de l'amiral. Il est peut-être 11 heures lorsque ce dernier, entouré de quelques capitaines protestants de sa nombreuse clientèle, se dirige à pied vers son hôtel, situé à environ deux cents mètres du Louvre, à l'angle des rues de Béthisy et de l'Arbre-Sec. Peu avant de quitter la rue des Poulies pour emprunter celle des Fossés-Saint-Germain qui contourne l'église Saint-Germain-l'Auxerrois, Coligny est victime d'un coup d'arquebuse, de deux peut-être, tiré de la fenêtre d'une maison voisine. La main droite et le bras gauche sont profondément atteints. Des fidèles de l'amiral se précipitent : au rez-de-chaussée, l'arquebuse fume encore, mais le tireur s'est évaporé, grâce à des complicités. On saura plus tard qu'il s'appelle Charles de Maurevert et qu'il n'en est pas à son mauvais coup d'essai : trois ans plus tôt, il avait tué Artus de Mouy, un lieutenant de Coligny. Pour les protestants, l'attentat est signé : les Guises, dont des proches occupent la maison de la rue des Poulies, et derrière eux la reine mère, le duc d'Anjou, l'Espagne, les catholiques extrémistes enflammés par les prêcheurs parisiens, bref tous ceux qui veulent du mal aux tenants de la religion nouvelle.

Aussitôt prévenu, Charles IX, qui paraît partagé entre l'effondrement et la colère, promet à Henri de Navarre et à Condé, ses hôtes au Louvre, prompte justice. Catherine de Médicis renchérit et, en début d'après-midi, la famille royale se rend rue de Béthisy exprimer son indignation et sa compassion à l'illustre blessé, qui, grâce aux bons soins d'Ambroise Paré, semble se remettre. Que se disent le roi et l'amiral ? Coligny essaie-t-il encore une fois de convaincre Charles IX de lancer les opérations en Flandre contre l'Espagne ? Fait-il part de ses certitudes sur la responsabilité des Guises dans la tentative de meurtre, voire de ses soupçons sur celle de la reine mère et d'Henri d'Anjou ? Déjà dans Paris frémissant de on-dit, Paris où Henri de Guise est si populaire, des mesures d'ordre public sont prises, car les autorités royale et municipale sentent bien que le crime risque d'entraîner des troubles incontrôlables. Ce samedi matin 23, alors qu'un détachement de la garde royale est aposté face au logis de Coligny d'où les va-et-vient sont incessants, devant l'hôtel de Lorraine, sous les plafonds du Louvre même, des capitaines huguenots menacent de faire justice eux-mêmes si celle du roi n'y suffit pas, et auraient même déclaré devant Charles IX que, s'il ne remplissait pas son office justicier, ils iraient jusqu'à occire Henri de Guise, fût-il réfugié à ses pieds. Ces paroles très graves, prononcées publiquement, devaient être lourdes de conséquences. Ainsi, à la fin d'une semaine qui avait si bien commencé, l'arquebusade de Maurevert, qui court toujours et dont les commanditaires, s'ils existent, sont impossibles à identifier, a déclenché la mécanique infernale. Sous un soleil de plomb, les crânes entrent en ébullition. Les imaginations divaguent, le mot de complot, qui donne libre cours à toutes les suppositions, est prononcé de façon de plus en plus insistante, d'autant que les provocateurs trouvent un terrain propice à l'intoxication : les protestants, forts de leur nombre, s'apprêteraient, sur ordre de l'amiral et sous la direction de Gabriel de Lorges, comte de Montgomery, qui jadis tua Henri II en tournoi par accident, à trucider la famille royale, les Guises et tous les bons catholiques, pour installer une monarchie huguenote, autant dire satanique. Dans le camp protestant, la peur monte, certains, comme Jean de Ferrières, vidame de Chartres, veulent quitter une ville de plus en plus hostile, où l'autorité publique ne paraît plus être en mesure de garantir leur sécurité, ni même le vouloir; d'autres, autour de Coligny et de ses proches, dont l'avis l'emporte, déclarent encore se fier à la protection royale. Naturellement, les récits, passablement confus, reconstitueront l'après-midi et la soirée du 23 août à la lumière de ce qui, tout aussitôt, advint.

Le roi sous pression

Vers midi, à l'heure solaire bien entendu, Henri de Guise et son oncle Claude d'Aumale demandent l'autorisation ou reçoivent l'instruction du roi, remonté contre eux, de quitter Paris, soit pour se protéger, soit pour calmer les esprits. Quelques heures plus tard, ils sortiront par une porte et rentreront aussitôt par une autre. C'est alors peut-être, car rien n'est sûr, qu'ils se seraient fait communiquer par la prévôté des listes portant les résidences des principaux huguenots de passage à Paris. A partir de 17 heures et jusque dans la soirée, dans le jardin des Tuileries puis au Louvre, se tinrent un ou deux conseils successifs. Y participaient, autant qu'on puisse le savoir, le roi et son frère Henri d'Anjou, la reine mère et son équipe rapprochée à dominante italienne, Louis de Gonzague, duc de Nevers, Albert de Gondi, maréchal de Retz, le chancelier René de Birague, ainsi que le maréchal de Saulx-Tavannes et le garde des Sceaux Jean de Morvillier; au total un groupe restreint. Ces réunions sous haute tension auraient abouti à la décision de devancer une subversion jugée plus que probable en liquidant les chefs militaires protestants nommément désignés, quelques dizaines sans doute, et Coligny au premier chef. Henri de Navarre, beau-frère du roi, et Henri de Condé, prince du sang et beau-frère du duc de Nevers, seraient épargnés. Fut-il ouvertement précisé que l'exécution de la décision serait confiée aux Guises ? La logique paraissait y conduire. On peut penser que la décision ne fut pas prise facilement. Jean de Morvillier, par exemple, ne s'y rallia pas sans réticence ni scrupule. La propagande protestante, mais aussi certains témoignages de catholiques modérés, comme Jacques-Auguste de Thou, ont chargé particulièrement la responsabilité de Catherine de Médicis et d'Henri d'Anjou, qui auraient reconnu leur implication dans l'attentat contre Coligny et auraient exercé une forte pression, voire un chantage contre le malheureux Charles IX, exigeant qu'il légitime l'opération sous peine de mettre en péril la paix avec l'Espagne, la concorde intérieure, et la sauvegarde de la monarchie elle-même. Charles IX se serait pour finir écrié : « Par la mort-Dieu, puisque ma mère et mon frère trouve [*sic*] bon qu'on tue l'amiral, je le veux, mais aussi tous les huguenots de la France, afin qu'il n'en demeurât pas un qui pût me le reprocher par après. » Cette tirade, provenant d'une source hautement suspecte, est très certainement apocryphe, mais la rumeur lui fit un beau sort posthume. En réalité, le roi n'avait guère besoin d'être convaincu d'une menace qu'il ressentait presque physiquement, et surtout politiquement puisque son autorité souveraine était mise en cause, voire bafouée.

L'exécution

Le soir même, Jacques Le Charron, prévôt des marchands, reçut l'ordre de boucler la ville, d'empêcher toute traversée de la Seine en enchaînant les embarcations, de mobiliser la milice bourgeoise et de placer des canons à l'Hôtel de Ville, face à l'extérieur. Il s'agissait de parer à toutes les éventualités, sans que l'on sache bien lesquelles.

Ensuite ? Ensuite, tout commence avant l'aube. Le 24 août est un dimanche, jour du Seigneur auquel il est consacré, et voué à l'apôtre Barthélemy. En un tel moment, la violence est particulièrement tenue pour une profanation. Dans les églises et sur les places publiques, les prédicateurs parisiens, parmi lesquels se distingue Simon Vigor, curé de Saint-Paul, ne s'y arrêtent guère, chauffant à blanc la population depuis des semaines. Les tueurs, agissant sur ordre, n'avaient besoin d'aucun signal pour passer à l'action. Un premier groupe se rend chez Coligny, enfonce la porte avec la complicité des gardes royaux, élimine tout ce qui lui résiste, monte à l'étage dans la chambre où Coligny s'est réveillé au bruit. Un reître surnommé Besme perfore l'amiral de son épée, les coups de dague pleuvent, le vieillard encore vivant est jeté par la fenêtre et achevé à terre. Henri de Guise essuie le visage sanglant pour bien le reconnaître, puis lance ses hommes à travers le quartier pour continuer la besogne : François de La Rochefoucauld, familier du roi, Téligny, des dizaines d'autres « huguenots de guerre » sont mis en pièces, généralement et curieusement sans opposer de résistance. En même temps ou un peu plus tard, au Louvre, se déroule une deuxième phase, cette fois sous la conduite directe de Charles IX. Tandis qu'Henri de Navarre et Condé sont conduits dans la chambre du roi, qui les menace de tout s'ils ne se convertissent pas immédiatement, leurs plus proches compagnons, désarmés, sont poussés vers une porte donnant sur la cour, où des hallebardiers les embrochent. De cette mise à mort la reine Margot dressera un compte rendu épouvanté. Restent les huguenots regroupés sur la rive gauche, faubourg Saint-Germain, dont Jean de Ferrières et Gabriel de Montgomery sont les plus notables. Les gardes royaux tardant à s'occuper d'eux, Henri de Guise décide de les prendre en chasse, mais perd du temps porte de Buci, la clé étant introuvable. Montgomery et ses amis comprennent ce qui les attend lorsque, de l'autre côté du fleuve, ils aperçoivent, dit-on car la légende noire a bon dos, le roi se saisir d'une arquebuse et les ajuster. L'équipe des Guises les poursuit sans succès jusqu'à Montfort-l'Amaury. Ceux-là sont les très rares à s'en sortir vivants. Au début de la matinée, l'extermination programmée de la noblesse réformée est achevée pour l'essentiel. Dans un premier mouvement, Charles IX en attribue la responsabilité aux Guises engagés dans une querelle de clan avec les Châtillon.

La Saint-Barthélemy du peuple

Alors commence une seconde Saint-Barthélemy, qu'on pourrait dire populaire, sans commune mesure avec la première, d'origine royale. Est-ce la cloche du Palais de Justice, ou celle de Saint-Germain-l'Auxerrois, vers 5 heures du matin, qui a donné le branle ? Il semble qu'il n'en était guère besoin. Aucune hésitation n'est en effet perceptible lorsque des soldats du roi, du duc d'Anjou et des Guises, la milice parisienne emmenée par ses capitaines Pezou, Chocquart, Perrier, Crozier, toutes sortes d'éléments populaires, donc catholiques car à Paris c'est tout un, où se distinguent des enfants, s'en prennent à tout ce qui est soupçonné d'être protestant. Arborant au bras ou au chapeau une croix blanche de tissu ou de papier, partout c'est le même cri : « Tue, tue ! » Ce cri qu'entendent Maximilien de Rosny, 12 ans et futur duc de Sully, Jacques de Caumont, 13 ans et futur duc de La Force qui se laisse tomber, feignant d'être mort, entre les corps de son père et de son frère tués sous ses yeux, Philippe Duplessis-Mornay, qui lui aussi échappe par miracle. Les cadavres des suppliciés s'entassent sur les places, soigneusement mutilés à l'instar de celui de Coligny, ou sont jetés par centaines à la Seine. Les femmes enceintes de la mauvaise graine hérétique sont particulièrement recherchées et désentripaillées, les nourrissons embrochés. Voisins, amis, parents sont dénoncés ou directement assassinés, sauf, comme toujours, des gestes de compassion salvateurs ici et là. Meurtres et pillages ont pour théâtre principal les quartiers commerçants, rue Saint-Martin et Saint-Denis, où de vieux contentieux sont ainsi réglés, et le secteur des écoles, de la rue Saint-Jacques à la place Maubert. Ainsi périrent de grands humanistes, comme Pierre de La Place, premier président de la Cour des aides, ou Pierre de La Ramée, professeur au Collège de France. Beaucoup de massacreurs sont convaincus d'accomplir une œuvre de justice et de purification, agréable à Dieu et conforme à la volonté du roi, qui a déclenché l'entreprise : dans le cimetière des Saints-Innocents, un plant d'aubépine desséché depuis longtemps ne vient-il pas, ce 24 août, de reverdir puis de refleurir, face à une image de la Vierge ? La nouvelle de ce miracle se répandit comme une traînée de poudre, donnant la mesure de l'état des esprits. Incapable, en dépit des ordres donnés, de faire cesser la tuerie, Charles IX, après avoir tenté une explication par la vendetta entre clans nobiliaires, choisit alors, le mardi 26, de déclarer devant le Parlement que « ce qui est advenu a été par son exprès commandement » – il veut parler de l'exécution des chefs huguenots – face à la conspiration de Coligny et de ses complices. Cette explication fut également fournie aux cours d'Europe, et difficilement acceptée en Angleterre et chez la plupart des princes allemands.

Alors que le mouvement, qui se poursuit à Paris, a gagné Orléans, Meaux, Saumur, Angers, atteindra Lyon, Rouen, Bordeaux, Toulouse, la Saint-Barthélemy est ainsi devenue un crime d'Etat, dont le mérite, pour les uns, l'opprobre, pour les autres, revient au roi Charles de Valois, flétri par d'Aubigné sous l'anagramme de « chasseur déloyal ». Lorsque, le 6 septembre, Sa Majesté catholique Philippe II d'Espagne apprit la nouvelle, il esquissa un pas de danse et, pour la première fois de sa vie dit-on, éclata de rire. Trois cents ans plus tard, Michelet pleurait en décrivant, à la fin de son *Histoire de France au XVIe siècle*, le martyre de Coligny.

Une tragédie inexplicable ?

La difficulté, on l'a vu, de décrire avec certitude l'enchaînement des faits procède de la multiplicité de témoignages contradictoires et étalés dans le temps, et surtout de l'impossibilité d'en comprendre les tenants et les aboutissants et d'en trouver une explication satisfaisante pour la raison. De là la surinterprétation idéologique qui en fut donnée par les contemporains d'abord désemparés, et dont la trace se fait sentir quasiment jusqu'à aujourd'hui. De là aussi le caractère unique de la Saint-Barthélemy, statut que n'ont pas atteint des violences civiles pourtant d'envergure comparable ou supérieure, comme la Terreur de 1793-1794 ou la Commune de Paris.

Au moins trois mystères, ou plus simplement trois questions principales, demeurent attachés aux événements de l'été 1572. Comment, en quelques jours, voire quelques heures, un déchaînement de violence et de haine a-t-il succédé à un climat apparent de paix et de fête ? Comment s'est construite la décision royale d'éliminer les « huguenots de guerre » ? Comment cette opération a-t-elle dégénéré en massacres de masse ?

Le basculement

Signée en août 1570, la paix de Saint-Germain soldait ce qu'on appelle la troisième guerre de Religion, commencée en 1568, marquée par les dures batailles de Jarnac en mars et de Moncontour en octobre 1569, où les huguenots furent défaits. Cette paix, qui n'était pas défavorable aux protestants, le roi Charles IX, âgé de 20 ans, y était personnellement attaché et décidé, comme il le prouva, à la faire respecter. L'idéal de concorde n'était pas pour lui un vain mot et Catherine de Médicis en comprenait la nécessité politique. Les catholiques et ceux de la « nouvelle religion », qui en effet n'avait guère plus de 15 ans d'âge, étaient appelés à « vivre paisiblement ensemble comme frères, amis et concitoyens », car la différence de religion, qu'il faudrait bien surmonter un jour, ne devait pas mettre en péril l'unité du corps du royaume, dont le roi était le symbole et le garant. La réalisation de ce programme, porté par la royauté et par ceux que l'on appelait les « moyenneurs » ou « politiques », c'est-à-dire les partisans d'un compromis nécessaire et vertueux dans la ligne du défunt chancelier Michel de L'Hospital, se heurtait à de grandes difficultés, car dix ans d'affrontements ne pouvaient pas s'effacer d'un trait de plume et, surtout, les exigences de deux fois antagoniques paraissaient à beaucoup incompatibles : n'était-ce pas trahir Dieu que de composer avec ceux qui le profanaient de la parole et du geste ? Tout l'effort de la royauté fut de prouver le contraire, en agissant sur deux terrains : contrer l'influence prépondérante de l'Espagne de Philippe II sur les affaires européennes en soutenant, discrètement ou ouvertement, les insurgés protestants des Pays-Bas contre la domination espagnole; quelle que fût leur religion, beaucoup de sujets du roi pouvaient se retrouver dans cette cause, dont Coligny, incontestable chef de file des huguenots, était un protagoniste actif. Sans vouloir décider une guerre ouverte contre l'Espagne, Charles IX entretenait habilement la menace. A l'intérieur, les noces d'Henri de Navarre et de Marguerite de Valois, difficilement négociées entre les reines Jeanne d'Albret, mère d'Henri, et Catherine de Médicis, devaient spectaculairement démontrer que l'alliance l'emportait sur la division pour le plus grand bien du royaume. « Ce mariage, écrit le roi, rendra l'union qui est entre mes sujets perdurable, chose que je désire plus que autre en ce monde. » Il parvint à le faire accepter par les principaux représentants des deux camps. L'harmonie tant souhaitée paraissait ainsi s'inscrire dans les faits et, espérait-on, dans les esprits. Elle fut ainsi mise en scène, de façon fastueuse, le 18 août 1572. Quatre jours plus tard, l'arquebusade de Maurevert remettait-elle tout en cause? Il est facile d'affirmer que la tentative d'harmonie royale n'était qu'un rêve hors de portée d'une société religieusement et politiquement fracturée, et que la réalité se vengeait. Il est encore moins certain que l'attentat ait procédé soit d'un ordre explicite des Guises, pas plus que de Catherine de Médicis, comme pourtant, et on comprend pourquoi, bien des protestants s'en convainquirent, soit d'une conspiration téléguidée par Madrid pour éliminer un va-t-en-guerre en Flandre contre l'Espagne. Sans être un acte isolé, le coup de feu ne venait pas nécessairement de très haut. Suffisamment de gens, dans Paris, souhaitaient la mort de Coligny. Pour eux, un bon huguenot était un huguenot mort, et surtout celui-là. Au total, la tentative d'instaurer une paix durable, si fragile qu'elle pût être, n'était pas vouée à l'échec. Le coup de feu du 22 août fit prendre à l'histoire un cours tout différent.

Un processus extraordinaire

L'eût-il voulu, ce qui est possible, le roi n'avait pas les moyens de faire prompte justice à Coligny, qui, élément imprévu dans un événement inattendu, avait survécu. Dès lors, que faire face au danger bien réel d'une réaction violente des protestants se trouvant en nombre à Paris, qui relancerait la guerre civile qu'on s'était efforcé de conjurer et qui, pouvait-on craindre, menacerait l'intégrité même du corps du roi en même temps que les fondements de la monarchie ? Cette peur n'était pas sans motif. On se souvenait, et surtout la reine mère, de la conjuration d'Amboise de 1560 et de la « surprise de Meaux » de 1567, où par deux fois un parti protestant avait tenté de s'emparer de la famille royale. L'année suivante, dans le préambule de l'édit de Saint-Maur, l'autorité royale dénonçait une « damnée entreprise d'établir et constituer en ce royaume une autre principauté souveraine pour défaire la nôtre ordonnée de Dieu », et reprochait aux protestants de « traiter avec nous comme voisins, non comme sujets obéissants ». Si depuis lors Charles IX et son conseil avaient adopté des positions moins tranchées, ils ne pouvaient pas avoir dépouillé leur méfiance, que l'attitude et les propos de Coligny, rétabli dans ses charges en 1571, étaient bien faits pour entretenir, tant il le prenait de haut avec la majesté royale, usant d'intimidation pour obtenir une intervention en Flandre. La nouvelle conjoncture créée le 22 août, les menaces des capitaines protestants de court-circuiter la justice royale, et donc d'usurper un attribut de la souveraineté, laissaient redouter un pas supplémentaire vers la subversion. On peut croire Charles IX, même s'il grossit le trait pour les besoins de sa cause, lorsque, pour se justifier, il écrivait le 13 septembre au sujet de l'amiral : « Il avait plus de puissance et était mieux obéi de la part de ceux de la nouvelle religion que je n'étais, de sorte que s'étant arrogé une telle puissance sur mes dits sujets, je ne me pouvais plus dire roy absolu, mais commandant seulement à une des parts de mon royaume. »

Dès lors, le Conseil royal, face à un coup de force réputé imminent, décida le 23 au soir de prendre les devants, en faisant exécuter les chefs protestants. Il espérait sans doute que, dans une société où les clientèles personnelles pesaient lourd, les troupes seraient dissuadées si leurs capitaines étaient éliminés. De plus, l'occasion était bonne de décapiter le parti huguenot puisque ses dirigeants étaient exceptionnellement rassemblés à Paris. Encore fallait-il donner un habillage juridique à une entreprise d'une exceptionnelle gravité. Faute de pouvoir intenter un procès ordinaire aux supposés comploteurs, ce qui impliquait un temps de procédure, ce fut la voie d'une justice extraordinaire qui fut retenue, le roi usant sans délai du « glaive que Dieu a mis entre ses mains à la conservation des bons, vengeance et extermination des méchants, sans autre forme et solennité de justice garder », comme il le déclara lui-même le 26 août devant le parlement de Paris pour expliquer son choix. Et il renchérit dans la lettre du 13 septembre déjà citée : « Je me suis résolu de laisser le cours d'une justice à la vérité extraordinaire, et autre que je n'eusse désiré. » A preuve, la justice reprit son cours ordinaire dès que possible, avec le procès deux mois plus tard de deux chefs protestants, qui furent pendus, tandis que Coligny, lui aussi condamné mais à titre posthume, fut pendu en effigie. Pour prompte et improvisée qu'elle ait été sous le coup de la peur, la décision du 23 août fut réellement débattue, se fondant sur la raison d'Etat et non pas de religion, même si la formule n'y était pas, et ne peut être imputée à personne en particulier, ni la reine mère ni le duc d'Anjou. C'est le roi, dans l'idée qu'une violence limitée et maîtrisée servirait la paix civile et religieuse à laquelle il restait attaché, qui fit plein exercice de sa souveraineté et en assuma les conséquences y compris contre ses hôtes au Louvre, estourbis comme on a vu. Redoutant le pire, l'autorité royale s'était résolue aux extrêmes. Mais le pire était au-delà de ce qu'elle envisageait, lorsque l'émotion prit le pas sur la raison.

Du crime d'Etat aux meurtres de masse

Lorsque, le 24 août avant l'aube, sonnèrent les cloches de Saint-Germain-l'Auxerrois et du Palais de Justice, et qu'un tumulte se fit entendre dans certains quartiers, beaucoup crurent d'abord à une attaque généralisée des protestants, conformément à une sorte de psychose préétablie, ce qui provoqua une première mobilisation. Puis, dès qu'il fut connu, l'assassinat organisé des huguenots de guerre, et singulièrement de Coligny, parut avoir immédiatement libéré des pulsions et levé des inhibitions au sein de la partie extrémiste, et assurément majoritaire, de la population parisienne. Si elle n'attendait qu'un signe pour en finir avec des religionnaires détestés et redoutés, ce signe était venu, et qui plus est du roi lui-même, donc de Dieu en personne. Ce déchaînement libérateur, à la différence de la décision royale, venait de loin et des profondeurs. Bien que la proportion de protestants à Paris fût infime, environ 2 % des 300 000 habitants, et peut-être parce qu'elle l'était, et bien que leur culte fût prohibé, elle suscitait une répulsion profonde, voire de l'horreur, de la part des catholiques parisiens. Ces derniers, dans leur organisation sociale autant que religieuse, étaient regroupés dans des fraternités paroissiales, des confréries de fidèles, des structures de sociabilité qui affichaient leur appartenance par des insignes extérieurs, des processions, des marques ostensibles de dévotion à la Vierge et aux saints, dont les adeptes de la nouvelle religion non seulement s'étaient exclus, mais qu'ils souillaient par leur dédain, leur particularisme affiché, et pour finir par leur existence même. L'hérésie, tonnaient depuis longtemps certains prédicateurs, étant œuvre satanique, inoculait le péché, voire l'enfer, à tout ce qui la côtoyait. Avec le rassemblement de nombreux protestants venus d'ailleurs s'offrait une occasion providentielle de purification qu'il ne fallait pas laisser passer. Et cette purification passait par la destruction des corps par lesquels se maintenait et se propageait le poison de l'hérésie. Contre des infidèles d'autant plus détestables et menaçants qu'ils étaient pour certains des voisins, voire des amis, la véritable chrétienté devait retrouver l'esprit de croisade, dont la marque, une croix blanche, était arborée par les purificateurs.

A cette exaltation mystique d'éradication du mal s'ajoutaient la peur et la colère contre de mauvais sujets du roi, qui battaient en brèche son autorité divine, tentaient d'assujettir la monarchie à leurs conceptions spirituelles et politiques, allant jusqu'à la république, qu'on voyait à l'œuvre à Genève et même dans le Midi de la France, et sapaient les fondements mêmes de la société. Les protestants étaient ainsi éprouvés comme des ennemis de l'intérieur, d'autant plus redoutables que, en dépit de leur faible nombre et de leurs défaites sur le terrain militaire, ils bénéficiaient, à la faveur des édits successifs, d'accommodements et même de privilèges, comme des places de sûreté, sous prétexte de concorde et de paix. Aussi, pour les activistes parisiens, la paix ainsi conçue était-elle une sorte de sacrilège, dont la responsabilité était imputable d'abord aux protestants, qui naturellement pensaient exactement l'inverse, mais aussi au roi et à la fraction catholique modérée, dite politique. C'est pourquoi, plus royalistes que le roi, les tueurs du 24 août et des jours suivants s'affranchirent des ordres répétés et inaudibles d'avoir à cesser les massacres. Dans ce mouvement, il est probable que les Guises, le duc de Nevers et autres ultras poussèrent à la roue, et certain que les petits chefs des gardes du roi et du duc d'Anjou comme de la milice bourgeoise s'en donnèrent à cœur joie, d'autant qu'eux savaient précisément qui était et où se trouvait l'ennemi à exterminer, et aussi les pillages et le butin à faire, car les opérations revêtaient également un caractère crapuleux.

Ainsi, épuration religieuse et élimination civile et politique allèrent de pair, à la surprise, peut-être surjouée, du pouvoir royal qui trouva là un moyen de s'affirmer, et à la consternation indignée, et bien légitime, des protestants qui cherchèrent aussitôt des explications, à l'extérieur dans les personnes de la reine mère, du duc d'Anjou et de leurs affidés en liaison avec la cour d'Espagne, estimant même que les noces princières étaient un traquenard conçu de longue main pour les rassembler et les livrer sans défense aux poignards de leurs ennemis, et à l'intérieur d'eux-mêmes, pour comprendre pourquoi Dieu leur envoyait une telle épreuve : énormité de leurs péchés ou signe de l'élection qui fait les martyrs ?

Que conclure ?

Comme pour tout épisode d'une telle richesse historique, les ressorts de la Saint-Barthélemy ne se prêtent pas à une qualification et une interprétation uniques : « crime d'amour » ayant mal tourné, conjuration politique préméditée, émotion collective sous l'emprise de l'alcool fort de la religion, étape tragique vers l'absolutisme royal, enjeux internationaux impliquant l'Espagne, l'Angleterre et les Pays-Bas, intervention de la Providence, beaucoup d'éléments s'entremêlent. L'un d'entre eux paraît décisif : le contexte parisien, acquis au catholicisme le plus militant, et surchauffé à la fois par les prêtres, par la faction des Guises qui était plus populaire que partout ailleurs, et par la présence inopinée d'un groupe considérable de protestants en armes, alimentant tous les fantasmes. Organiser les noces d'Henri et de Marguerite à Paris n'était pas une bonne idée s'il s'agissait de renforcer la concorde et la paix. Nous aurions conseillé plutôt Blois, où la Cour se trouvait l'année précédente, Fontainebleau ou même Saint-Germain-en-Laye.

Bibliographie sélective

Bourgeon, Jean-Louis, *Charles IX devant la Saint-Barthélemy*, Droz, 1995.

Christin, Olivier, *La Paix de religion. L'autonomisation de la raison politique au XVIe siècle*, Seuil, 1997.

Constant, Jean-Marie, *Les Guise*, Hachette, 1984.

Crété, Liliane, *Coligny*, Fayard, 1985.

Crouzet, Denis, *La Nuit de la Saint-Barthélemy. Un rêve perdu de la Renaissance*, Fayard, 1994.
Garrisson, Janine, *La Saint-Barthélemy*, Complexe, 1987.
Jouanna, Arlette, *La Saint-Barthélemy. Les mystères d'un crime d'Etat*, Gallimard, 2007.
Solnon, Jean-François, *Catherine de Médicis*, Perrin, 2003.

V

A-t-on armé le bras de Ravaillac ?

par Jean-Christian Petitfils

L'énigme

L'assassinat d'Henri IV à Paris le 14 mai 1610 constitue l'un des événements politiques majeurs de l'histoire moderne. Il créa en France un traumatisme si profond que son souvenir contribua, au cours des XVIIe et XVIIIe siècles, à renforcer l'absolutisme monarchique, le culte du secret et le mystère de l'Etat. La moindre menace de mort, le moindre propos contre le souverain furent dès lors traités comme crimes de lèse-majesté, valant à leur auteur une lettre de cachet et un enfermement dans un cul-de-basse-fosse, souvent pour le reste de ses jours. Sous Louis XIV et Louis XV, deux cents dossiers environ ont été recensés dans les archives de la Bastille de 1661 à 1774, concernant les individus accusés de « mauvais discours » contre la personne royale. La peur du régicide était obsessionnelle. « On ne peut toucher ni de près ni de loin à l'évocation de la mort du roi, écrit l'historienne Arlette Farge, sans être englouti par la nocivité extrême du thème qui ne peut être utilisé sans qu'on s'y brûle[1]. » En janvier 1757,

---

1. Arlette Farge, *Dire et mal dire. L'opinion publique au XVIIIe siècle*, Le Seuil, 1992, p. 219-221.

à Versailles, un déséquilibré, ancien domestique, Robert François Damien, frappa Louis XV d'un coup de canif. Ce n'était nullement pour le tuer, mais pour lui donner un avertissement sur sa politique religieuse : il n'en fut pas moins condamné à mort par le Parlement et écartelé avec la même cruauté que Ravaillac.

A partir de la disparition tragique d'Henri IV, les théoriciens se mirent à exalter comme jamais la puissance et la souveraineté des rois. C'est de ce moment que date le plein épanouissement des théories du droit divin. On plaça si haut le trône que l'on finit par considérer que désobéir au roi, l'Oint du Seigneur, lieutenant de Dieu sur terre, revenait à offenser Dieu en personne, et par conséquent à commettre un sacrilège.

Le drame de la rue de la Ferronnerie est aussi l'un des grands mystères de l'histoire de France. Il n'est pas question, naturellement, de remettre en cause l'identité du meurtrier, connue d'à peu près tous les écoliers d'aujourd'hui, même en cette époque de culture historique plutôt indigente – Ravaillac, natif d'Angoulême –, mais de s'interroger sur les conditions dans lesquelles le meurtre a été accompli. S'agit-il de l'acte isolé d'un demi-fou, tourmenté de pulsions et de visions homicides, comme le laissent supposer les troubles psychologiques révélés lors de son bref procès ? Le tueur a-t-il été, au contraire, l'agent conscient d'une conspiration et, comme il nia à plusieurs reprises avoir des complices, n'avait-il pas reçu l'absolution d'un prêtre complaisant lui permettant, par le jeu des restrictions mentales, de mentir sur ce point ?

Troisième hypothèse, le fanatique n'a-t-il pas été inconsciemment suggestionné ? Il croyait agir seul, alors que dans l'ombre de puissants personnages l'incitaient au crime. Mais lesquels ? Si l'on se rapporte à l'histoire contemporaine, l'affaire qui lui ressemblerait le plus serait celle de l'incendie du Reichstag dans la nuit du 27 au 28 février 1933 par un chômeur déséquilibré, d'origine hollandaise, Marinus van der Lubbe, condamné à mort et décapité un an plus tard. Hermann Göring et les nazis auraient discrètement poussé le criminel à agir ainsi, afin de dénoncer un complot communiste et de déporter plusieurs dizaines de milliers de militants d'extrême gauche.

On pourrait également établir un rapprochement avec l'assassinat du président John Kennedy, le 22 novembre 1963, par Lee Harvey Oswald. Dans cette obscure affaire, la CIA, le FBI, le vice-président Johnson, des réseaux criminels mafieux, des groupes d'extrême droite, des Cubains anticastristes, le complexe militaro-industriel, la franc-maçonnerie, l'Union soviétique ont été mis en cause, alors qu'officiellement on n'a pu mettre la main que sur un seul responsable. On pense également à la tentative d'assassinat du pape Jean-Paul II le 13 mai 1981 par le Turc Mehmet Ali Ağca, énigmatique membre de l'organisation nationaliste d'extrême droite *Les Loups Gris*, derrière laquelle d'aucuns ont vu l'influence de la mafia ou plus vraisemblablement des services secrets bulgares et du KGB…

La journée du 14 mai

Les faits sont connus. Le vendredi 14 mai 1610, peu après 4 heures de l'après-midi, Henri IV quitte le Louvre en carrosse, accompagné de quelques gentilshommes. Il se rend à l'Arsenal, chez le duc de Sully, surintendant des Finances et grand maître de l'Artillerie, pour envisager les dernières mesures à prendre avant son départ le 19 pour Châlons-en-Champagne, où l'attendent 37 000 hommes. Cette imposante armée doit s'ébranler sitôt son arrivée et franchir la frontière du Luxembourg. La France, en effet, a décidé d'appuyer les revendications de deux princes protestants, Jean Sigismond, électeur de Brandebourg, et Philippe-Louis de Bavière, comte palatin de Neubourg, dans la succession des duchés germaniques de Clèves et Juliers, contre les prétentions de l'empereur Rodolphe II de Habsbourg.

Une autre raison plus personnelle pousse le Béarnais à entrer en campagne : il compte faire un détour par Bruxelles, où se trouve retenue contre son gré, au palais ducal de Coudenberg, sa tendre égérie de 15 ans, Charlotte de Montmorency, princesse de Condé, que son mari, Henri II de Condé, premier prince du sang, a soustraite à ses assiduités en franchissant la frontière, et avec laquelle il ne cesse d'échanger des lettres enflammées (elle est sa « déesse », sa « Dulcinée », sa « fée » ; lui son « Tout », son « cher et divin astre »...). Il projette son enlèvement. Un roman d'amour par conséquent se mêle à une affaire de haute politique. C'est l'histoire renouvelée de la Belle Hélène, à cette différence près que le beau Pâris est un vieux faune de 56 ans, au visage buriné, au front ridé et au menton en galoche couvert d'une barbe blanche.

La reine Marie de Médicis, couronnée la veille, 13 mai, doit faire son entrée solennelle à Paris le surlendemain 16. L'idée d'Henri est de profiter de son déplacement chez Sully pour admirer rue Saint-Denis les apprêts de la fête : poteaux fleuris, arcs de triomphe festonnés, rochers en carton et inscriptions allégoriques. Il fait un temps magnifique. La voiture, dont les ridelles de cuir ont été relevées, est escortée seulement de quelques gentilshommes à cheval. Après la rue Saint-Honoré, elle s'engage dans la rue de la Ferronnerie, un boyau limité par des échoppes de marchands d'ustensiles de cuivre et de fer-blanc. Elle est vite immobilisée par un encombrement non loin de la maison du notaire Poutrain et d'une auberge à l'enseigne du *Cœur couronné percé d'une flèche* : une charrette de foin et un haquet chargé de tonneaux de vin obstruent le passage. Henri a passé familièrement le bras droit autour du cou de son voisin, le duc d'Epernon, qui lui lit une lettre, car il a oublié ses lunettes. Il découvre assez largement le buste. Quelques valets de pied, qui se tiennent habituellement aux portières, descendent et passent par le cimetière des Saints-Innocents qui longe la rue.

C'est alors qu'un étrange personnage à la carrure athlétique, à la barbe rousse, aux cheveux fauves, habillé d'un pourpoint vert à la flamande, surgit, saute sur la roue arrière gauche du carrosse et à trois reprises poignarde le monarque. Le premier coup l'atteint entre la deuxième et la troisième côte. Le deuxième, plus violent, pénètre entre la cinquième et la sixième côte et transperce probablement la veine cave. Le troisième se perd dans la manche du duc de Montbazon, son autre voisin. « Ce n'est rien, ce n'est rien ! » répète le blessé, mais bientôt un flot de sang lui envahit la bouche.

Le drame n'a duré que quelques secondes. L'agresseur reste planté, hébété, son long couteau à double tranchant à la main, sans chercher à se perdre dans la foule des badauds qui s'agglutinent maintenant autour du carrosse royal. Un des officiers de l'escorte, Jacques de Pluviers de Saint-Michel, s'apprête à le transpercer quand il est arrêté par le cri du duc d'Epernon : « Ne frappez pas, il y va de votre tête ! » Tous les autres seigneurs à l'intérieur de la voiture font chorus. On veut éviter l'erreur commise lors de l'assassinat d'Henri III en août 1589, au château de Saint-Cloud : le tueur, le moine fanatique Jacques Clément, avait été massacré sur-le-champ, sans que l'on ait eu le temps de l'interroger.

Le moment de panique passé, les familiers du roi se répartissent les rôles. La Force regagnera le Louvre avec le blessé agonisant et Epernon ira à l'Hôtel de Ville calmer les esprits, tandis que le baron de Courtomer se rendra à l'Arsenal avertir Sully. Le carrosse fait donc demi-tour et retourne au Louvre, pénétrant à vive allure dans la cour. C'est l'affolement. Henri, transporté avec précaution dans le cabinet de la reine, est assis dans un fauteuil, puis étendu sur un lit. Le pourpoint dégrafé, la chemise maculée, il ouvre les yeux trois fois puis reste sans vie. Marie de Médicis sort de ses appartements. « *L'hanno ammazzato !* » (Ils l'ont tué), crie-t-elle folle de douleur. « Le roi est mort ! Le roi est mort ! » répète-t-elle, désemparée. Surmontant sa propre émotion, le chancelier Brulart de Sillery lui rétorque en lui désignant son fils Louis, âgé de 8 ans et demi : « Votre Majesté m'excusera, mais le roi ne meurt point en France ! Voilà le roi vivant, Madame ! »

Dans Paris, gonflé de nombreux provinciaux venus pour le couronnement, la désastreuse nouvelle se répand. « Les boutiques se ferment, note le chroniqueur Pierre de L'Estoile, chacun crie, pleure, se lamente, grands et petits, jeunes et vieux. Les femmes et les filles s'en prennent aux cheveux. » L'affliction est universelle. Le lendemain matin, au Parlement, dans le grand chatoiement des robes écarlates et noires, se tient un lit de justice[2] présidé par le petit Louis XIII, au cours duquel la régence est confiée officiellement à sa mère.

Au Louvre, la dépouille d'Henri IV, lavée et autopsiée, est placée dans un cercueil de plomb, doublé d'un autre

2. Séance solennelle du Parlement se tenant en présence du roi et destinée à enregistrer des actes importants. Le monarque prenait place sur un trône surmonté d'un dais (d'où l'expression de lit de justice).

de bois. Pour répondre à la volonté du défunt, son cœur est transporté dans une urne d'argent au collège jésuite de La Flèche. A partir du 21 mai, le catafalque est installé dans la salle des Caryatides tendue de noir et ornée des écussons de France et de Navarre. Des prêtres et des moines psalmodient jour et nuit. Au son lancinant du glas, des messes avec oraisons funèbres sont célébrées dans les paroisses et couvents de la capitale. Le 29 mai, le cercueil est escorté à Notre-Dame par les troupes et les corps constitués du royaume en grand deuil. Le lendemain, il est descendu avec solennité dans la crypte de Saint-Denis.

Le meurtrier n'a pas prévu que son geste, loin d'emporter l'approbation populaire, ferait éclore la légende henricienne. Les panégyristes le comparent à Salomon, à David, à Constantin, à Saint Louis. Il est le Jupiter, le Mars, l'Hercule gaulois, l'Atlas, le Persée, le preux chevalier délivrant la France de ses ennemis. On en oublie ses faiblesses, son exubérance brouillonne, son avarice, sa constante duplicité, son mépris des libertés locales, des franchises provinciales.

Sans doute Henri IV a-t-il été un grand souverain, dont on admire à juste titre la vive intelligence, la souplesse d'esprit, l'habileté politique, la clairvoyance et la jovialité. A la guerre, il s'était battu à merveille, avec grand courage et le souci constant d'épargner le sang de ses soldats. Bref, comme le disait sa belle-sœur, Eléonore de Médicis, c'était « un homme à se faire aimer des pierres elles-mêmes ». Comme chacun sait, son titre de gloire fut d'avoir su mettre fin aux guerres de Religion en 1598, en signant le fameux édit de Nantes qui institua la coexistence pacifique de deux religions au sein de l'Etat.

Cela dit, son règne avait connu bien des remous, des soulèvements populaires, des récriminations contre les

« gabelles[3] » et les financiers. N'allait-il pas se lancer dans une campagne improvisée contre la maison d'Autriche, dont il avait tort de négliger la puissance. Qu'en serait-il advenu ? « Quiconque considérera l'entreprise qu'il fit sur la fin de ses jours, écrivit Richelieu, ne doutera pas du bandeau qu'il avait sur les yeux. »

Le procès de Ravaillac

Remis aux archers de la garde, l'assassin fut conduit à l'hôtel de Retz, rue Saint-Honoré, où on s'empressa de le fouiller. On trouve sur lui de menues pièces de monnaie, un chapelet, un « cœur de coton » servant à ses dévotions, quelques papiers, dont le poème d'un ami parlant d'un criminel que l'on conduit au supplice. Il n'avait pas d'autre arme que le long couteau qui avait frappé le roi. On l'interrogea, on le tortura. On place ses pouces entre les chiens de deux carabines, dont on a ôté les pierres, et on tourne les vis. Sous la douleur, il lâche quelques bribes de sa vie. Il s'appelle Jean François Ravaillac. Célibataire, âgé de 32 ans, il est originaire d'Angoulême. Quand on lui parle du roi Très Chrétien, il se met à ricaner. « C'est la question de savoir s'il était véritablement très chrétien car, s'il l'avait été tel, il aurait fait la guerre aux sectateurs de la religion prétendue réformée, qu'il protégeait ! »

On comprend qu'il est un de ces ultra-catholiques, un « catholique à gros grain » selon sa propre expression, héritier de l'esprit de la Ligue, qui reproche au Béarnais d'avoir changé plusieurs fois de religion et de

3. L'impôt sur le sel, très impopulaire à cette époque, en raison de l'usage généralisé que l'on faisait du sel pour la conservation des aliments. Par extension, le terme désignait tous les impôts indirects.

ne pas avoir contraint par la force les hérétiques à se convertir. Pis encore, il est persuadé qu'en soutenant les princes luthériens dans l'affaire de Clèves et Juliers, en s'attaquant à l'empereur Rodolphe, le roi va combattre le pape. Il a l'esprit confus. Bref, on s'aperçoit que c'est un déséquilibré.

On lui demande si quelqu'un l'a incité à commettre ce crime abominable, s'il a des complices. Il répond qu'il n'a été « mû ni induit par personne », mais « poussé par une mauvaise et diabolique tentation ». Il avoue qu'il est venu à Paris dans l'intention « d'attenter contre Sa Majesté » et reconnaît avoir volé le couteau dans une hostellerie proche des Quinze-Vingts.

A l'hôtel de Retz, chacun peut le voir, lui parler. Les curieux ne s'en privent pas. Pierre Cotton, confesseur du roi, lui conseille de ne pas mettre en peine les gens de bien. Il craint naturellement pour son ordre, les Jésuites, dont certains membres, espagnols et portugais, tels Juan de Mariana et Emmanuel de Sâ, ont défendu quelques années auparavant de sulfureuses théories tyrannicides. Parmi la vingtaine de tentatives d'assassinat d'Henri IV, l'une au moins a donné lieu à des attaques directes contre eux, celle de Jean Chastel en 1594, qui avait été leur élève : il avait manqué de peu sa victime, la blessant à la lèvre et lui cassant une dent. En conséquence, le Parlement avait expulsé la Société de Jésus, mais Henri IV l'avait rappelée en 1603. D'autres jésuites se relayent et l'adjurent de ne pas proférer de calomnies. « Vous seriez bien étonnés, leur lance-t-il en guise de provocation, si je soutenais que ce fût vous qui me l'aviez fait faire ! »

Dans la nuit du 15 au 16 mai, le prisonnier est transféré à la Conciergerie et mis au secret le plus absolu. D'ordre de la régente, l'instruction du procès commence sous la conduite du parlement de Paris et de son premier président, le vieil Achille de Harlay. Du 16 au 19, le régicide subit quatre interrogatoires, dont les procès-verbaux ont été conservés. Il donne des précisions sur sa famille, son père, ancien greffier de la mairie d'Angoulême, tombé dans l'ivrognerie et la misère, sa mère obligée de vivre seule, dans le dénuement. A 12 ans, il a été placé comme valet chez un procureur. Il a exercé quelques petits métiers, dont celui d'instituteur-catéchiste. Il raconte ses différents voyages à Paris pour avertir le roi qu'il fait fausse route et doit impérativement combattre les huguenots. Il ne cache pas ses visions, les hosties qui s'élèvent dans les airs et les voix célestes, les trompettes de guerre qu'il entend. Il avoue être entré comme frère convers chez les Feuillants de Paris, mais en avoir été chassé au bout de quelques semaines à cause de ses hallucinations. A dix-sept ou dix-huit reprises, il nie avoir eu des complices. Il reconnaît cependant avoir été influencé par les théories tyrannicides. A la question : « Qui vous a poussé ? » il répond sans hésiter : « Les sermons que j'ai ouïs pour lesquels il était nécessaire de tuer les rois. » A cela rien d'étonnant : Angoulême était un nid de l'ultracatholicisme au milieu d'une terre acquise à la Réforme.

Le 27 mai, il est exécuté pour crime de lèse-majesté en place de Grève, actuelle place de l'Hôtel-de-Ville. On lui brûle la main qui a tenu le couteau, on lui tenaille au fer rouge les tétins et les cuisses, on verse du plomb et du soufre fondus sur ses plaies, puis on l'écartèle. Le supplice a attiré une foule avide de sang.

Tout semble clair dans son affaire. Et pourtant... Avant de périr, il s'est écrié : « *On* m'a bien trompé quand on m'a voulu persuader que le coup que je ferais serait bien reçu du peuple... » Qui *on* ?

Les étrangetés du procès

La hâte avec laquelle le Parlement s'est empressé de clore le procès et de faire exécuter le coupable est singulière : onze jours. On a omis de faire venir ou d'interroger sur place son père et sa mère, son frère aîné Geoffroy, ses sœurs, ses amis, ses relations, particulièrement un notable d'Angoulême, Hélie Béliard, chez qui, le 10 avril 1610, veille de Pâques, il aurait résolu de tuer le roi.

On s'est gardé aussi de rechercher les prêtres qui auraient pu l'influencer par leurs prônes. On ne s'est même pas enquis de ses logeurs de Paris – c'eût été pourtant très facile –, ni de questionner les soldats du régiment des gardes qu'il avait rencontrés à l'auberge des Cinq Croissants, faubourg Saint-Jacques, notamment un nommé Saint-Georges qui lui avait confié, comme pour exciter sa fureur, qu'il devait obéissance au roi, même s'il se trompait en faisant la guerre à l'empereur et aux princes catholiques.

Non moins surprenant est le refus d'organiser des confrontations avec plusieurs suspects arrêtés peu après le crime et incarcérés à la Conciergerie, à quelques pas par conséquent de son cachot. Parmi eux se trouvait le prévôt des maréchaux de Pithiviers, Thomas Robert, ultra-catholique, ancien ligueur, connu pour avoir participé précédemment au complot du comte d'Auvergne contre Henri IV. Alors qu'il jouait aux boules le 14 mai après-midi, cet homme, apparemment bien informé, s'était exclamé devant ses amis étonnés : « Le roi est mort ! Il vient d'être tué tout maintenant, n'en doutez point ! » Quelques jours plus tard, on le retrouva étranglé dans sa cellule avec les cordons de son caleçon. Etrange !

Citons également le cas d'un soldat nommé Saint-Martin, ancien prêtre défroqué qui s'était engagé dans la compagnie Saint-Matthieu du régiment des gardes. Lui aussi fut jeté en prison. Huit jours avant le drame, il avait conseillé à une veuve de sa connaissance de quitter Paris au plus vite, car, assurait-il, de terribles événements se préparaient. Accompagnant cette femme au temple de Charenton, le seul temple protestant autorisé en région parisienne, il lui avait laissé entendre que, peu de temps auparavant, il avait vu à l'entrée de cet édifice un homme habillé de vert au milieu de ces faux mendiants et agents espagnols ou flamands qui passaient leur temps à insulter les huguenots... Les noms de Thomas Robert et de Saint-Martin ne sont même pas mentionnés sur le registre d'écrou de la Conciergerie. Leur interrogatoire a été escamoté. Secret d'Etat.

Le duc d'Epernon et la marquise de Verneuil mis en cause

Quelques mois plus tard, l'affaire rebondit. Le 15 janvier 1611, alors qu'elle fait ses dévotions dans une chapelle de l'église Saint-Victor à Paris, Marguerite de Valois, la première épouse du feu roi, est abordée par une petite femme boiteuse, légèrement bossue, qui veut lui parler seule à seule. Elle insiste. La reine Margot finit par accepter et la reçoit en son hôtel particulier de la rue de Seine. Sortant de prison pour affaire privée, la femme révèle qu'elle s'appelle Jacqueline Le Voyer, épouse d'un soldat aux gardes, Isaac d'Escoman. Elle accuse formellement le puissant duc d'Epernon, l'un des proches d'Henri IV, et Henriette d'Entragues, marquise de Verneuil, ancienne favorite du roi, d'avoir guidé le bras de l'assassin. A la demande de cette dernière, dont elle assure avoir été la confidente, elle aurait hébergé Ravaillac durant huit semaines. La femme d'Escoman est aussitôt arrêtée et jugée. Comme elle ne parvient pas à prouver ses dires, elle est condamnée pour diffamation à finir ses jours aux Filles repenties. Naturellement, d'Epernon et Mme de Verneuil se sont acharnés à la perdre. C'était elle ou eux !

En 1619, un soldat de fortune, Pierre Du Jardin, dit le capitaine de La Garde, raconte à son tour une étrange histoire et la publie dans un manifeste. Alors qu'il se trouvait en 1608 de passage à Naples, il tomba sur des Français nostalgiques de la Ligue qui complotaient la mort d'Henri IV. Il gagna si bien leur confiance qu'ils lui firent rencontrer le père jésuite Alagon, parent du duc de Lerma, favori du roi d'Espagne, qui lui proposa de tuer le roi. Un jour, il vit arriver un inconnu, vêtu « d'écarlate violette », qui apportait des lettres du duc d'Epernon au comte de Benavente, vice-roi de Naples. Cet homme, assure La Garde, était Ravaillac ! Il le connaissait bien pour avoir servi avec lui dans la compagnie du maréchal de Biron…

Ces étranges révélations ont troublé plus d'un historien. Jules Michelet, dans son *Histoire de France* (1857), et Philippe Erlanger, dans son *Etrange Mort d'Henri IV* (1957), arrivent à la conclusion qu'une vaste conspiration avait été menée par le duc d'Epernon, connu pour ses sentiments pro-Espagnols, par la marquise de Verneuil, désireuse de se venger d'avoir été abandonnée par le Vert-Galant. Concino Concini et sa femme Léonora Galigaï, confidents et proches conseillers de la reine Marie de Médicis, y seraient mêlés, avec la complicité passive de cette dernière. Tous avaient agi en plein accord avec le cabinet de Madrid, impatient de se débarrasser du roi de France qui s'apprêtait à partir en guerre contre

Rodolphe II de Habsbourg, cousin de Philippe III. Sans s'en rendre compte, Ravaillac, l'exalté incontrôlable, aurait été influencé par eux. Pour Jean Castarède, qui adopte peu ou prou ces conclusions, comme dans l'affaire Kennedy, bien du monde était au courant des intentions du régicide et aurait laissé faire.

Que faut-il penser de cette thèse ? Si l'on scrute attentivement le procès de la d'Escoman, on s'aperçoit que ses dépositions comportent de nombreuses zones d'ombre. Quand on lui demande de décrire l'homme, qu'elle prétend avoir nourri et hébergé, elle fait le portrait d'un valet un peu chétif, noir de barbe et de visage, qui se trouve là. Difficile de le comparer à l'Hercule rouquin qui avait sauté sur la roue du carrosse royal ! Quand on lui réclame le billet de la marquise de Verneuil la priant de s'occuper de lui pour quelques semaines, billet dont elle faisait grand cas, elle assure l'avoir remis à une certaine demoiselle demeurant à Paris. Renseignement pris, on s'aperçoit que cette personne, paralysée et très âgée, n'est pas venue dans la capitale depuis sept ans ! Accablante enfin est la déposition de Mathurin Renaudin, aumônier de la marquise de Verneuil : il affirme que l'accusée venait seulement de temps en temps demander la « charité » à sa maîtresse. C'était donc une simple solliciteuse et non l'amie, la confidente de la marquise. Bref, la d'Escoman, femme galante de réputation douteuse, qui avait abandonné son enfant sur le pont Notre-Dame (d'où son emprisonnement en 1610), n'est pas un témoin fiable, mais une intrigante, très probablement une mythomane, dont les déclarations se sont révélées fausses.

Quant à la déposition très tardive du capitaine de La Garde, elle est tout aussi suspecte. Outre le fait qu'il paraît difficile d'admettre que l'instable et illuminé d'Angoulême ait pu servir comme cavalier, sa présence en 1608 dans sa ville natale est attestée à plusieurs reprises par des actes notariés. La Garde semble un hâbleur. Peut-être, en effet, a-t-il entendu cette année-là à Naples des réfugiés français, ennemis du roi, discourir sur sa disparition, mais ce n'est que plus tard qu'il a ajouté à son récit les noms de Ravaillac et d'Epernon. Un premier *factum* signé de sa main ne les mentionnait pas.

Par ailleurs, il est douteux que Madrid ait été au courant de l'attentat. A cette époque, le duc de Lerma, favori et principal ministre, menait une politique pacifiste, recherchant un accommodement avec la France. Quand on réveilla Philippe III pour lui annoncer la mort d'Henri IV, il tomba des nues et témoigna sincèrement de sa stupeur et de son émotion. Quelque temps auparavant, il s'était indigné des intentions d'un paysan du Rouergue, venu spécialement à Madrid lui proposer d'occire le roi de France.

La piste flamande

Alors, faut-il considérer que Ravaillac a agi seul et qu'il n'y a pas eu de complot ? Il est une piste plus sérieuse, qui a été négligée jusqu'ici. Si l'on en croit Pierre de L'Estoile, sur un « maraud de maçon », arrêté le 29 mai près du Temple et incarcéré à la Conciergerie, on avait trouvé des lettres compromettantes ainsi qu'un long couteau. « Il était pensionné de l'archiduc, écrit-il, duquel il avait encore reçu depuis peu deux cents pistoles. » L'archiduc en question était Albert de Habsbourg, co-souverain avec sa femme, l'infante Isabelle-Claire-Eugénie, des Pays-Bas espagnols (en gros, la Belgique et le Luxembourg actuels). Or, on l'a vu, Henri IV s'apprêtait à traverser le Luxembourg afin d'assiéger Juliers, avec la ferme intention de faire un crochet par Bruxelles, où sa chère et tendre princesse était retenue. Comme par hasard, les interrogatoires du suspect ont disparu et le « maraud de maçon » ne fut jamais jugé. Personne n'en entendra plus parler.

L'existence de cette piste flamande semble confirmée par plusieurs autres documents.

Une lettre du 23 mai 1610 de l'ambassadeur de Genève en France, Jacob Anjorrant, généralement bien informé, cite les noms du comte de Sallenove et de son adjoint La Motte et précise qu'un autre individu (« un certain… ») avait promis « à l'archiduc qu'il ne faillirait pas le roi quand il le devrait attaquer au Louvre ». D'origine franc-comtoise, Charles-Emmanuel de Marmiers, comte de Sallenove, était un officier de l'état-major de Bruxelles au palais de Coudenberg. Un de ses cousins germains exerçait la charge de gentilhomme de la bouche des archiducs. Sallenove aurait donc été l'organisateur de la tentative d'assassinat pour le compte de l'archiduc Albert et La Motte, l'exécutant, le chef du commando expédié à Paris. Cette dépêche fort importante, inexploitée par les historiens qui se sont penchés sur cette énigme, est conservée aujourd'hui aux Archives d'Etat de la République et canton de Genève. Elle semble lever une partie du voile sur le complot flamand.

Par ailleurs, un rapport du 1er juin de l'ambassadeur de Venise à Paris, Foscarini, révèle que Marie de Médicis, fouillant les papiers de son mari après sa mort, aurait trouvé le dernier billet de la princesse de Condé, écrit du palais de Coudenberg à Bruxelles, où elle était à l'affût des nouvelles, conjurant son « cher astre » de se garder de ses ennemis qui « aspiraient à lui ôter la vie, ne voyant d'autre moyen de se préserver de ses armes ».

D'autre part, il ressort de l'enquête menée en 1611 par un magistrat français, Jean de Villiers-Hotman, que, huit, dix, douze jours avant le drame, on savait dans les Pays-Bas espagnols et la zone rhénane de Cologne que le roi de France allait être poignardé. Des commerçants, des banquiers, des hommes d'affaires en parlaient dans leur correspondance comme d'un fait accompli, révélant que le tueur était parti de Bruxelles, où il avait vécu, et que des prières publiques et privées avaient été dites pour la réussite de l'« entreprise ». Villiers-Hotman donne des détails précis et fort troublants. Il rapporte en outre le propos menaçant d'un des plus hauts dignitaires des Pays-Bas catholiques, Philippe de Mérode, baron de Frentz, grand veneur de Flandre, grand bailli de Bruges et gentilhomme de la Chambre de l'archiduc Albert, au sujet du projet d'Henri IV de passer par son pays : « Le roi s'en pourrait bien repentir ! »

Enfin, parmi les dépenses enregistrées par la Chambre des comptes de Lille, qui regroupait toutes celles de la cour de Bruxelles, figure pour l'année 1610 la mention d'une somme de 15 000 livres versée à des personnes chargées de mission en France, « dont on ne veut plus ample déclaration être faite ». Or, pour les années précédentes, les dépenses relatives aux affaires secrètes de « leurs Altesses les Archiducs » ne dépassaient pas quelques centaines de livres.

Il y a peu de chance de trouver de nouveaux documents sur cette troublante affaire. Toutes les archives des Etats liés à la maison d'Autriche (Simancas, Prague, Vienne, Bruxelles, Turin) ont été expurgées des correspondances diplomatiques allant de janvier à juin 1610. Preuve peut-être que le roi d'Espagne, qui n'était pas directement lié à l'affaire, avait tenu à faire le ménage pour préserver l'un de ses proches fâcheusement compromis, son beau-frère Albert par exemple…

Menacés par une attaque imminente, les archiducs se trouvaient dépourvus de troupes depuis la Trêve de Douze Ans conclue avec les Provinces-Unies. Scandalisé par le comportement tyrannique du roi de France qui projetait d'enlever dans ses Etats une femme mariée, bref se considérant en cas de légitime défense, l'opiniâtre archiduc Albert – plutôt que sa femme Isabelle-Claire-Eugénie, la fille effacée de Philippe II, qui le laissait gouverner – aurait donc commandité une équipe de tueurs. Celle-ci, à en croire Jacob Anjorrant, serait arrivée à Paris vers le 23 avril. Sa mission, semble-t-il, était d'assassiner le roi entre le couronnement de sa femme et son départ pour l'armée. Le report à plusieurs reprises du sacre de Marie de Médicis, prévu le 1er mai, décalé au 6, puis au 10 et enfin réalisé le 13, la veille du drame, expliquerait pourquoi on crut en Flandre et en Allemagne dès le début du mois de mai que le roi était mort.

Ravaillac, bien entendu, n'a pas été l'agent stipendié de cette conspiration. Mais la question est de savoir si les tueurs flamands n'ont pas rencontré, au hasard des auberges, l'halluciné d'Angoulême, lui-même arrivé dans la capitale le 18 avril, et, voyant sa farouche détermination, ne l'ont pas habilement encouragé à agir à leur place ? Rien de plus facile ensuite que de le surveiller et de se débarrasser de lui, une fois son forfait accompli. L'historien François Eudes de Mézeray au XVIIe siècle en avait eu l'intuition : « Ceux qui avaient prémédité de se défaire du roi, écrivait-il, trouvant cet instrument propre pour exécuter leur dessein, surent bien le confirmer dans ses sentiments. »

Le jour du drame, aussitôt après l'arrestation de Ravaillac par les gentilshommes escortant la voiture royale, un curieux incident s'était produit rue de la Ferronnerie. Le baron de Courtomer, chargé d'avertir Sully à l'Arsenal, s'était heurté à un groupe de huit à dix hommes à pied et de deux à cheval, tous armés, qui, au lieu de porter secours au souverain agonisant, hurlaient à l'encontre de l'assassin : « Tue, tue, il faut qu'il meure ! » Quand il leur cria que le roi n'était que blessé, ils disparurent dans la foule. Jamais on ne les retrouva.

Tous ces faits, connus en haut lieu, notamment par les magistrats du parlement de Paris, expliquent le silence et la prudence des autorités. « Il semble qu'on craigne de trouver ce qu'on cherche », remarquait Pierre de L'Estoile dans son journal. La France, affaiblie par la mort de son roi, pouvait-elle, sans créer une crise diplomatique d'envergure, mettre en cause un prince souverain de la maison d'Autriche ?

Quand on demanda au premier président Achille de Harlay s'il n'avait pas de preuve que Ravaillac avait eu des complices, il s'exclama : « Des preuves ! Il n'y en a que trop, il n'y en a que trop... ! Plût à Dieu que nous n'en vissions pas tant ! » Mais il se garda de donner plus d'amples précisions ! Non, tout n'a pas été dit sur l'assassinat d'Henri IV et ses mystères.

Bibliographie sélective

Babelon, Jean-Pierre, *Henri IV*, Fayard, 1982 ; rééd., 2009.

Cassan, Michel, *La Grande Peur de 1610. Les Français et l'assassinat d'Henri IV*, Champ Vallon, 2010.

Castarède, Jean, *1610. L'assassinat d'Henri IV, un tournant pour l'Europe ?*, France-Empire monde, 2009.

Erlanger, Philippe, *L'Etrange Mort de Henri IV*, Amiot-Dumont, 1957 ; rééd., Perrin, 1963.

Garrisson, Janine, *Ravaillac, le fou de Dieu*, Payot, 1993.
Loiseleur, Jules, *Ravaillac et ses complices*, Didier, 1873.
Mousnier, Roland, *L'Assassinat d'Henri IV, 14 mai 1610*, Gallimard, 1964.
Petitfils, Jean-Christian, *L'Assassinat d'Henri IV, mystères d'un crime*, Perrin, 2009.

VI

Anne d'Autriche et Jules Mazarin, « une liaison intime de l'esprit » ?

par Thierry SARMANT

Le pavillon de la reine du château de Vincennes comporte une disposition curieuse : au premier étage, les deux appartements d'apparat, séparés en apparence par l'escalier d'honneur qui occupe le centre du bâtiment, sont en fait reliés par le chemin de ronde de l'enceinte médiévale, qui permet d'aller directement de l'arrière de l'un à l'arrière de l'autre. L'un de ces appartements était destiné à la reine Anne d'Autriche, l'autre au cardinal Mazarin... qui mourut avant de pouvoir l'occuper. La distribution des lieux n'en suscite pas moins quelques interrogations.

Le couple formé par la reine et le cardinal a duré dix-huit années, pour l'étonnement, l'envie, la colère ou le scandale de leurs contemporains. Comment ce couple s'est-il formé ? Quels en furent la nature et le ciment ? Comment résista-t-il à l'épreuve du temps ? Autant de questions que se posaient les témoins du lien étroit entre la souveraine et le prélat... et que se posent toujours les historiens, en dépit des masses d'archives laissées par les protagonistes, dont l'exploration se poursuit depuis deux siècles.

Suivre avec précision le fil de ces dix-huit années est le meilleur moyen de bien poser les questions, sinon de trouver les clefs de l'énigme.

La rencontre

En 1643, quand la reine et le cardinal accèdent conjointement au pouvoir, ils ont respectivement 42 et 41 ans. Anne d'Autriche, reine de France depuis 1615, n'est assurée de sa situation que depuis la naissance du futur Louis XIV, cinq ans plus tôt. Auparavant, il a été question de trahison et de répudiation, car la reine a été convaincue d'entretenir une correspondance secrète avec l'Espagne, sa patrie d'origine, alors en guerre avec la France. Jules Mazarin, lui, est passé du service du pape à celui du roi de France en 1639. Remarqué par Richelieu, l'Italien a connu une ascension foudroyante : désigné comme plénipotentiaire au congrès qui doit mettre fin à la guerre européenne en 1640, cardinal en 1641, il est entré au Conseil du roi l'année suivante, le 5 décembre 1642, le lendemain même de la mort de Richelieu, et Louis XIII l'a désigné comme parrain du dauphin.

Anne d'Autriche a compté Richelieu pour son pire ennemi tandis que Mazarin est au sens le plus fort une créature, voire une création du principal ministre. Rien ne semble donc devoir les rapprocher. Le futur cardinal a été présenté une première fois à la reine en 1632, il l'a revue en 1636 et lui a par la suite envoyé des présents. Avec l'entrée de Mazarin dans le premier cercle des conseillers de Richelieu, les occasions de rencontrer la souveraine se multiplient, mais rien n'indique qu'elle l'ait particulièrement remarqué. C'est bien évidemment *a posteriori* qu'on a prêté à Richelieu le mot fameux : « Vous l'aimerez, Madame. Il a l'air de Bouquinquant » – allusion au penchant de la reine pour le duc de Buckingham, favori de Charles Ier d'Angleterre.

Dans les derniers mois de la vie de Louis XIII, des intrigues souterraines se nouent pour préparer la régence qui s'annonce. Anne d'Autriche, longtemps écartée des affaires, revient dans le jeu en deux temps. Premier acte : une déclaration du roi, datée du 20 avril 1643, lui confère la qualité de régente mais soumet ses décisions à l'accord d'un Conseil de régence dont la composition est fixée par avance. Deuxième acte : le 15 mai, au lendemain de la mort de Louis XIII, le Parlement confère à la reine la régence pleine et entière, ignorant ainsi les dispositions du monarque défunt.

Les nombreux récits des témoins, le plus souvent rédigés assez longtemps après coup, et les quelques correspondances écrites sur le moment qui soient parvenues jusqu'à nous ne permettent pas de déterminer avec certitude comment Anne a opéré ce rétablissement et quel rôle exact Mazarin a joué dans l'opération. Ce qui est certain, en revanche, c'est que leurs premiers contacts prolongés datent des quelques mois qui séparent la mort de Richelieu de celle de Louis XIII ; le cardinal effectue alors des acquisitions immobilières qui indiquent qu'il est assez sûr de demeurer à Paris et dans une position de premier plan, plutôt que de devoir effectuer en catastrophe un repli sur l'Italie : c'est alors qu'il acquiert l'hôtel Tubeuf, séparé par une simple rue des jardins du Palais-Royal. Mazarin a pris le parti de la reine – c'était le seul qui lui permît de rester dans le jeu ; Anne a misé sur Mazarin, plutôt que sur des personnages plus proches d'elle au départ, comme le duc de Beaufort ou l'évêque de Beauvais, Augustin Potier.

Sitôt reconnue comme régente, la reine déclare le cardinal chef du Conseil. A la stupéfaction générale, le couple Anne d'Autriche-Mazarin remplace le couple Louis XIII-Richelieu. A ce stade, le sentiment n'a sans doute pas un rôle prépondérant dans les rapports entre la régente et son ministre. Anne a choisi le collaborateur qui lui paraissait le plus habile, mais aussi un étranger, un homme seul, qui serait plus certainement dans sa main. Mazarin s'est inscrit dans les pas de son protecteur Richelieu, mais n'est pas encore tout à fait sûr de la solidité de sa faveur.

On a conservé, sous forme de copie, une pièce dont l'authenticité n'est pas certaine, qui consiste en un engagement écrit du cardinal au moment de prendre les rênes du ministère : « Je n'aurai jamais de volonté que celle de la reine. Je me désiste dès maintenant de tout mon cœur des avantages que me promet la déclaration [du 20 avril 1643], que j'abandonne sans réserve, avec tous les autres intérêts, à la volonté sans exemple de Sa Majesté. Ecrit et signé de ma main, de Sa Majesté le très humble, très obéissant et très fidèle sujet et la reconnaissante créature. »

Le pouvoir

La reine et le cardinal se retrouvent sur une ligne politique claire : à l'intérieur, maintien de l'autorité royale ; à l'extérieur, poursuite de la guerre contre les Habsbourg d'Autriche et d'Espagne. A l'intérieur comme à l'extérieur, l'objectif est de rendre un jour à un Louis XIV majeur un royaume plus fort qu'au début de sa minorité. Mazarin se veut le continuateur de Richelieu. Alors que les critiques se déchaînent contre le ministre défunt, son successeur confie au maréchal de Brézé le 28 mai : « Le temps fera raison à ce grand homme de toutes ces injures, et ceux qui le blâment aujourd'hui connaîtront peut-être à l'avenir combien sa conduite eût été nécessaire pour achever la félicité de cet Etat, dont il a jeté tous les fondements. Laissons donc évaporer en liberté la malice des esprits ignorants ou passionnés, puisque l'opposition ne servirait qu'à l'irriter davantage, et consolons-nous par les sentiments qu'ont de sa vertu les étrangers, qui en jugent sans passion et avec lumière. »

La première épreuve du couple reine-cardinal est la cabale dite « des Importants » en raison des airs d'importance et de mystère que se donnent ses protagonistes. Il ne s'agit de rien de moins que d'assassiner Mazarin pour prendre sa place. La régente sévit sans hésiter : le 2 septembre 1643, le duc de Beaufort est arrêté et mis au château de Vincennes. Les Vendôme doivent s'exiler à Anet. La duchesse de Chevreuse, ancienne favorite de la reine, est priée de quitter Paris, l'évêque de Beauvais d'aller résider dans son diocèse.

Ce coup d'autorité vaut à Anne d'Autriche et à son ministre quatre années de tranquillité relative. A la fin de 1644, Mazarin s'installe au Palais-Royal, où le roi et la reine résident depuis l'année précédente. En 1646, la régente nomme le cardinal surintendant de l'éducation du roi et de son frère le duc d'Anjou ; deux ans plus tard, elle lui donne la surintendance des Bâtiments. Au-dehors, les succès militaires ne cessent pas et mettent la France en position de force durant les négociations qui se déroulent aux deux congrès de Münster et d'Osnabrück.

Mais le coût de la guerre impose de durcir la fiscalité. C'est l'origine de la période de troubles intérieurs connue sous le nom de Fronde qui dégénère en guerre civile et qui se poursuit, en même temps que la guerre extérieure, de 1648 à 1653. Les adversaires du pouvoir royal exigent le renvoi de Mazarin et suscitent une campagne de pamphlets d'une ampleur sans précédent dans l'histoire de France : les « mazarinades ». Le « gredin de Sicile » y est accusé tantôt d'être l'amant de la reine, tantôt d'être le père naturel de Louis XIV, tantôt d'abuser du petit roi et du duc d'Anjou :

Sire, vous n'êtes qu'un enfant,
L'on vous dérobe impunément
Et le larron baise votre mère
Laire là.
Même on dit qu'il a protesté
De baiser Votre Majesté
Aussi bien que son petit frère
Laire là.

On lit encore dans la pièce fameuse intitulée *La Custode de la reine qui dit tout* datée de 1649 :

Peuple, n'en doutez plus, il est vrai qu'il la foute
Et que c'est par ce trou que Jules nous canarde [...].
Son crime est bien plus noir qu'on ne le pense pas.
Elle consent, l'infâme, au vice d'Italie
Et croirait sa débauche être moins accomplie
Si son cul n'avait part à ses sales ébats.

Vingt-six strophes du même tonneau succèdent à cette entrée en matière !

On parle de liaison, mais aussi de mariage secret. Dans l'entourage le plus intime de la reine, Mazarin n'a pas que des amis. Les *Mémoires* du valet de chambre La Porte et ceux de Mme de Motteville, première femme de chambre d'Anne d'Autriche, en témoignent abondamment. Mais, en dépit de tout, le couple politique tient. Les rôles sont bien répartis : la souveraine, sûre de son bon droit, plus fière, plus colérique, affirme la majesté royale, tandis que son ministre, souple, insinuant, dépourvu de passion, pousse à la négociation et au compromis.

Au pire moment de la Fronde, quand les princes s'unissent aux parlementaires, le pouvoir doit lâcher du lest et Mazarin est contraint de se retirer de la Cour de mars 1651 à janvier 1652 et d'août 1652 à février 1653, mais, même tenu à distance, il ne cesse pas d'être, suivant l'expression de Simone Bertière, le « maître du jeu », en communion avec la reine régente.

La Fronde vaincue, les rôles se modifient. Anne d'Autriche se met quelque peu en retrait du gouvernement, laissant le cardinal exercer la plénitude de ses attributions de Premier ministre. Dans les dernières années de son ministère, Mazarin « réunit tout d'un coup en sa personne l'autorité de la mère et du fils, écrit Mme de Motteville, et se rendit le tyran de leurs volontés plutôt que le maître. Il devint la seule idole des courtisans, il ne voulut plus que personne s'adressât à d'autres qu'à lui pour demander des grâces, et s'appliqua avec soin à éloigner d'auprès du roi tous ceux qui avaient été mis par la reine sa mère ». Cet état de choses dure jusqu'au décès du cardinal, le 9 mars 1661.

Un couple plus que politique

D'entrée, les rapports entre la reine et son ministre ont donné lieu à suppositions. En 1643, à 42 ans, le cardinal est encore bel homme : nez fin, yeux noirs, cheveux châtains, barbiche à la royale. Sa robe cardinalice n'est nullement un gage de chasteté ; les exemples ne manquent pas alors de princes de l'Eglise menant une vie peu régulière. Mazarin parle couramment l'espagnol et sait employer le langage de la galanterie. Il a avec la régente de longs entretiens en tête à tête. L'entourage même d'Anne d'Autriche lui fait remarquer que sa proximité avec Mazarin peut susciter des rumeurs. Tantôt, la reine répond par des traits d'humour, comme lorsqu'elle dit à Mme de Hautefort que le cardinal est d'un pays « à avoir des inclinations d'une autre nature » (c'est-à-dire l'homosexualité, alors réputée « vice italien »). Tantôt, elle entre en furie et clame l'innocence de leurs relations.

Bien des indices donnent à penser que très tôt le couple Anne d'Autriche-Mazarin est davantage que politique. Dès 1644, la reine invite le cardinal à se promener avec elle dans sa calèche. Quand il tombe malade au mois d'octobre, elle se rend plusieurs fois par jour dans sa chambre pour prendre de ses nouvelles. Les observateurs relèvent tout signe de familiarité, jusqu'aux plus légers. Lors de l'audience donnée aux maîtres des requêtes le 16 janvier 1648, Olivier d'Ormesson note ainsi qu'au moment où la reine vient s'asseoir dans le grand cabinet aux côtés du roi, Mazarin, qui suit, marche par mégarde sur sa robe. Sur quoi, Anne d'Autriche « se retourna avec furie; mais, voyant que c'était M. le Cardinal, elle lui sourit ».

La correspondance codée entre la reine et son ministre, décryptée par les historiens, ne laisse aucun doute quant à la nature de leurs sentiments : c'est bien d'amour qu'il s'agit. De Mazarin à Anne le 11 mai 1651 : « Mon Dieu ! Que je serais heureux et vous satisfaite si vous pouviez voir mon cœur, ou si je pouvais vous écrire ce qu'il en est et seulement la moitié des choses que je me suis proposé. Vous n'auriez pas grand peine, en ce cas, à tomber d'accord que jamais il n'y a eu une amitié approchante à celle que j'ai pour vous. Je vous avoue que je ne me fusse pu imaginer qu'elle allât jusqu'à m'ôter toute sorte de contentement lorsque j'emploie le temps à autre chose qu'à songer à vous. » L'expression de ces sentiments est d'autant plus vigoureuse lorsque le cardinal, contraint de s'éloigner, doute de la constance de la reine, qu'elle soit politique ou amoureuse... Les onze lettres autographes conservées d'Anne au cardinal sont d'un ton tout aussi passionné. On y parle d'« amitié », terme alors ambivalent, et aussi de sentiments seulement désignés par des signes de convention et qui doivent durer « jusques au dernier soupir ». Le cachet de cire employé pour fermer ces missives est fort révélateur : on y trouve les chiffres d'Anne d'Autriche (AA), de Mazarin (ICM), le double MM qui dans le système emblématique de l'époque correspond au verbe « aimer », et quatre « s » barrés, symboles de l'amour.

L'historienne Claude Dulong, experte de cette correspondance, conclut à l'établissement de rapports charnels, mais assez tardivement, vers la fin de la Fronde, entre janvier et août 1652, alors que la Cour nomadise à travers la France au gré des opérations de la guerre civile. Auparavant, à Paris ou dans les maisons royales d'Ile-de-France, au milieu de centaines de courtisans et de domestiques, une liaison discrète eût été impossible. Il en va différemment par la suite et une fois la Fronde vaincue, Louis XIV déclaré majeur et le pouvoir royal définitivement assuré, les précautions sont sans doute moins nécessaires. Un passage d'une lettre de Mazarin, alité en raison d'une crise de goutte, à la reine, datée d'août 1658, peut être interprété dans ce sens : « Vous ne sauriez vous imaginer le soulagement que l'on a, dans la maladie que je souffre, quand l'on reçoit certaines visites, de fois à autre, le soir, à l'honneur desquelles on ne peut aspirer dans l'état où je suis. » L'allusion nous semble transparente... mais une visite du soir peut être innocente !

En l'absence de témoignage décisif, la liaison charnelle paraît matériellement possible, mais psychologiquement peu plausible. Anne d'Autriche, imbue de son rang, pénétrée de la grandeur de sa fonction, confite en dévotion, aurait-elle fait entrer dans son lit un homme de médiocre naissance, revêtu d'un caractère ecclésiastique… et qui plus est parrain de son fils ? Mazarin, dont la sexualité semble avoir été assez indécise, dont aucune aventure féminine ou masculine n'est assurée avant son ministère, était-il assez imprudent ou audacieux pour entretenir une relation qui aurait pu se retourner contre lui ? Il est tout de même troublant que la plupart des grands témoins du temps, même les plus hostiles, ne semblent pas croire à une liaison et que les pamphlétaires ennemis de la reine et de son ministre soient incapables de donner des précisions à ce sujet.

Plutôt qu'à une liaison ordinaire, on pense ici à une relation où l'exaltation amoureuse est sublimée dans le plaisir d'une complicité de tous les instants et dans l'exercice commun du pouvoir. C'est le type de rapports qui s'établit à la même époque entre la reine Christine de Suède, retirée à Rome, et le cardinal Decio Azzolino… et qui fait jaser tout autant que ceux de la reine de France avec son Premier ministre. En ce qui concerne Anne d'Autriche et Mazarin, la duchesse de Chevreuse, experte en la matière, dit un jour au cardinal de Retz qu'elle « avait remarqué des circonstances qui lui faisaient juger qu'il n'y avait entre eux qu'une liaison intime de l'esprit ».

Comme toujours en amour ou en amitié, la sincérité et l'intensité des sentiments ne sont pas identiques entre la reine et le cardinal. Anne d'Autriche, nature plus entière et plus romanesque, aime sans doute davantage, mais avec une sorte de préciosité. « La reine, rapporte Mme de Motteville, était persuadée que les hommes pouvaient sans crime avoir des sentiments tendres pour les femmes ; que le désir de leur plaire les portait aux plus grandes et aux plus belles actions, leur donnait de l'esprit et leur inspirait de la libéralité, et toutes sortes de vertus ; mais que, d'un autre côté, les femmes, qui étaient l'ornement du monde et étaient faites pour être servies et adorées des hommes, ne devaient souffrir que leurs respects. » Dans l'affection de Mazarin, personnalité plus cynique, il a dû entrer, au moins au commencement, une bonne part de calcul. Mme de Motteville, qui ne l'aime guère, écrit qu'il « méprisait les dames et ne croyait pas qu'elles fussent dignes de son estime si, par leurs intrigues ou par leur malice, elles ne trouvaient le moyen d'acquérir sa confiance ». La reine Christine, qui le rencontre en 1656, le juge « homme prudent, adroit, fin », qui « fait profession d'être homme d'honneur et le contrefait assez bien quelquefois, modéré dans toutes ses passions, ou plutôt l'on peut dire qu'il n'en a qu'une seule, qui est la plus belle, et c'est l'ambition. Il fait servir toutes les autres à celles-là et n'a de l'amour ni de la haine qu'autant qu'il convient à son intérêt qui n'est autre qu'un immense désir de régner ».

L'épreuve du temps

Au moment où Mazarin écrit la lettre à Anne d'Autriche où il est question de visites nocturnes, il a 57 ans et la reine 58. Leur couple politique, noué autour des intérêts du petit Louis XIV, est mis à l'épreuve par l'entrée du monarque dans l'âge adulte. En juillet 1658, le roi a été gravement malade pendant la campagne de Flandre. On a craint pour sa vie. Quand il est rétabli, son futur mariage vient à l'ordre du jour.

Le jeune souverain n'a pas été insensible aux charmes de la seconde génération des nièces de Mazarin. Ces fréquentations déplaisent à la reine. L'affaire tourne au vinaigre quand la galanterie se change en passion pour la troisième des sœurs Mancini, Marie. Il est un moment question de mariage. Il est possible que le Premier ministre, déjà allié aux Conti et aux Savoie-Carignan, se soit laissé tenter par la perspective d'une union qui aurait fait de lui l'oncle du roi. Selon Mme de Motteville, il parle alors à la reine des folies de sa nièce en s'en moquant, « mais d'une manière ambiguë et embarrassée ». La réponse est cinglante : « Je ne crois pas, Monsieur le Cardinal, que le roi soit capable de cette lâcheté ; mais s'il était possible qu'il en eût la pensée, je vous avertis que toute la France se révolterait contre vous et contre lui ; que moi-même je me mettrais à la tête des révoltés, et que j'y engagerais mon fils. »

Mais le grand politique prend vite le dessus sur le chef de clan : pour conclure la paix avec l'Espagne, il faut conclure un mariage entre Louis et l'infante Marie-Thérèse. Marie Mancini est un obstacle à ce dessein. Une fois sa résolution prise, Mazarin agit avec vigueur. Quand le jeune Louis XIV lui propose d'épouser sa nièce, le ministre répond « qu'ayant été choisi par le feu roi son père et depuis par la reine sa mère pour l'assister de ses conseils, et l'ayant servi jusques alors avec une fidélité inviolable, il n'avait garde d'abuser de la confidence qu'il lui faisait de sa faiblesse et de l'autorité qu'il lui donnait dans ses Etats pour souffrir qu'il fît une chose si contraire à sa gloire ; qu'il était le maître de sa nièce et qu'il la poignarderait plutôt que de l'élever par une si grande trahison ». « Voilà, conclut Mme de Motteville, un des plus beaux endroits de la vie du cardinal, et une des principales actions qu'il a faites pour payer les obligations infinies qu'il avait à la reine. »

Quand le roi lui écrit qu'il peut dominer ses passions, sauf « une qui lui tenait dans la tête », le cardinal réplique sans ménagement : « C'est à proprement parler pour ne rien dire, car vous aurez toujours une passion qui vous dominera et vous direz de ne pouvoir pas vaincre celle-là et que vous serez maître des autres qui ne feront aucune peine. Je vous conjure donc de vous bien appliquer pour vous rendre maître de toutes et je vous supplie d'être persuadé que sans cela il vous sera impossible de venir à bout de votre dessein. Je ne vous plais pas peut-être en vous tenant ce discours, mais vous m'en voudrez du bien un jour, qu'étant délivré du mal que vous avez à présent, vous connaîtrez mieux que rien ne me touche à l'égal de vous bien servir et vous représenter ce que j'estime qui peut le plus contribuer à votre gloire. »

La paix conclue, la santé de Mazarin décline rapidement. Vieilli, malade, le cardinal se rend parfois difficile à Anne d'Autriche et sans doute au roi lui-même. Mais Louis XIV et sa mère escortent jusqu'au bout leur compagnon des mauvais jours. Anne d'Autriche vient loger à Vincennes, où Mazarin s'est retiré, espérant profiter du « bon air » pour lequel le château est célèbre. La reine mère, qui loge à proximité de l'appartement de son ministre, doit bientôt s'en éloigner tant les cris de douleur du malade l'incommodent. Elle ordonne que les prières des quarante heures soient dites à son intention, honneur réservé aux têtes couronnées. Le 7 mars, Mazarin donne à la Cour un dernier spectacle au moment de recevoir l'extrême-onction. « Il remercia ceux qui l'avaient administré, rapporte l'abbé de Choisy. Puis il fit venir tous ses domestiques, voulant se montrer à tous avec la barbe faite, étant propre et de bonne mine, avec une simarre couleur de feu, sa calotte à sa tête, comme un homme qui veut braver la mort. Il leur parla fort chrétiennement, leur demanda pardon avec de grandes marques d'humilité et confessa qu'un de ses crimes devant Dieu avait été la colère et la rudesse qu'il avait eues pour eux. » Le cardinal dit ensuite adieu à Louis XIV, à Anne d'Autriche et à Monsieur et leur demande de ne plus venir le visiter.

Au matin du 9 mars 1661, Louis XIV apprend la mort du ministre à son réveil, par sa nourrice, et pleure beaucoup. La reine mère, lasse de l'humeur du défunt et indisposée par ses dernières exigences en faveur de sa famille, montre moins de chagrin. « Le cardinal ne fut pas trop regretté, même de ceux qui lui avaient le plus d'obligation ; c'est le sort des favoris, constate la Grande Mademoiselle. Le roi et la reine furent fâchés quelques jours ; mais je crois que la longueur de sa maladie les y ayant préparés, ils sentirent cette douleur moins vivement. » La grossesse de la nouvelle reine Marie-Thérèse remplace rapidement dans les conversations la mort du cardinal-ministre. Anne d'Autriche est la première à dire qu'il n'en faut plus parler !

La Cour prend le deuil – encore une fois l'honneur n'est d'habitude réservé qu'aux membres des familles royales. Mais le public est moins recueilli et les épigrammes ne manquent pas :

« Monsieur le Cardinal est mort.
Il est mort dedans Vincenne.
Hélas ! S'il n'était pas mort
Il foutrait encore la reine. »

Principale victime de la « prise du pouvoir » de 1661, Anne d'Autriche est d'emblée exclue du Conseil de gouvernement restreint que Louis XIV met alors en place autour de lui. Elle demeure à la Cour comme une figure tutélaire, mais dont l'influence va diminuant. Son rôle politique s'est achevé le jour de la mort de son partenaire et principal ministre. Elle lui survit un peu moins de cinq ans et meurt d'un cancer du sein, le 20 janvier 1666.

Que savait, que pensait Louis XIV du couple improbable qui avait présidé à ses jeunes années ? Dans ses *Mémoires*, Louis glisse assez vite sur le legs du cardinal. Il a même à son sujet des expressions assez ambiguës : « Dès l'enfance même, le seul nom des rois fainéants et de maires du palais me faisait peine quand on les prononçait en ma présence. Mais il faut se représenter l'état des choses : des agitations terribles par tout le royaume avant et après ma majorité ; une guerre étrangère, où ces troubles domestiques avaient fait perdre à la France mille et mille avantages ; un prince de mon sang et d'un très grand nom [le Grand Condé] à la tête des ennemis ; beaucoup de cabales dans l'Etat ; les parlements encore en possession et en goût d'une autorité usurpée ; dans ma cour, très peu de fidélité sans intérêt, et par là mes sujets en l'apparence les plus soumis, autant à charge et autant à redouter pour moi que les plus rebelles ; un ministre rétabli malgré tant de factions, très habile, très adroit, qui m'aimait et que j'aimais, qui m'avait rendu de grands services, mais dont les pensées et les manières étaient naturellement très différentes des miennes, que je ne pouvais toutefois contredire ni lui ôter la moindre partie de son crédit sans exciter peut-être de nouveau contre lui, par cette image quoique fausse de disgrâce, les mêmes orages qu'on avait eu tant de peine à calmer. »

On retire de ces phrases entortillées que Louis, jusqu'au bout, comprit la nécessité politique de soutenir Mazarin. Quant aux sentiments intérieurs, ils semblent avoir été plus mélangés. Même limitée à une « liaison intime de l'esprit », la passion mutuelle de la reine et du cardinal n'avait pas dû passer inaperçue d'un jeune roi qui, tout silencieux qu'il était, ne manquait pas de faire ses réflexions. L'élimination d'Anne d'Autriche du Conseil après le 9 mars 1661 peut ainsi être interprétée comme une forme de désaveu. On observe également que, passé cette date, aucun prélat ne fut admis dans les conseils de gouvernement et que cette exclusive dura jusqu'en 1715.

La postérité est comme Louis XIV. Elle reste embarrassée de ce couple royal et cardinalice et incertaine de la nature du lien puissant qui l'unissait. Un lien fait d'amour et de politique... dans des proportions qu'il est sans doute impossible de déterminer avec certitude.

Bibliographie sélective

Bertière, Simone, *Mazarin, le maître du jeu*, De Fallois, 2007.

Dargent, Raphaël, *Anne d'Autriche, l'absolutisme précaire*, Belin, 2015.

Dulong, Claude, *Anne d'Autriche, mère de Louis XIV*, Hachette, 1980.

—, *Mazarin*, Perrin, 1999.

Hildesheimer, Françoise, *La Double Mort du roi Louis XIII*, Flammarion, 2007.

Minella, Alain-Gilles, *Pour l'amour de l'enfant-roi : Anne d'Autriche, Jules Mazarin*, Perrin, 2008.

Sarmant, Thierry, *Louis XIV, homme et roi*, Tallandier, 2012.

VII

Les Poisons : une ombre sur le Roi-Soleil

par Claude QUÉTEL

En l'année 1678, une ombre terrible obscurcit le règne du Roi-Soleil. Tout un monde d'empoisonneurs et d'empoisonneuses surgit progressivement sous les yeux du lieutenant général de police de Paris. La machine judiciaire se met en marche : torture, aveux, exécutions... Bientôt l'entourage du roi lui-même est compromis. Jusqu'où faudra-t-il aller ?

Dans l'après-midi du 17 juillet 1676, une foule immense obstruait littéralement le court trajet qui conduit de la Conciergerie à la place de Grève. Les fenêtres, louées pour l'occasion, débordaient de curieux. Des cris de haine se mêlaient aux « Jésus, Marie, Joseph ! » et aux signes de croix. On exécutait la Brinvilliers, convaincue d'avoir fait périr par le poison son père et ses deux frères. Noble, la condamnée avait eu le privilège d'être décapitée au lieu d'être pendue tandis que la foule avait entonné le *Salve Regina*. Son corps avait été ensuite livré au bûcher. La marquise de Sévigné était là, qui écrivait le soir même à sa fille : « Son pauvre petit corps a été jeté, après l'exécution, dans un fort grand feu, et les cendres au vent, de sorte que nous la respirons, et par la communication des petits esprits, il nous prendra quelque humeur empoisonnante dont nous serons tous étonnés. » On n'aurait su mieux dire…

Pourtant, on ne pourrait parler déjà d'une « affaire des Poisons ». La fonction de lieutenant général de police de Paris n'a été créée qu'en 1667 et Gabriel-Nicolas La Reynie, qui a été nommé par Colbert à ce poste bientôt redouté, doit tout inventer pour mettre un peu d'ordre et de sécurité dans une ville de 500 000 habitants, la plus peuplée d'Europe – un Paris qu'il faut aussi approvisionner, dont il faut commencer à réglementer les métiers, la propreté des rues… C'est dire que des décès qui pourraient paraître suspects n'attirent guère l'attention d'une police aux effectifs dérisoires (même si Paris a été divisé en dix-sept quartiers avec des commissaires, ancêtres des arrondissements actuels). Passe encore d'être occis par épée ou par « pistolet de poche », mais par le poison ? Non pas de ces breuvages de théâtre qui vous terrassent à la seconde et signent l'assassinat, mais de ces poisons longuement administrés et à petites doses (huit mois pour le père de la marquise de Brinvilliers) qui font croire à une longue maladie suivie d'une mort naturelle. De toute façon, la grande faucheuse ne chôme pas au XVIIe siècle. La mort n'étonne pas, ne fait pas scandale, quel que soit l'âge. Quant à soupçonner un empoisonnement criminel, les « ouvertures cadavériques » sont alors incapables de le déceler, se contentant de décrire longuement des organes que la maladie a pu tout aussi bien altérer.

Dans ces conditions, le poison est depuis des siècles l'arme du crime par excellence. L'arsenic est le plus répandu. Le trioxyde d'arsenic ou arsenic blanc a été isolé dès le VIIIe siècle par un alchimiste arabe. Cette poudre blanche a le « mérite » d'être sans goût et sans odeur. Indécelable, elle provoque les mêmes symptômes qu'une intoxication alimentaire (et d'ailleurs, c'en est une), ce qui lui confère le titre de « poison des rois et roi des poisons ». Encore faut-il le distiller, cet arsenic – ce qui ne va pas sans un laboratoire hérissé de cornues et d'alambics. Voilà qui se remarque, surtout dans la promiscuité du Paris d'alors. Oui, mais les chimistes du poison se dissimulent habilement derrière les alchimistes quand ce ne sont pas les mêmes. Alchimie et chimie sont d'ailleurs synonymes. Au XVIIe siècle, on croit encore dur comme fer (c'est le cas de le dire) à la transmutation des métaux, principalement celle des métaux vils comme le cuivre ou le plomb en métaux nobles que sont l'or et l'argent. C'est dire que les officines où l'on s'emploie à distiller sont nombreuses. On y utilise, parmi d'autres produits chimiques, l'arsenic, censé favoriser la conversion du cuivre en argent. Nombreux sont par ailleurs les alchimistes qui distillent des remèdes tout en s'évertuant à la recherche du « végétable », le principe de vie des plantes. Toutes ces pratiques coûtent cher au point que beaucoup s'y ruinent. D'autres au contraire se financent en vendant ouvertement des élixirs et sous le manteau de l'arsenic.

La Reynie, pour lors très occupé à faire la chasse aux mendiants qui désolent Paris ou encore à faire fabriquer des lanternes pour éclairer les rues, est bien loin de ces questions. Cependant, une nouvelle affaire d'empoisonnement qui surgit deux ans après le supplice de la Brinvilliers lui met la puce à l'oreille. Une demoiselle de la Grange, « devineresse » et tireuse d'horoscopes, a visiblement empoisonné son protecteur, avec la complicité d'un abbé, Léonard Nail. L'affaire est claire et les deux complices seront jugés et pendus, mais ce qui intéresse dès lors le lieutenant de police ce sont les ramifications d'un commerce criminel telles qu'elles sont apparues au cours des longs interrogatoires menés à la Bastille.

Les adjoints de La Reynie ne sont pas nombreux mais intelligents et zélés et de surcroît très efficaces, car le système, l'institution plutôt, de la lettre de cachet leur permet de procéder à des arrestations immédiates, loin des lenteurs et des lourdeurs de la voie judiciaire. Parmi ces « exempts » (inspecteurs), Louis Desgrez, la trentaine, fait merveille. C'était lui déjà qui avait retrouvé et arrêté la marquise de Brinvilliers, en fuite à Liège. Le 29 novembre 1677, le même Desgrez, escorté de deux archers, arrête chez lui « De par le Roy » un certain Vanens et sa maîtresse. Tout un attirail de distillation, de fourneaux et d'alambics est mis sous scellés. Tous ceux qui de près ou de loin ont fréquenté « la » de la Grange et l'abbé Nail sont arrêtés et jetés à la Bastille. A la différence de l'affaire de la Brinvilliers, celle de la De la Grange commence à faire tache d'huile.

Il apparaît bientôt qu'une bande d'empoisonneurs tourne autour de Vanens et de son valet et acolyte, La Chaboissière, aide alchimiste et exécuteur des basses œuvres de son maître. « Il se défait des gens en riant », dit sa logeuse, la Dusoulcy, blanchisseuse et loueuse de garnis mais aussi maquerelle, avorteuse et empoisonneuse. Au milieu de toute cette canaille, la figure de Catherine Leroy se détache. Servante de la Dusoulcy, mise elle aussi à la Bastille, elle est la seule à parler avec franchise, comme si son emprisonnement la soulageait enfin. Normande « montée à Paris », elle est devenue la maîtresse de La Chaboissière qui la maltraite et la menace de mort. Elle avoue volontiers avoir elle-même porté à diverses adresses de Paris des fioles dont elle n'ignorait pas le contenu. La Chaboissière lui a dit un jour en ricanant et en se frappant le ventre que la Brinvilliers n'était pas morte et qu'elle avait des héritiers. Indigné, La Reynie lui demande pourquoi elle restait à vivre avec un tel gredin – « Je ne savais où aller ».

A l'évidence, il y a dans Paris des empoisonneurs et des empoisonneuses qui courent encore. Il faut donner un coup de pied dans la fourmilière. Desgrez, l'homme des missions spéciales, a carte blanche. Un nom est déjà apparu lors des interrogatoires, celui de Marie Bosse. On la voit souvent en joyeuse compagnie chez une dame Vigoureux. Toutes deux sont devineresses, tireuses de cartes et fort suspectes de se livrer au commerce des poisons. Desgrez conçoit alors un plan machiavélique au terme duquel il infiltre chez la Bosse, dans le Marais, la jeune épouse de l'un de ses archers. Les premières fois, c'est pour se faire prédire l'avenir. Les suivantes, pour évoquer un problème de succession. La dernière, pour obtenir contre quatre louis d'or une fiole de poison. Il apparaît au passage que, pour être clandestin, ce commerce criminel est visiblement entré dans les mœurs.

Les deux femmes sont arrêtées ainsi que toute leur famille. On fera le tri après. La Reynie ne brusque rien, invitant habilement chacune des deux femmes à parler contre l'autre. De nouveaux noms surgissent, par dizaines, dont une certaine Catherine Deshayes dite Voisin qui semble tenir un rôle central. C'est elle qui fait fabriquer et vend du poison. A en croire les dames Bosse et Vigoureux, elle s'enrichit en les payant misérablement. Des noms de clients apparaissent aussi : une dame Brunet qui a payé 2 000 livres pour se débarrasser de son mari au moyen d'un lavement empoisonné, une dame de Poulaillon qui elle aussi veut qu'on empoisonne son mari, beaucoup plus âgé qu'elle. Cette dernière est arrêtée le 11 février 1679. Puis c'est au tour de la veuve Brunet. Desgrez se saisit de la Voisin, 42 ans, le dimanche 12 mars à la sortie de la messe, à l'église

Notre-Dame-de-Bonne-Nouvelle. Il apparaît au passage que toutes ces empoisonneuses sont d'une grande piété.

La Reynie provoque des confrontations riches d'enseignements. Les lettres de cachet pleuvent : des femmes surtout mais aussi quelques hommes, à commencer par un certain Lesage, alias Dubuisson, alias Cœuret, principal complice de la Voisin qui va se révéler intarissable. Il en sait et il en dit beaucoup sur la clientèle de sa complice. On y trouve tout un monde misérable et miséreux mais aussi des personnes de bonne compagnie et même des personnages de la Cour. Avec un aplomb extraordinaire, il avertit La Reynie et son greffier : « Messieurs, c'est dangereux à éplucher dans Paris ! »

La Reynie rend compte en principe à Colbert, ministre entre autres de la Maison du roi (Intérieur), mais Louvois a pris les choses en main avec l'agrément de Louis XIV et c'est lui qui le plus souvent signe les lettres de cachet pour la Bastille ou le donjon de Vincennes dans cette affaire qui prend de l'ampleur. Houspillé sans cesse par Louvois, La Reynie multiplie arrestations et interrogatoires, découvrant avec horreur le monde des poisons qu'il va nommer dans l'un de ses nombreux rapports à Versailles « le commerce des impiétés ».

Beaucoup de prêtres sont complices des empoisonneuses comme cet abbé Guibourg qui « fait paraître l'esprit ». Certains disent des messes à l'envers pour exaucer quelque vœu, tel qu'un mariage impossible. Il ne s'agit pas que d'empoisonner. D'autres disent des messes noires sur le ventre nu de la demanderesse. On parle de sacrifices de nouveau-nés fournis par un réseau parallèle d'avorteuses. Parmi celles-ci est arrêtée la veuve Lepère, 78 ans, ancienne sage-femme, sur qui la Voisin redirige des clientes. L'avortement se pratique jusqu'au terme de la grossesse. Alors, dit la Lepère sur le ton de la conversation : « On fait venir l'enfant au monde, on le baptise et on le met dans une boîte qu'on donne au fossoyeur pour l'enterrer dans un coin du cimetière. »

Louvois et La Reynie sont plongés dans la consternation et l'indignation. Il s'agit maintenant d'un vaste grouillement de prétendus sorciers et sorcières, sacrilèges et empoisonneurs dont on commence seulement à discerner le fonctionnement et les réseaux. Louvois a dû en rendre compte au roi qui lui aussi s'est offusqué. Une cour de justice spéciale est constituée en avril 1679 qui va aussitôt prendre le nom suggestif de « Chambre ardente ». On l'appelle également « Chambre de l'Arsenal » du fait que ses séances se tiennent à l'Arsenal, juste à côté de la Bastille.

Alors le glaive de la justice s'abat. La Vigoureux et la Bosse sont condamnées à être brûlées vives et leurs cendres jetées au vent. La Vigoureux meurt sous la question, torture légale et soigneusement codifiée, appliquée à tout condamné à mort juste avant son exécution. Le condamné, avant de paraître devant Dieu, n'a-t-il pas quelque chose de plus à avouer ? Il se dit bien des choses intéressantes sous la torture que notent scrupuleusement les greffiers, y compris les cris de douleur. A cette première fournée est jointe la Ferry, une rubanière qui a empoisonné son mari avec l'aide de la Bosse et du fils de celle-ci. Ils ne seront que pendus à deux pas du bûcher sur lequel la Bosse subit son atroce supplice sans une plainte. Cinq jours plus tard, c'est au tour de la Philbert d'être pendue mais au préalable le bourreau lui a tranché le poing comme parricide lors de l'amende honorable prononcée devant Notre-Dame. Tous les accusés ne sont pas condamnés à mort, à commencer par la ravissante Mme de Poulaillon qui a fait preuve d'une si douce contrition que les juges ont hésité à faire tomber une tête aussi adorable. Il a presque fallu la consoler parce qu'elle n'était pas condamnée à mort.

On brûle, on pend… Plus rarement, on remet en liberté, non sans quelque bannissement. Pendant ce temps, d'autres arrestations sont opérées. Chez la Trianon, on a trouvé pas moins de cinquante-sept paquets de poison. Nombre de complices de la Voisin et de Lesage, qu'on avait d'abord laissés courir, sont mis sous les verrous au fur et à mesure que les exécutions font de la place. La Lepère est pendue le 12 août. A cause de son grand âge, elle a été dispensée de la question. Louvois suit tout cela de près. Le roi aussi d'ailleurs qui reçoit personnellement La Reynie le 27 décembre en son château de Saint-Germain en lui recommandant d'agir sans faiblesse. Il va faire de même auprès du procureur de la Chambre de l'Arsenal.

Lesage dénonce à qui mieux mieux toutes celles et ceux qui ont eu le malheur de l'approcher. A propos d'une certaine Filastre, il a dit que si on la prenait, « on saurait d'étranges choses ». Et la voilà prise, avec sa complice Chappelain, toutes deux spécialisées, outre les poisons, en messes sacrilèges. Lesage comme la Voisin, en plus de s'accuser mutuellement, font maintenant étalage de leurs connaissances à la Cour. Des « personnes de considération » sont mises en cause, comme le marquis de Feuquières et le duc de Luxembourg, maréchal de France. Côté femmes, la Voisin cite parmi ses « clientes régulières » la duchesse de Vivonne, très proche du roi, et la comtesse de Soissons, l'une des célèbres sœurs Mancini, nièces de Mazarin et défrayant la chronique de la Cour. Ce n'est en principe que pour se faire prédire l'avenir mais ces dames achètent aussi des « poudres pour se faire aimer ». Alors pourquoi pas des poisons ? Le décès prématuré, à 40 ans, de l'époux de la comtesse de Soissons, Olympe de son prénom, paraît d'ailleurs suspect.

Après bien des hésitations, les juges décrètent de prise de corps (inculpation précédée d'arrestation) le 22 janvier 1680 le duc de Luxembourg, la comtesse de Soissons, la marquise d'Alluye, la vicomtesse de Polignac et le marquis de Cessac. La duchesse de Vivonne, très compromise, notamment pour des messes noires, n'est pas du lot. Elle est trop proche du roi. Son mari est le frère de Mme de Montespan, la favorite, la presque reine. Le scandale n'en est pas moins grand, même si le procès du duc de Luxembourg tourne court. Il n'a été que crédule devant les diableries de Lesage invoquant « le Prince des Ténèbres ». Olympe de Soissons, accompagnée de son inséparable amie la comtesse d'Alluye, a préféré quitter le royaume. « Elle a porté son innocence au grand air », commente joliment Mme de Sévigné. De son côté, la vicomtesse de Polignac a disparu. D'autres grandes dames sont assignées à comparaître, dont la maréchale de La Ferté, perdue de débauche mais dont le mari, duc et maréchal de France, a dit pour sa défense : « Si mon épouse était une empoisonneuse, je serais mort depuis vingt ans. » La duchesse de Bouillon, sœur cadette d'Olympe, mise en cause par la Voisin et avant celle-ci par la Bosse et la Vigoureux, doit comparaître à son tour. Elle arrive à l'Arsenal au milieu d'un bruyant cortège d'une vingtaine de carrosses où s'entassent parents et alliés puis répond avec une morgue extraordinaire aux juges. A La Reynie, qui est l'un des deux rapporteurs et qui lui demande avec une lourde ironie si elle a vu le diable, elle répond : « Je le vois en ce moment-ci ; il est fort laid et déguisé en conseiller d'Etat ! » Déchargée d'accusation, la duchesse de Bouillon triomphe avec une telle ostentation que le roi l'exile sur l'une de ses terres à Nérac. Après tout elle a été une cliente de la Voisin et aurait dû normalement lui être confrontée. Le roi a bien voulu lui épargner cette humiliation.

La Voisin, dont le procès a été longtemps différé par Louvois, est jugée et condamnée à être brûlée vive le 20 février 1680. Elle subit stoïquement la question en se bornant à déclarer : « Je me crois être encore obligée de vous déclarer pour la décharge de ma conscience qu'un grand nombre de personnes de toutes sortes de conditions et de qualité se sont adressées à moi pour demander la mort et trouver le moyen de faire mourir beaucoup de personnes. C'est la débauche qui est le premier mobile de tous ces désordres. » Deux jours plus tard, le roi étend la compétence de la Chambre ardente « aux sacrilèges, impiétés, profanations, fabrication et exposition de fausse monnaie ». C'est le moyen de procéder à l'arrestation de nombreux prêtres sacrilèges encore en liberté.

Hormis les prêtres, les arrestations se poursuivent et derrière elles, les condamnations. Les poches de Desgrez débordent de lettres de cachet. Depuis l'exécution de sa mère, la fille de la Voisin, arrêtée à son tour, répond plus volontiers aux questions de La Reynie, qui lui accorde plus de crédit qu'à l'intarissable Lesage, lequel en revanche a l'oreille de Louvois, qui va jusqu'à lui rendre visite au donjon de Vincennes où il est enfermé. Sa mère faisait porter des paquets au château de Saint-Germain. « Que contenaient-ils ? — Des poudres pour l'amour... Pour qui ? — Pour le roi... Qui les demandait ? — Mme de Montespan. » La réponse est énorme, presque sacrilège et serait passée sous silence si, le 30 septembre 1680, la Filastre, condamnée à être brûlée vive en même temps qu'un abbé Cotton, ne s'était écriée au milieu du supplice de la question (en l'occurrence les brodequins, sorte d'étau de bois écrasant progressivement les jambes) : « C'est la Chappelain qui l'a fait agir et c'est

Mme de Montespan qui faisait agir la Chappelain afin de donner du poison à Mlle de Fontanges[1] et des poudres pour l'amour et faire rentrer la dame de Montespan aux bonnes grâces du roi. » Sur le chemin du supplice, la Filastre se rétracte mais c'est trop tard. Les aveux obtenus sous la question ont une grande valeur.

Les séances de la Chambre ardente sont aussitôt suspendues sur ordre du roi, qui n'a pas trouvé d'autre moyen d'empêcher que Mme de Montespan soit, pour le moins, citée à comparaître. Désormais tout ce qui touche à sa personne va être classé séparément en « faits particuliers » dont seuls le roi, Louvois, Colbert et La Reynie auront la connaissance. La Reynie est en proie au doute mais l'enquête révèle qu'en 1668, l'abbé Mariette et Lesage qui se faisait alors appeler Dubuisson, mis à la Bastille sous l'accusation de sorcellerie, avaient déjà cité parmi leurs clientes Mme de Montespan et sa sœur, Mme de Thianges. La Reynie confie le 11 octobre 1680 son désarroi à Louvois : « Je reconnais que je ne puis par aucunes de mes vues particulières percer l'épaisseur des ténèbres dont je me trouve environné. »

Colbert, grand ennemi de Louvois, contre-attaque car l'affaire des Poisons est devenue un enjeu de pouvoir entre les deux ministres. Un avocat commis par lui, Claude Duplessis, reprend tous les procès-verbaux, pointant les contradictions. Les déclarations de la fille Voisin ne sont pas des preuves. Quel crédit faut-il lui accorder quand elle dit que « madame de Montespan se fit dire une messe sur le ventre par l'abbé Guibourg » ? Et les poudres pour l'amour que venait chercher régulièrement sa suivante Mlle des Œillets ? Qui prouve que

1. Jeune favorite du roi en 1679 et décédée l'année suivante à la suite d'un accouchement difficile.

c'était pour Mme de Montespan ? Et surtout comment sortir de l'embarras de toute cette procédure, bloquée en raison des « faits particuliers » ? Or, explique La Reynie à Louvois en janvier 1681, il y a 147 prisonniers à la Bastille et à Vincennes pour « le fait des poisons ». Beaucoup risquent d'échapper à la justice du seul fait qu'ils ont prononcé ou seulement entendu le nom de Mme de Montespan. La Reynie plaide pour la reprise des séances tandis que Colbert et Louvois s'y opposent. Le lieutenant de police tient bon, arguant qu'on ne peut annuler une telle affaire d'un trait de plume. Le roi adopte alors une solution intermédiaire : la Chambre ardente va reprendre ses séances mais à l'exclusion de ce qui pourrait être relatif aux « faits particuliers ».

La Chambre, qui reprend ses séances le 19 mai 1681, semble vouloir rattraper le temps perdu. Certes des « vedettes » comme Lesage, la fille Voisin, la Chappelain, l'abbé Guibourg (l'un des principaux complices de la Voisin) et bien d'autres échappent à la justice, mais il reste une légion d'empoisonneurs et d'empoisonneuses de moindre calibre, sans compter les nouvelles prises. Condamnations et exécutions reprennent de plus belle. L'un des condamnés, Barenton, qui a l'affreux privilège d'être roué vif, est un laboureur de la Beauce, vétérinaire, rebouteux, jeteur de sorts et « grossiste » en poisons. La Reynie s'inquiète fort, entrevoyant là que le monde des poisons ne s'arrête pas aux portes de Paris. Ledit Barenton a dénoncé sous la question pas moins de six complices aussitôt arrêtés. Pour faire de la place, la Chambre décharge d'accusation du petit gibier et prononce de nombreux bannissements hors de la vicomté de Paris, mais il est évident que la machine s'emballe. Le 21 juillet 1682, le roi prononce la dissolution de la Chambre ardente.

A cette date, la Chambre des poisons a tenu 810 séances. Sur les 319 décrets de prise de corps, 194 personnes « seulement » ont pu être arrêtées, 88 jugées et 36 condamnées à mort (et donc sous l'Ancien Régime exécutées). Restent à juger 106 prisonniers auxquels s'ajoutent les 24 « prisonniers retenus », c'est-à-dire ceux qui ont à voir avec les « faits particuliers », les Lesage, Guibourg, fille Voisin, Chappelain... C'est trop, beaucoup trop. Une âpre négociation s'engage entre Louvois et La Reynie à l'occasion d'un dîner chez le ministre qui pourtant reçoit très peu. Louvois fait valoir qu'on ne peut enfermer à vie tout ce monde, que cela va coûter trop cher à la Couronne et que ce n'est pas la meilleure façon de mettre fin au scandale des Poisons. La Reynie, lui, ne voit que 130 scélérats à punir. On aboutit à 85 et à condition que les autres ne soient pas purement et simplement mis en liberté. Des valets arrêtés en même temps que leur maître, des maris d'empoisonneuses non pleinement convaincus de complicité vont être bannis de Paris. Un fort contingent de femmes va rejoindre le quartier de correction de la Salpêtrière pour y passer de longues années. D'autres, plus chanceuses, vont être enfermées dans des couvents de province à la discipline néanmoins très sévère. La trop jolie Mme de Poulaillon est du nombre pour avoir rompu son ban. Il semble qu'elle a alors oublié qu'elle a échappé de peu à une sentence de mort, car elle ne cesse d'intriguer dans le couvent trop bien nommé des Filles repenties d'Angers. Elle voudrait être transférée aux Bernardines de la même ville, un couvent incontestablement moins dur. La Reynie, qui n'entend pas abandonner son gibier alors même que plus de dix ans ont passé, s'y oppose : « Ce serait d'un mauvais exemple que cette femme eût une aussi bonne retraite. »

Quant aux rescapés de la place de Grève, il ne s'agit pas tant de vengeance ni de vindicte que de logique judiciaire. Ce sont des morts civils, virtuellement exécutés. Ils vont dès lors être enfermés à vie, enchaînés et au secret, dans des citadelles éloignées gardées militairement, le plus souvent aux frontières du royaume. Et gare à ceux qui voudront parler, surtout sur ce qui aurait trait à Mme de Montespan – des « sottises sans aucun fondement », précise Louvois à l'intendant de Franche-Comté à qui il recommande « de les faire corriger si cruellement au moindre bruit qu'ils feront, qu'il n'y en ait pas un qui ose souffler ».

Une vingtaine de prisonniers des poisons a été conduite, sous la garde de l'irremplaçable Desgrez, à la citadelle de Besançon. On y retrouve Guibourg ou encore Lesage qui voudrait bien raconter de nouvelles fables au gouverneur, mais Louvois, enfin débarrassé de ses œillères, a prévenu celui-ci : « Vous ne sauriez agir trop durement envers ce fripon-là. » A la forteresse de Belle-Ile, hier encore place forte de l'infortuné Fouquet, on retrouve la fille Voisin, Catherine Leroy ou encore une drôlesse surnommée « la Poignard ». A peine nourris et moins encore chauffés, les prisonniers des Poisons meurent comme des mouches. Dix ans plus tard, la moitié a déjà trouvé la mort. Aucun adoucissement ne survient, ni après la mort de Louvois en 1691, ni après le remplacement de La Reynie par d'Argenson en 1697. En 1714, le nouveau gouverneur de la citadelle de Besançon est vertement rappelé à l'ordre par le ministre de la Guerre parce qu'il a fait ôter ses chaînes à un survivant des Poisons, un certain Romani. Les deux doyennes des Poisons décèdent, l'une en 1717, l'autre en 1724 après quarante ans de détention (c'est la Chappelain, complice de la Filastre). Elles partageaient la même cellule au fort de Villefranche-de-Conflent (Pyrénées-Orientales), mais elles faisaient « chacune potée à part ».

En juillet 1682, l'année même de la dissolution de la Chambre ardente, un édit royal a tiré l'enseignement de l'affaire des Poisons, en s'attaquant aux racines du mal. Son intitulé vaut programme : « Edit pour la punition de différents crimes qui sont devins, magiciens, sorciers, empoisonneurs ; règle ceux qui peuvent vendre ou employer des drogues dangereuses, et à qui il est permis d'avoir des fourneaux ou laboratoires. » Cet édit est décisif en ceci que ce n'est pas à la sorcellerie ni aux sorciers et sorcières qu'il s'agit de tordre le cou. Il n'y a plus officiellement de sorciers en France depuis qu'un jugement du parlement de Rouen qui en était encore à juger de « vrais sorciers » a été cassé. Désormais, ceux qui seront jugés en la matière le seront en tant que « faux sorciers ». On ne poursuit plus le diable mais le crime. C'était simple mais il fallait y penser. Les pratiques superstitieuses sont défendues sous toutes leurs formes. La dénonciation est exigée sous peine de complicité. Les crimes « qui se commettent par le poison » seront punis de mort. Le commerce et l'usage des poisons sont désormais strictement réglementés avec notamment la tenue d'un registre spécial (le registre des produits toxiques, toujours en vigueur dans les pharmacies). L'édit est affiché aux portes des églises et lu aux sermons des messes dominicales. Ni Louvois, ni Colbert et moins encore La Reynie ne sont assez naïfs pour s'illusionner sur le résultat immédiat d'un pareil édit, mais une page vient d'être tournée.

Et Louis XIV dans tout cela ? Les « faits particuliers » ? Lorsque ceux-ci furent révélés au roi, l'étoile de Mme de Montespan avait déjà pâli au profit, côté cour, de Mlle de Fontanges et, côté jardin, de Mme de Maintenon. Le scandale, quoique étouffé, accéléra sa disgrâce. On ne sait si le roi fit part à la belle Athénaïs des terribles accusations qui pesaient sur elle. Il eût été en tout cas le seul à pouvoir le faire car elle restait, en ce terrible automne 1680, la maîtresse officielle du roi. Aussi un grand mystère va-t-il continuer à régner sur le degré d'implication de Mme de Montespan. Des drogues achetées à la Voisin pour conserver l'amour du roi ? Certainement. Des messes noires ? C'est moins certain.

Une scène étrange met fin en quelque sorte à l'épouvantable affaire des Poisons, un dernier bûcher si l'on ose dire. Le 14 juin 1709, La Reynie rend son âme à Dieu. Louis XIV a alors 71 ans. Vieilli, malade, amer, il ne se déplace plus qu'en fauteuil roulant dans un Versailles devenu morne et austère. Il avait fait déposer dans un coffre scellé et confié à la garde du lieutenant général de police tous les procès-verbaux concernant les « faits particuliers », pas moins de « vingt-neuf gros paquets de divers registres ou portefeuilles de minutes ». Il avait une totale confiance en La Reynie, mais maintenant ? Alors, le 13 juillet 1709, il se fait apporter le coffre dans son cabinet, à Versailles, où, en dépit de la saison, il a fait allumer un grand feu. Pontchartrain, chancelier de France, est présent. Loin de toute opération irrégulière, le roi se considère comme étant en Conseil et son procès-verbal est pris qui décharge le greffier de La Reynie qui a apporté le coffre. Le chancelier en extrait une à une les liasses que le souverain examine brièvement avant de les confier à un valet qui les jette au feu. Quand tout est brûlé, le roi demande qu'on le laisse seul. Ses pensées ne sont pas difficiles à deviner mais on ne saura jamais quelle fut son intime conviction dans le degré d'implication de Mme de Montespan, la mère de sept de ses enfants. De toute façon ce n'est pas la mémoire d'Athénaïs qu'il vient de protéger ainsi mais la sienne.

Bibliographie sélective

Chautant, Gisèle, *Croyances et conduites magiques dans la France du XVIIe siècle d'après l'affaire des Poisons,* thèse de doctorat d'histoire, université Pierre Mendès France, Grenoble, 1998.

Funck-Brentano, Frantz, *Le Drame des poisons,* Hachette, 1928 (1re éd. 1899).

Lebigre, Arlette, *1679-1682. L'Affaire des Poisons*, Complexe, 1989.

Le Nabour, Eric, *La Reynie, le policier de Louis XIV*, Perrin, 1990.

Mongrédien, Georges, *Madame de Montespan et l'affaire des Poisons*, Hachette, 1953.

Nass, Lucien (Dr), *Les Empoisonnements sous Louis XIV, d'après les documents inédits de l'affaire des Poisons*, G. Carré et C. Naud, 1898.

Petitfils, Jean-Christian, *L'Affaire des Poisons. Crimes et sorcellerie au temps du Roi-Soleil*, Perrin, 2009.

Quétel, Claude, *Une ombre sur le Roi-Soleil. L'affaire des Poisons*, Larousse, 2007 ; rééd., Tallandier, 2015.

Saint-Germain, Jacques, *La Reynie et la police au Grand Siècle*, Hachette, 1962.

Thuillat, Louis, *Gabriel Nicolas de La Reynie, premier lieutenant général de police de Paris*, thèse de doctorat de droit, université de Poitiers, 1930.

VIII

Le Masque de fer démasqué ?

par Jean-Christian Petitfils

« Un masque d'acier sur le visage... »

« Un homme est resté de longues années à la Bastille et y est mort masqué. Il avait à ses côtés deux mousquetaires pour le tuer, s'il ôtait son masque. Il a mangé masqué et dormi masqué. Il fallait sans doute que ce fût ainsi, car on l'a d'ailleurs très bien traité, bien logé et on lui a donné tout ce qu'il désirait. Il a communié masqué ; il était très dévot et il lisait continuellement. On n'a jamais pu apprendre qui il était. »

L'auteur de ces lignes, écrites au château de Marly le 10 octobre 1711, n'était ni un gazetier fantaisiste, ni un épistolier ordinaire, mais la propre belle-sœur de Louis XIV, Elisabeth Charlotte de Bavière, duchesse d'Orléans, princesse palatine, vivant à la cour de France. Avait-elle par hasard levé un coin du voile d'un secret d'Etat ? Cette lettre, comme toutes celles de sa volumineuse correspondance, était destinée à sa chère tante Sophie de Hanovre, au grand dam sans doute du marquis de Torcy, surintendant des Postes et chef du « cabinet noir », qui ne pouvait se permettre de la censurer...

Cette singulière énigme n'a cessé de piquer la curiosité du public depuis trois siècles. Un millier de livres et d'articles, des colloques internationaux, quantité de romans, dont le fameux *Vicomte de Bragelonne* d'Alexandre Dumas, dernier livre de la trilogie des *Trois Mousquetaires*, des pièces de théâtre, des bandes dessinées et des films de cape et d'épée ont entretenu le mystère autour de ce prisonnier, d'abord enfermé au donjon de Pignerol, petite place française sur le versant italien des Alpes, puis au fort d'Exilles, entre Turin et Briançon, ensuite à la citadelle de l'île Sainte-Marguerite, en mer de Provence, enfin à la Bastille où il mourut en 1703. Que sait-on de cet homme ? Pourquoi a-t-on dissimulé ses traits sous un masque ? Qu'avait-il fait pour mériter une si longue détention : trente-quatre ans ? Pourquoi l'a-t-on entouré de tant de précautions ? Près d'une soixantaine d'hypothèses ont été avancées pour lui donner une identité. Il n'est pas simple de démêler l'histoire de la légende qui très vite a pris son essor.

Le 4 septembre 1687, en plein règne de Louis XIV, une gazette manuscrite circulant sous le manteau dans les milieux jansénistes se faisait l'écho d'un étrange événement : « M. de Saint-Mars a transporté par ordre du roi un prisonnier d'Etat de Pignerol aux îles Sainte-Marguerite ; personne ne sait qui il est ; il y a défense de dire son nom et ordre de le tuer s'il le prononce [...]. Il était enfermé dans une chaise à porteurs, ayant un masque d'acier sur le visage, et tout ce qu'on a pu savoir de Saint-Mars était que ce prisonnier était depuis de longues années à Pignerol et que tous les gens que le public croit morts ne le sont pas... »

Juché sur un promontoire au centre de la citadelle qu'avait assiégée autrefois le cardinal de Richelieu, le donjon de Pignerol était un château médiéval avec cinq tours qui servait de prison d'Etat. Plusieurs personnages y avaient été incarcérés, dont l'ancien surintendant des Finances Nicolas Fouquet, accusé de prévarication, et le comte de Lauzun, amoureux de la Grande Mademoiselle, capitaine des gardes du corps du roi. Un officier des mousquetaires, adjoint du célèbre d'Artagnan, Bénigne Dauvergne, sieur de Saint-Mars, en avait été nommé gouverneur en 1665, avant de prendre en 1681, après le décès de Fouquet et la libération de Lauzun, le commandement du petit fort d'Exilles, dans le val de Suse. C'est de là que venait le mystérieux captif, après avoir passé quelques années à Pignerol.

A Sainte-Marguerite, on peut encore voir sa chambre qui fait face à la baie de Cannes et à l'amphithéâtre du massif de l'Esterel : une pièce sombre mais spacieuse de trente mètres carrés environ, dont la fenêtre est protégée par trois rangées de grilles que ronge l'air marin, avec des murs de près de deux mètres d'épaisseur et une entrée munie de deux lourdes portes cloutées aux gonds inversés. Jamais un rayon de soleil ne pénètre en ce lieu ! Cette chambre avait été aménagée peu avant son arrivée en 1687. L'inconnu y demeura enfermé jusqu'à la fin d'août 1698, date à laquelle il fut conduit à la Bastille par Saint-Mars, son geôlier attitré, qui venait d'en être promu gouverneur. Il voyagea cette fois non en chaise à porteurs mais en litière[1], un masque de velours sur le visage : il avait en effet manqué de périr étouffé lors du précédent transfèrement.

Dans son registre d'écrou personnel, aujourd'hui conservé à la bibliothèque de l'Arsenal, le lieutenant de roi de cette forteresse, Etienne Du Junca, fonctionnaire

1. Une caisse de carrosse sans roues, portée sur deux brancards par deux ou quatre chevaux.

précis, droit et intègre, consigna ainsi cet événement : « Du jeudi 18e de septembre, à 3 heures après-midi, M. de Saint-Mars, gouverneur du château de la Bastille, est arrivé pour sa première entrée venant de son gouvernement des îles Sainte-Marguerite et Honorat, ayant avec lui dans sa litière un ancien prisonnier qu'il avait à Pignerol, lequel il fait tenir toujours masqué, dont le nom ne se dit pas et, l'ayant fait mettre en descendant de sa litière dans la première chambre de la tour de la Bazinière, en attendant la nuit, pour le mettre et mener moi-même à 9 heures du soir, avec M. de Rosarges, un des sergents que M. le Gouverneur a amenés, dans la troisième chambre seul, de la tour de la Bertaudière, que j'avais fait meubler de toutes choses quelques jours avant son arrivée, en ayant reçu l'ordre de M. de Saint-Mars, lequel prisonnier sera servi et soigné par M. de Rosarges et que M. le Gouverneur nourrira[2]. »

Cinq années plus tard, le mystérieux captif mourut subitement, ainsi que l'atteste le second registre du lieutenant de roi, consacré aux décès : « Lundi 19e de novembre 1703, ce prisonnier inconnu, toujours masqué d'un masque de velours noir, que M. de Saint-Mars gouverneur a mené avec lui en venant des îles Sainte-Marguerite, qu'il gardait depuis longtemps, lequel s'étant trouvé hier un peu mal en sortant de la messe, il est mort le jourd'hui sur les 10 heures du soir, sans avoir eu de grande maladie, il ne se put pas moins. M. Giraut, notre aumônier, l'a exhorté un moment avant de mourir, et ce prisonnier inconnu gardé depuis si longtemps a été enterré le mardi à 4 heures de l'après-midi dans le cimetière Saint-Paul, notre paroisse... »

---

2. C'est-à-dire réglera ses frais d'entretien sur un compte spécial, différent de celui des autres prisonniers.

Sur l'acte de décès établi à la sacristie[3], on lui donna le nom de « Marchioly, âgé de 45 ans ou environ ». L'étonnant pour une sépulture chrétienne est que la mention du prénom n'ait pas été faite. Quant à l'âge fourni, il est probablement erroné si l'on considère que le prisonnier, peu de temps avant sa mort, avait déclaré au docteur Fresquière, médecin de la prison, avoir environ 60 ans.

Selon Du Junca, ses obsèques coûtèrent quarante livres, une somme modique qui permit de payer un linceul et les honoraires du fossoyeur. Etrange ! Cela ne correspond apparemment pas à un détenu de rang social élevé comme on aurait pu le penser. A ces renseignements, le major Godillon-Chevalier, archiviste de la Bastille au XVIIIe siècle, ajoutait dans la fiche qu'il avait consacrée au « fameux homme au masque que personne n'a jamais connu » la note suivante : « Il a été enseveli dans un drap neuf qu'a donné le gouverneur, et généralement tout ce qui s'est trouvé dans sa chambre a été brûlé comme son lit tout entier, chaises, tables et autres ustensiles, ou fondu, et le tout jeté dans les latrines. »

Le père jésuite Henri Griffet, aumônier de la forteresse de 1745 à 1764, faisait grand cas du témoignage de Du Junca, décédé à cette époque. Il le contredisait cependant sur un point : il n'y avait aucune raison pour que le détenu fût contraint de garder constamment son masque de velours. « Il n'était obligé de le prendre que lorsqu'il traversait la cour de la Bastille pour aller à la messe, afin qu'il ne fût pas reconnu par les sentinelles ou quand il était obligé de laisser entrer dans la chambre quelque homme de service qui n'était pas dans

3. L'église Saint-Paul-des-Champs, dont il ne reste aujourd'hui qu'un pan de mur, était proche de l'église des Jésuites, l'actuelle Saint-Paul-Saint-Louis.

le secret. » Le fait fut confirmé dans *L'Année littéraire* de 1768 par le fils d'un lieutenant de Saint-Mars à Sainte-Marguerite, Formanoir de Palteau : « Il n'avait ce masque que lorsqu'il sortait pour prendre l'air ou était obligé de paraître devant quelque étranger. »

Que retenir de ces documents incontestables qui n'empruntent rien à la fantaisie ? D'abord, qu'il a bien existé sous Louis XIV un prisonnier ayant porté une sorte de casque de fer ou d'acier lors de son transfèrement d'Exilles à l'île Sainte-Marguerite en 1687, casque transformé en un masque de velours noir à la Bastille, de 1698 à sa mort en 1703. Ensuite, que son identité était inconnue de Mme Palatine, belle-sœur du roi, ce qui peut se comprendre vu son goût immodéré du commérage, mais aussi du lieutenant de roi, pourtant second personnage de la forteresse parisienne après le gouverneur.

Des légendes et des hypothèses à foison

La légende s'empara vite du personnage. En Provence, où il était resté onze ans derrière les barreaux du Fort royal de Sainte-Marguerite, des récits, des anecdotes avaient perpétué son souvenir. On racontait qu'il était servi par le gouverneur avec des égards extraordinaires, qu'il aimait le linge fin, les dentelles et les somptueux vêtements, jouait de la guitare, chantait de sa voix harmonieuse des mélopées d'une indicible mélancolie…

Voltaire, qui avait été l'un des premiers à se passionner pour cette énigme, prit plaisir à les collationner. Un jour, raconte-t-il, l'inconnu écrivit quelques mots à la pointe d'un couteau sur un plat d'argent qu'il laissa choir de sa fenêtre. Ayant vu par hasard tomber l'objet sur les rochers, d'un coup de rame, un pêcheur des environs alla le ramasser et le rapporta au gouverneur. Le regardant d'un air inquiet, celui-ci lui demanda s'il avait lu ce qui était écrit dessus. « Je ne sais pas lire, avoua le pêcheur ; je viens de le trouver ; personne ne l'a vu. — Allez, lui dit-il, en le renvoyant, vous êtes bien heureux de ne pas savoir lire ! »

Qui donc avait-on voulu cacher derrière ce masque ? Au XVIIIe siècle, on commença à en discourir discrètement dans les salons. Parmi les noms les plus couramment avancés figuraient celui du duc de Beaufort, petit-fils d'un bâtard d'Henri IV, le fameux « roi des Halles », disparu officiellement au siège de Candie, en Crète, en juin 1669, mais dont on n'avait pas retrouvé le corps ; celui du jeune comte de Vermandois, fils naturel de Louis XIV et de Louise de La Vallière, décédé en novembre 1683 d'une fièvre contractée au siège de Courtrai, qu'on avait peut-être fait passer pour mort ; celui du duc de Monmouth, bâtard de Charles II d'Angleterre, officiellement décapité en juillet 1685 pour s'être soulevé contre son oncle, Jacques II... A la vérité, rien ne venait étayer ces suppositions.

Voltaire, qui avait fait deux courts séjours à la Bastille en 1717 et 1726, cherchait de son côté à accréditer à mots feutrés, car il ne tenait pas à en faire un troisième dans cette insalubre prison d'Etat, sa propre théorie, beaucoup plus redoutable pour la dynastie royale : celle d'un frère aîné de Louis XIV, issu des amours adultérines d'Anne d'Autriche et de quelque grand seigneur, à qui aurait dû revenir le trône, puisqu'il était né au sein d'un légitime mariage. Le masque était là pour cacher une ressemblance frappante. L'ingénieux fureteur tenait cette histoire, directement ou indirectement, d'une vieille demoiselle de Chartres, Mlle Dubois de Saint-Quentin, ancienne maîtresse du marquis de Barbezieux, secrétaire d'Etat mort en 1701, qui avait eu dans son département la prison de l'île Sainte-Marguerite.

Le 20 octobre 1738, préparant son grand ouvrage sur le règne de Louis XIV, il écrivit à l'abbé Du Bos, secrétaire perpétuel de l'Académie française : « Je suis assez instruit de l'aventure de l'homme au masque de fer, mort à la Bastille. J'ai parlé à des gens qui l'ont servi. » La réponse de son honorable correspondant est datée du 3 décembre de la même année : « Quant à l'homme masqué, j'entendis dire, lorsqu'il mourut il y a vingt ans[4], qu'il n'était qu'un domestique de M. Fouquet : si vous avez des preuves de ce fait, vous ferez très bien de les avancer. Mais si vos preuves ne sont point persuasives, mon sentiment serait que vous ne démasquiez point cet homme. Ce que j'ai entendu dire sur son état ne doit pas être confié au papier. M. Thieriot[5] à qui j'en ai dit un peu plus que je ne vous en écris, m'a paru de mon sentiment. »

Ancien commis des Affaires étrangères, le savant abbé Du Bos était bien renseigné. Il laissait entendre que deux thèses circulaient dans les milieux officiels : celle d'un obscur domestique (confirmée par Michel Chamillart, contrôleur général des Finances et secrétaire d'Etat à la Guerre, qui assurait que « c'était un homme qui avait tous les secrets de M. Fouquet ») et celle, sulfureuse et maléfique, du frère aîné du roi, mise en circulation par Mlle de Saint-Quentin. Négligeant la première, sans intérêt pour lui, fasciné par la seconde mais prudent en diable, Voltaire mit des années avant de lever complètement le masque.

En 1751 parut la première édition de sa magistrale étude sur *Le Siècle de Louis XIV*. Dans un chapitre consacré

4. Cela faisait en réalité trente-cinq ans que le prisonnier était mort.

5. Nicolas Claude Thieriot, avocat, ami de Voltaire.

aux anecdotes du règne, quelques paragraphes parlaient du Masque de fer, où abondaient déjà approximations historiques et rumeurs légendaires : ce prisonnier inconnu était « d'une taille au-dessus de l'ordinaire, jeune, de la figure la plus belle et la plus noble ». Il portait « un masque dont la mentonnière avait des ressorts d'acier qui lui laissaient la liberté de manger avec le masque sur le visage ». A la Bastille « où il fut logé aussi bien qu'on peut l'être dans ce château, on ne lui refusait rien. Son plus grand goût était pour le linge d'une finesse extraordinaire et pour les dentelles. Il jouait de la guitare. [...] Sa peau était un peu brune... ».

Pour qui savait lire entre les lignes, il s'agissait du portrait en filigrane du Roi-Soleil ! L'affaire, évidemment, prenait une tout autre dimension, du moins pour ceux qui avaient deviné ce que l'auguste oracle suggérait. Ce n'était plus seulement le masque, ce supplice odieux et barbare, qui se trouvait dénoncé par les philosophes et gens de lettres, mais le crime fratricide d'un tyran persécuteur, séquestrant un innocent, qui plus est son propre frère aîné, à qui revenait de droit le trône.

D'ouvrage en ouvrage, du *Supplément au siècle de Louis XIV* (1753) aux *Questions sur l'Encyclopédie* (1771), en passant par la *Suite de l'essai sur l'histoire générale* (1763), l'auteur de *Candide*, avec des airs entendus, distilla subtilement des détails accréditant sa solution.

En 1771 enfin, dans la seconde édition des *Questions sur l'Encyclopédie*, il passa aux aveux, sous couvert d'une *Addition* de l'éditeur : « Le Masque de fer était sans doute un frère, et un frère aîné de Louis XIV, dont la mère avait ce goût pour le linge fin sur lequel M. de Voltaire appuie... » Joli coup !

D'autres hypothèses...

Après le 14 juillet 1789, un astucieux journaliste publia dans les *Loisirs d'un patriote français* le texte d'une carte trouvée par hasard dans les papiers de la prison du faubourg Saint-Antoine : « Fouquet arrivant des isles Sainte-Marguerite avec un masque de fer. » Une carte que personne n'a jamais pu produire depuis ! « Citoyen et soldat », Dorat-Cubières, dans son *Voyage à la Bastille fait le 16 juillet 1789 et adressé à madame de G... à Bagnols*, proposa une autre identification qui devait faire la fortune des romanciers, d'Alexandre Dumas à Marcel Pagnol : l'homme masqué serait un frère jumeau du Roi-Soleil, emprisonné à vie parce que la loi salique n'avait rien prévu en cas de naissance royale gémellaire !... Disons-le tout de suite, cette supposition, qui fit couler beaucoup d'encre, est dépourvue de la moindre once de vraisemblance – l'accouchement des reines de France se faisait en effet en public, et il en fut ainsi le 5 septembre 1638 pour Anne d'Autriche –, mais elle a tant séduit les amateurs de sensationnel qu'elle résiste encore aujourd'hui à toute critique rationnelle. Il y a à peine plus d'un siècle, un illuminé, un certain abbé Félix Devalois, dit de Valois, prêtre de Marseille, fondait sa revendication du trône de France sur une parenté en ligne directe avec l'infortuné jumeau. Il avait même rassemblé un cercle de partisans convaincus et fondé une « revue historique et politique », intitulée comme il se doit *Le Masque de fer* (juillet 1911-février 1912).

Le Masque, un frère jumeau du roi ? Que nenni, c'était Molière, assurait à la fin du XIXe siècle un original, Anatole Loquin, douanier, musicologue et littérateur. Les responsables en étaient les Jésuites, qui, voulant se venger du *Tartufe*, l'avaient fait enlever au sortir de la quatrième représentation du *Malade imaginaire*, le 17 février 1673, avaient annoncé sa mort et l'avaient fait conduire masqué à Pignerol ! Pour d'autres, il s'agissait du lieutenant général de Bulonde, ou d'un conspirateur lorrain nommé Oldendorff, ou encore du chevalier de Rohan, du chevalier de Grémonville, à moins que ce ne fût Nabo, le page noir de la reine Marie-Thérèse, dont parlait le peu sérieux Touchard-Lafosse dans ses *Chroniques de l'Œil-de-Bœuf* (1800)… Bref, on a l'embarras du choix !

Les pièces d'un puzzle historique

Il est temps de revenir à l'histoire, à sa méthode, à sa rigueur, à ses documents, à ses faits. Dans les rumeurs colportées au XVIIIe siècle, tout n'était pas inventé assurément. Les mélodies, entendues par les pêcheurs de Cannes en provenance des prisons, étaient en réalité des psaumes chantés par un des pasteurs protestants enfermés au fort après la révocation de l'édit de Nantes, Paul Cardel. L'anecdote du « plat d'argent » était elle aussi véridique : une simple écuelle d'étain jetée par un autre, Pierre de Salves dit Valsec. Saint-Mars en parle dans ses lettres. Mais comment distinguer le vrai du faux ?

L'enquête historique commence au donjon de Pignerol, dont Bénigne de Saint-Mars a été gouverneur de 1664 à 1681. Il est établi, grâce au registre de Du Junca, que l'homme masqué était un « ancien prisonnier » de cette geôle. Or, le gouverneur, nous le savons par sa correspondance avec son ministre de tutelle, le marquis de Louvois, conservée aux Archives nationales et au Service historique de la Défense, avait eu sous sa responsabilité un nombre parfaitement connu de pensionnaires. Outre

Fouquet, mort le 23 mars 1680, et Lauzun, libéré en avril 1681, résidaient au donjon des individus de moindre renom : un domestique Eustache Danger, un moine jacobin (c'est-à-dire dominicain) surnommé Lapierre (car il cherchait la pierre philosophale), un agent double Dubreuil, un ancien conseiller du duc de Mantoue Ercole Antonio Matthioli et un valet de prison La Rivière. L'un d'eux est nécessairement l'homme que nous recherchons.

Les ordonnances de remboursement des frais, périodiquement émises par le geôlier, sont claires sur ce point et confirment que l'énigme se circonscrit à ces cinq candidats. Il n'y a aucune place pour un personnage clandestin, secrètement gardé et magnifiquement traité. Tant pis si les amateurs de merveilleux sont déçus : le célèbre prisonnier n'était certainement pas un homme de très haute condition sociale, ni un prince du sang, ni un duc et pair, ni un maréchal de France, ni même un gentilhomme de vieille roche, pour qui on aurait eu quelque considération. On tombe de haut évidemment ! Et c'est bien là une partie du problème qu'il faut résoudre…

Pis encore, cet obscur personnage fut toujours traité comme le gibier ordinaire des prisons, petits espions, agents doubles, empoisonneurs ou mythomanes, qu'on s'interdisait de tuer pour des raisons religieuses, mais qu'on enfouissait à tout jamais dans un cul-de-basse-fosse sans interrogatoire ni procès. Sa pension était celle d'un homme du commun. Pour sa nourriture, le trésorier de l'Extraordinaire des guerres, dont relevait le donjon de Pignerol, ne payait que 5 livres 10 sols par jour, soit 165 livres par mois. En comparaison, on notera que le fonds constitué pour l'entretien mensuel de Fouquet et de Lauzun s'élevait respectivement à 500 et 600 livres.

En 1687, lors de son transfèrement à l'île Sainte-Marguerite, le gouverneur vendit ses effets : « Le lit de mon prisonnier, écrivait-il à Louvois, était si vieux et rompu que tout ce dont il se servait, tant linge de table que meubles qu'il ne valait pas la peine d'apporter ici, l'on n'en a eu que treize écus. » Treize écus, c'est-à-dire 39 livres. Avec pareille somme, pas question d'avoir de beaux meubles ni une luxueuse garde-robe comme Fouquet ou Lauzun ! Un châssis de bois pour sommier, une couche et de simples nippes. « Il faut, avait prescrit Louvois en décembre 1681, que les habits durent trois ou quatre ans à ces sortes de gens-là. »

Matthioli ?

L'analyse de la correspondance ministérielle, dont les historiens ont pris progressivement connaissance au cours du XIXe siècle, nous livre une autre certitude : l'homme au Masque, contrairement à ce que pensaient encore les historiens Marius Topin en 1869 et Frantz Funck-Brentano en 1894, ne fut pas l'Italien Matthioli, cet agent du duc de Mantoue qui avait trahi la confiance de Louis XIV en révélant aux cours européennes des négociations secrètes touchant la cession de la place de Casal, sur le Pô. Il est établi aujourd'hui que cet individu resta à Pignerol en 1681, lorsque Saint-Mars prit le gouvernement du fort d'Exilles, emmenant avec lui deux mystérieux prisonniers « de conséquence » dont le futur homme masqué.

Certes, c'est bien le nom de cet agent mantouan, légèrement déformé en « Marchioly » par le curé de Saint-Paul, l'abbé Gilles Lesourd, qui figure sur le registre des actes de décès, mais, à cette époque, on enterrait systématiquement les prisonniers d'Etat sous des noms d'emprunt : décédé en octobre 1701, François Esliard, jardinier de Coutances, surpris alors qu'il affichait aux portes de Notre-Dame des placards traitant le roi de tyran, fut inscrit à Saint-Paul sous le nom de Pierre Navet (pour un jardinier, quel humour !), « n'étant pas à propos de dire son nom, note Du Junca, étant cru criminel d'Etat ». En juin 1702, Dupressoir-Louvard, accusé de sodomie, se trancha la gorge : il fut inhumé sous le nom de Pierre Massuque. En mars 1704, le faux-monnayeur Vinacchio dit Vinache fut porté en terre sous le nom d'Etienne Durand... Tous ces malheureux étaient des hommes de mince importance. On peut penser à plus forte raison que le « prisonnier dont le nom ne se dit pas » dut être déclaré sous une fausse identité. Saint-Mars choisit intentionnellement celle de son ancien voisin de cellule à Pignerol, avec lequel la rumeur commençait à le confondre. Celui-ci, en réalité, était mort en avril 1694, à son arrivée à Sainte-Marguerite, lors de l'évacuation des derniers prisonniers de la place forte alpine, menacée par les armées du duc de Savoie.

« Le nommé Eustache Danger »

L'identité du héros involontaire de ce drame n'est plus aujourd'hui un mystère : il s'agit d'Eustache Danger. La lecture en continu de la correspondance ministérielle le démontre avec une concordance rigoureuse et impressionnante. Dubreuil, resté à Pignerol, fut libéré en 1684, La Rivière, ancien valet de Fouquet, mourut d'hydropisie à Exilles en 1686 après avoir fait son testament, et le moine jacobin Lapierre, devenu fou, décéda à Pignerol en 1693.

C'était assurément un personnage de piètre envergure qu'Eustache Danger, valet de son état, arrêté à Calais à la fin de juillet 1669 par le major de la citadelle de

Dunkerque, Alexandre de Vauroy, et conduit par petites étapes dans la forteresse piémontaise, avec une simple escorte de trois archers (100 mousquetaires et leur chef d'Artagnan avaient été mobilisés pour convoyer Fouquet en 1664 et Lauzun en 1671). Un homme de modeste origine, mais qui connaissait un secret d'Etat. La lettre de Louvois annonçant sa prochaine arrivée à Pignerol insistait sur ce point : « Il faudra que vous portiez vous-même à ce misérable, une fois le jour, de quoi vivre toute la journée et que vous n'écoutiez jamais, sous quelque prétexte que ce puisse être, ce qu'il voudra vous dire, le menaçant toujours de le faire mourir s'il vous ouvre jamais la bouche pour vous parler d'autre chose que de ses nécessités. [...] Vous ferez préparer les meubles de celui que l'on vous amènera, observant que, comme ce n'est qu'un valet, il ne lui en faut pas de bien considérables. »

Le temps passant, l'importance du secret parut diminuer. En 1675, à la mort d'un des deux domestiques de Fouquet, Saint-Mars expliqua à Louvois qu'il ne parvenait pas à en recruter de nouveaux, personne ne voulant s'enfermer à vie, pas même « pour un million ». L'autre serviteur, La Rivière, étant constamment malade, il proposa donc la candidature d'Eustache, ancien domestique lui-même. Après avoir été bien chapitré, faisait-il valoir, ce doux et pieux cénobite, « résigné à la volonté du roi et de Dieu », se garderait de dire « d'où il sort ». Or, fait extraordinaire, Louis XIV, qui avait exigé jusque-là des précautions inouïes pour qu'on n'entendît point le mystérieux captif, faisant aménager à dessein un cachot hermétique, accéda sans objection à cette singulière proposition. Il fut cependant précisé que Danger ne servirait qu'à Fouquet et seulement en cas de nécessité. De cela, on peut logiquement déduire que certaines révélations tiraient moins à conséquence si elles étaient faites à un condamné à la prison perpétuelle qu'à Lauzun, promis un jour à la libération.

Cependant, quand on décida d'alléger le régime carcéral de l'ancien surintendant en lui permettant de rencontrer librement ce dernier, on ne se soucia pas de reconduire « le nommé Eustache » à son cachot. Louvois se contenta de demander à Fouquet s'il pouvait compter sur sa discrétion, afin que personne ne sache « de ce à quoi il avait été employé avant que d'être à Pignerol » (lettre du 28 décembre 1678), « puisque, ajoutait-il, vous connaissez de quelle conséquence il est que personne n'ait connaissance de ce qu'il sait » (lettre du 20 janvier 1679). Fouquet promit.

Danger vécut ainsi quelque temps à côté de l'ancien ministre qui pouvait désormais recevoir sans contrainte sa femme, ses enfants, son frère, les officiers de la garnison. On ne dissimulait alors ni son nom ni son visage…

En janvier 1680, l'état de santé de Nicolas s'aggrava. Le 11 mars, Louvois, qui avait ses propres informateurs à Pignerol, avertit Saint-Mars que ses prisonniers communiquaient à son insu. Le 23, le geôlier répondit qu'il avait en effet trouvé dans l'appartement de Fouquet un trou pratiqué dans la cheminée, grâce auquel celui-ci était en communication constante avec Lauzun, enfermé à l'étage inférieur. Par la même lettre, il annonçait la mort du surintendant, survenue à la suite d'une apoplexie dont cette découverte était peut-être la cause.

Catastrophe ! Que faire ? Lauzun allait quitter Pignerol. Devant ce fait nouveau, on aurait pu l'y laisser à tout jamais. On n'en fit rien, car le roi avait trop besoin pour son bâtard chéri, le duc du Maine, des biens de la Grande Mademoiselle. L'élargissement du Gascon était en effet la condition de la donation de la cousine germaine du roi, toujours amoureuse et désirant l'épouser.

Le mieux était de neutraliser un témoin gênant en faisant disparaître Eustache dans un cul-de-basse-fosse. C'est ce qui fut décidé. En même temps, Louvois ordonna à Saint-Mars de persuader Lauzun que les deux valets de Fouquet, Danger et La Rivière, avaient été libérés à la mort de leur maître. De la sorte, on disqualifiait d'avance les éventuelles révélations dont ils étaient détenteurs.

Le mystère du Masque de fer commence à cette époque. Saint-Mars restait le seul à savoir que les deux valets avaient été maintenus dans une claustration absolue. Ils furent bientôt transférés à Exilles, hors de cette ville de garnison truffée d'espions et d'agents secrets. La Rivière, coupable de complicité dans l'affaire du trou clandestin, mourut après six années de réclusion. Quant à Eustache, rayé du contrôle des prisons, il suivit son geôlier à la citadelle de Sainte-Marguerite. Lorsqu'il arrivera à la Bastille, il sera un homme sans visage ni identité. Il mourra sous un nom d'emprunt, et ses restes seront jetés à la fosse commune.

Quel était son secret ? Il serait téméraire de croire qu'il s'agissait d'une affaire capitale touchant de près à la couronne de France, à la famille royale ou à l'honneur du souverain. Jamais, dans ce cas, on n'aurait sorti le valet mystérieux de son isolement. Allons plus avant : le fait d'avoir accepté de le placer au service de Fouquet, cet ennemi de l'Etat, semble prouver que son histoire n'avait qu'une importance relative.

Pour l'historien américain Paul Sonnino, Eustache aurait été au courant des multiples turpitudes financières du cardinal Mazarin, qu'il accuse en particulier d'avoir fait main basse sur la fortune de la veuve de Charles Ier, Henriette de France. Malheureusement, les dates correspondent difficilement : arrêté à Calais en août 1669, huit ans après la mort du cardinal, Eustache était probablement trop jeune pour avoir été mêlé à cette histoire qui avait du reste perdu une grande partie de son intérêt.

Le mystère était peut-être lié à une affaire diplomatique du moment, les discussions secrètes entre la France et l'Angleterre qui aboutirent à la signature en 1670 du traité de Douvres ? Ces négociations étaient menées d'un côté par Henriette d'Angleterre, belle-sœur de Louis XIV, de l'autre par son frère Charles II. Les correspondances étaient chiffrées. Il s'agissait pour le roi d'Angleterre d'obtenir le soutien militaire du roi de France sitôt qu'il annoncerait sa conversion au catholicisme, sujet explosif s'il en était dans un pays acquis à l'anglicanisme, en échange d'un appui naval dans la guerre de Hollande en préparation. C'est ce qu'on appelait alors le « grand secret ». Eustache aurait été, dans ce cas, un intermédiaire indiscret, dont on se serait assuré le silence.

Mais, dira-t-on, quel besoin avait-on d'affubler d'un masque le visage de ce parfait inconnu ? A la vérité, à aucun moment le port de cet accessoire ne fut imposé par le roi ou par Louvois. Cette précaution fut imaginée par Saint-Mars lors du transfèrement du prisonnier d'Exilles à Sainte-Marguerite. La raison en était simple : il avait reçu l'ordre d'escamoter le captif, de faire croire à tous qu'il avait été libéré. Il ne voulut pas courir le risque qu'il fût reconnu par les soldats qui l'avaient vu dans l'appartement de Fouquet.

Mais le masque avait une autre utilité : il servait de faire-valoir au gouverneur. En effet, après 1681, Saint-Mars, qui avait perdu avec Fouquet et Lauzun ses deux plus importants pensionnaires, dont la notoriété rejaillissait sur la sienne, se retrouva dans son « exil d'Exilles » n'ayant sous sa garde que deux inconnus, deux « merles » comme il les appelait avec mépris. Une mission guère reluisante pour un sous-lieutenant de la première compagnie des mousquetaires du roi ! Durant les cinq années de son séjour, rien ne filtra. En 1687, il fut nommé gouverneur des îles de Lérins et reçut l'ordre d'y mener le survivant des deux « merles », l'autre, La Rivière, venant de mourir. C'est alors que, pris d'une frénésie de bavardage, il se mit à conter des galéjades, à dérouter les curieux en les payant d'histoires à dormir debout, des « contes jaunes », comme il l'avouait lui-même, qui, en le valorisant, flattaient sa vanité frustrée. Il laissait divaguer les imaginations et fleurir les légendes. Tout n'était pas faux, certes, mais tout était exagéré ! Eh oui ! Il gardait quelqu'un de la plus haute importance, qui n'avait qu'à dire son nom pour recevoir un coup de pistolet dans la tête ! Alors que le prisonnier n'intéressait manifestement plus en haut lieu – on en a des preuves –, les marques de respect, les précautions excessives étaient de son cru. Plus on parlait de cette affaire, plus son prestige grandissait ! « Dans toute cette province, jubilait-il le 8 janvier 1688 dans une lettre à Louvois, l'on dit que le mien (*mon prisonnier*) est M. de Beaufort et d'autres disent que c'est le fils de feu Cromwell. » Il se délectait de ces rumeurs, de ces invraisemblables supercheries auxquelles le public croyait et qu'il avait nourries, telle une somptueuse épopée en gestation.

La mystification de Saint-Mars permet de mesurer l'abîme qui sépare l'humble réalité – la condition servile du personnage – des égards princiers que le geôlier fit mine de déployer pour lui. Entre la légende et la réalité, la différence est telle que, si nous n'avions pas la correspondance ministérielle et les comptes des prisons, leur logique, leur implacable enchaînement, on pourrait encore douter et se laisser prendre au piège de ce grand metteur en scène oublié de l'histoire.

Bibliographie sélective

Mongrédien, Georges, *Le Masque de fer*, Hachette, 1952.

Noone, John, *The Man behind the Iron Mask*, Alan Sutton, 1988.

Petitfils, Jean-Christian, *Le Masque de fer, entre histoire et légende*, Perrin, 2003 ; rééd., coll. « Tempus », 2004.

—, *Fouquet*, Perrin, 1998 ; rééd., coll. « Tempus », 2005.

Sonnino, Paul, *The Search for the Iron Mask : A historical detective story*, Rowman and Littlefield, 2016.

Vergé-Franceschi, Michel, *Le Masque de fer enfin démasqué*, Fayard, 2009.

IX

La Mauresse de Moret. Noirs désirs à la cour du Roi-Soleil

par Joëlle Chevé

La Mauresse de Moret… Ne croirait-on pas le titre d'un conte oriental, entre exotisme et libertinage, dans la veine des Mille et Une Nuits, *dont la parution en 1704 a lancé la mode ? Tous les poncifs du genre sont réunis : un roi puissant et galant, une reine trop fidèle pour être honnête et une petite princesse défunte qui, trente ans plus tard, réapparaît sous les traits d'une religieuse noire ensevelie dans un couvent obscur !*

« Une Moresse dont elle pensa mourir… »

Le roi puissant c'est Louis XIV et la reine, son épouse, Marie-Thérèse d'Autriche. Leur mariage en 1660 est suivi, en novembre 1661, par la naissance d'un dauphin, Louis de France dit Monseigneur, puis, en 1662, par celle d'une fille, Anne-Elisabeth, qui ne survit que quinze jours. En 1664, Marie-Thérèse est à nouveau enceinte. Le jeune roi est alors au plus fort de ses amours avec Louise de La Vallière. Toutefois, contrairement aux idées reçues, il est très attaché à la reine – l'un n'empêche pas l'autre ! –, et il va le prouver dans des conditions très difficiles pour elle et pour son enfant. Depuis le début du mois de novembre, elle est fiévreuse et ressent de vives douleurs dans les jambes et le dos. Ses couches sont prévues pour la mi-décembre, mais, le 15 novembre, l'enfant s'annonce. Depuis plusieurs nuits, au palais du Louvre, le roi veille sa femme car elle a de violentes convulsions sans doute à l'origine de son accouchement prématuré. Comme de coutume, celui-ci est public afin qu'il n'y ait aucun doute sur l'identité et le sexe de l'enfant. La brutalité de la médecine d'alors n'épargne pas les femmes enceintes, ce dont s'étonnent les contemporains eux-mêmes. Ainsi, le duc d'Enghien s'effare que la reine ait été saignée à plusieurs reprises : « On aurait cru autrefois assassiner une femme grosse que de la saigner, mais les médecins les saignent présentement comme si elles ne l'étaient pas et la médecine change de mode en France comme les habits. » Marie-Thérèse est saignée plusieurs fois mais son état empire. Antoine Vallot, premier médecin du roi, lui prescrit alors un émétique contenant de l'antimoine, remède de charlatan selon de nombreux médecins. C'est un vomitif : on imagine ses effets dévastateurs sur une femme en couches. L'affaire tourne mal. Louis XIV s'affole et supplie le chirurgien Félix de sauver son épouse plutôt que l'enfant. Le duc d'Enghien écrit alors avec malice que « la reine en doit être très satisfaite », quant à la confidente d'Anne d'Autriche, Mme de Motteville, elle note aussi l'empressement et les larmes du roi lorsqu'il la croit perdue. L'enfant paraît enfin, mais toute l'attention des médecins, de la famille royale et de son entourage est concentrée sur la parturiente qu'il faut préparer au pire. Anne d'Autriche le lui annonce sans ménagement. Elle confiera plus tard qu'elle aimait sa belle-fille mais « qu'elle souhaitait plus ardemment la voir vivre dans le ciel que sur la terre ». Marie-Thérèse, elle, en dépit de sa foi immense, désire ardemment continuer de vivre sur terre ! Mme de Sévigné décrit la scène : « On n'a point entré aujourd'hui à la chambre à cause de la maladie de la Reine qui a été à l'extrémité. Elle reçut hier soir Notre Seigneur comme viatique. Ce fut la plus magnifique et la plus triste chose du monde de voir le Roi et toute sa cour avec des cierges et mille flambeaux, aller quérir et reconduire le Saint Sacrement. Il fut reçu avec une autre infinité de lumières. La Reine fit un effort pour se soulever et le reçut avec une dévotion qui fit fondre en larmes tout le monde. Ce n'était pas sans peine qu'on l'avait mise en cet état. Il n'y avait eu que le roi capable de lui faire entendre raison. À tous les autres elle avait dit qu'elle voulait bien communier mais non pas pour mourir ; on avait été deux heures à la résoudre. » Louis XIV a libéré des prisonniers, distribué des aumônes, ordonné des prières, fait exposer la châsse de sainte Geneviève et quérir le bonnet de saint François de Paule, tandis que Mme Fouquet mère a fait porter à la reine un emplâtre de sa composition à lui poser sur le ventre.

Mais quid du nouveau-né dont la peau noire est à l'origine de notre énigme ? Mme de Sévigné n'en écrit pas un mot à sa fille, alors qu'elle ne se prive jamais de gloser sur les petits et grands scandales de la Cour. Notamment, en octobre 1671, à propos de Mme de Coëtlogon, « qui prit tant de chocolat, étant grosse l'année passée, qu'elle accoucha d'un petit garçon noir comme le diable qui mourut ». Aucune allusion non plus au chocolat dont Marie-Thérèse était certainement la plus grosse consommatrice du royaume ! En réalité, seul son sort préoccupe la marquise, tant elle sait combien la mort en couches est fréquente – c'est la première cause de décès des femmes à l'époque moderne – et tant elle la redoute pour sa propre fille. De son côté, le médecin Guy Patin, de la faculté de Paris, rapporte à son confrère lyonnais André Falconnet les nouvelles qui lui parviennent du Louvre. D'une lettre à l'autre, il se contredit. Le 14 novembre, la reine « est grosse de huit mois », le 8 décembre elle « n'a point accouché avant terme », et le 1er janvier l'accouchement a été avancé « à cause d'un purgatif donné à contretemps ». Sa cible principale est le médecin Vallot, qu'il accuse d'assassiner la reine avec son émétique, « un poison qui a tué tant de monde ». Quant à la petite princesse, il indique que, « fluette et délicate et souffrant de convulsions » elle a été baptisée le jour même. La coutume était d'ondoyer les nouveau-nés et, s'ils survivaient, de les baptiser trois ou quatre ans plus tard. Marie-Anne est portée sur les fonts baptismaux par la belle-sœur du roi, Henriette d'Orléans dite Madame, et par son cousin, le prince de Condé. Tous deux l'ont donc vue de près, toutefois ni l'un ni l'autre n'a commenté son aspect physique. Le prince de Condé n'est pourtant pas d'un genre délicat, qui compare même ses propres petits-enfants, quasiment nains, à ces chiens de Bologne, très à la mode au XVIIe siècle, que l'on élevait dans des paniers pour limiter leur croissance ! Le duc d'Enghien, fils de Condé, qui est présent à l'accouchement, ne fait, lui non plus, aucune allusion au teint noir de la princesse lorsqu'il la décrit à sa tante par alliance la reine de Pologne : « L'enfant donne toutes les marques de vivre qu'elle peut donner. Elle tète fort bien, elle a beaucoup de forces et il ne paraît point qu'elle ait aucune incommodité ; mais étant née dans un mois aussi méchant que le huit, on n'oserait encore espérer qu'elle vive. » Mme de Motteville est peu loquace sur l'accouchement, « qui fut à huit mois, d'une princesse qui vécut peu de jours », et dont elle ne signale aucune particularité physique. Bref, si l'on s'en tient aux témoins oculaires qui ont relaté l'événement à chaud, il n'est jamais question d'une fille noire. Dans un écrit de 1675, attribué au comte de Bussy-Rabutin, l'auteur évoque une petite scène de jalousie entre Marie-Thérèse et Louis XIV et conclut : « Trois jours après, elle accoucha d'une petite fille moresse dont elle pensa mourir. » Mais il ne fait aucun commentaire satirique ou malveillant comme l'on pourrait s'y attendre de la part d'un auteur friand de secrets d'alcôves royales. Ce sont les Mémoires de la duchesse de Montpensier – la Grande Mademoiselle – qui ont nourri les affabulations des siècles suivants. Absente de Paris au moment de l'accouchement, c'est son cousin qui lui relate le drame : « Monsieur me conta l'effroi que l'on avait eu sur la maladie de la reine, le monde qui était au Louvre lorsque l'on lui apporta Notre Seigneur et comme M. l'abbé de Gordes [...] son premier aumônier, s'était évanoui d'affliction ; que M. le Prince avait ri et tout le monde ensuite ; que la reine avait fait une mine (je ne m'en étonnais pas ; quand l'on est dans cet état et que l'on voit rire l'on n'est pas trop aise) ; que la fille dont elle était accouchée ressemblait un petit maure que Monsieur de Beaufort avait amené qui était fort joli, qui était toujours avec la reine ; que quand l'on s'était souvenu que son enfant y pourrait ressembler, on l'avait ôté, mais qu'il n'était plus temps ; que la petite fille était horrible ; qu'elle ne vivrait pas ; que je me gardasse bien de le dire à la Reine, ni qu'elle mourrait. »

Drôle de drame

Le lecteur peut être surpris du ton de ce récit qui ressemble plus à celui d'une comédie qu'à celui d'un drame, et qui contraste avec celui de Mme de Sévigné. De qui se moque le prince de Condé ? Pas de l'enfant, ce qui eût été un crime de lèse-majesté – il en avait suffisamment d'autres sur la conscience pour ne pas risquer une nouvelle disgrâce... Par ailleurs, le texte est clair : c'est le malaise de l'abbé de Gordes qui fait rire les courtisans, et la reine « fait la mine » à cause du comportement indélicat de son entourage. Elle avouera plus tard à Mademoiselle que sa « mine » a été provoquée aussi par la tenue d'Henriette d'Orléans, attifée de rubans jaunes comme pour aller au bal et qui n'a pas montré de compassion pour sa belle-sœur. Elle a appris peu auparavant la liaison de Louis XIV avec Louise de La Vallière et sait le rôle qu'Henriette y a joué. Ainsi, chacun vit l'événement à travers ses propres préoccupations et la petite princesse, noire ou pas, est reléguée au second plan. Encore plus « éloquent » le silence des ambassadeurs, alors que leur correspondance, secrète et souvent chiffrée, leur autorise toutes les indiscrétions. A l'affût de la moindre anecdote, c'est à celui qui annoncera le premier à son maître ce qu'on appellerait aujourd'hui un scoop. Les accouchements royaux sont des moments forts de la vie diplomatique et les ambassadeurs campent dans les antichambres pour être les premiers informés. Serge Arolles a dépouillé les archives diplomatiques des monarchies espagnole, autrichienne, britannique, et celles du Vatican et des républiques de Venise et de Hollande pour les années 1664-1665. Or, aucun diplomate n'y évoque la naissance d'une enfant noire ni même une rumeur à ce propos. Il peut arriver à l'historien d'être confronté à des sources contradictoires. Leur croisement et leur mise en perspective lui permettent la plupart du temps de démêler le vrai du faux. Mais lorsqu'elles ne disent rien, on ne les fait pas parler sous la torture ! La mort de la reine eût été en 1664 – et a été en 1683 – un événement international. La mort d'un nouveau-né, fût-ce un prince, est un non-événement qui n'impose aucun deuil officiel à la Cour. On ne s'en réjouit pas mais on s'en console vite, surtout lorsqu'il s'agit d'une fille non appelée à régner, et tant est forte la conviction qu'une petite âme innocente est accueillie pour la vie éternelle parmi les anges. Guy Patin, qui prend les rumeurs comme elles viennent, annonce le décès de Marie-Anne au matin du 8 décembre. Elle meurt quinze jours plus tard, mais il ne se soucie pas de rectifier son erreur. Il écrit à un ami médecin, et que se racontent les médecins entre eux ? Des histoires de médecins ! Ce sont les suites de la maladie de Marie-Thérèse qui l'intéressent, car elles lui donnent l'occasion de pourfendre les archiatres de la Cour – « le simple bourgeois est mieux traité que cela ». La jeune reine se rétablit lentement. Est-ce grâce à l'émétique de Vallot, à l'emplâtre de Mme Fouquet, qui n'obtient pas pour autant la grâce de son fils le surintendant, ou à la mansuétude divine sollicitée par les prières de tout le royaume et l'intercession de saintes reliques ? Quoi qu'il en soit, le 8 décembre, Louis XIV et son épouse vouent ensemble leur petite fille à l'Immaculée Conception de la Vierge et lui en donnent l'habit. Mais le 26 décembre, une ultime convulsion l'emporte. Le lendemain, Louis XIV écrit au roi d'Espagne : « Monsieur mon frère, oncle et beau-père, ma fille mourut hier au soir dans le moment à ce qu'on dit qu'elle devait naître, si sa mère eût pu la porter jusqu'à son terme : bien que nous fussions préparés à ce fâcheux accident, il n'a pas laissé de me toucher d'une douleur assez vive. » Le corps est exposé dans la chapelle du Louvre puis inhumé dans la crypte de Saint-Denis, et le cœur déposé au couvent du Val-de-Grâce. Ne reste de l'enfant que le « portrait » posthume qu'en fit le peintre Jean Nocret en 1670, dans un tableau allégorique de la famille royale, et qui est celui d'un *putti* de la Renaissance, dans les langes et les traits roses et joufflus. Cependant, un autre témoignage atteste que la princesse a conservé jusqu'à sa mort un faciès au nez aplati et aux lèvres épaisses. Il a été retrouvé sur un fragment de manuscrit échappé au feu, et dont quelques lignes sont lisibles malgré l'effet de palimpseste. Elles ont été rédigées par le vicaire de l'église de Saint-Germain-l'Auxerrois, paroisse dont dépendait le Louvre. Antoine Rouget, qui a assisté la petite princesse dans son agonie le 26 décembre, note qu'elle « était un peu moresque » avec « un nez aplati et des grosses lèvres ». Et il ajoute que la reine aurait regardé « deux petits moresques que M. de Beaufort lui aurait offerts lors de son retour de l'expédition de Gigeri en Algérie ». Si c'est le cas, elle ne les a pas vus très longuement car, comme en témoigne une lettre de Louis XIV du 12 novembre, à cette date il attend le retour de Beaufort pour le féliciter. Or la reine accouche le 16 novembre. Ce texte d'Antoine Rouget est capital. Il vient à l'appui du témoignage de la Palatine, deuxième épouse de Monsieur, qui affirme dans sa correspondance qu'« il est certain que l'enfant laide est morte » et que toute la Cour l'a vue mourir. Il n'y a donc pas eu de substitution d'enfant comme d'aucuns l'ont imaginé pour démontrer que la religieuse noire de Moret était la princesse Marie-Anne. Reste que la reine a accouché d'une fille dont quelques personnes se sont étonnées du type négroïde…

Un regard très pénétrant

Si l'on envisage que la reine ait mis au monde un enfant noir, c'est-à-dire d'origine africaine ou « maure », comme l'on disait à l'époque, deux hypothèses s'imposent. La première est celle d'une facétie génétique, qui peut faire ressortir des caractéristiques physiques, par exemple négroïdes ou asiatiques, chez un enfant dont les parents, blancs, ne se connaissent pas d'ancêtres de couleur. Un métissage très ancien peut en être la cause, mais ces cas sont plus que rarissimes ! Marie-Thérèse d'Autriche, aux cheveux blonds cendrés, aux yeux bleus et au teint très blanc, appartient à la dynastie autrichienne des Habsbourg. Celle-ci conçoit la pureté du sang comme une injonction quasi divine, ce qui fait, d'ailleurs, la valeur de ses filles sur le marché européen des mariages princiers. Les Bourbons ont été moins sélectifs et le généalogiste Christian Carretier note que Louis XIV compte parmi ses ancêtres Pierre Ier, roi de Portugal au XIVe siècle, qui descendait, disait-on, de Mahomet. Ce dernier n'était pas cependant, que l'on sache, de type africain mais sémite… Reste que l'hypothèse d'un enfant noir né du couple royal ne paraît pas inconcevable à l'époque, comme le note le marquis de Dangeau dans son Journal en 1697 : « Beaucoup de gens ont cru qu'elle était fille du Roi et de la Reine, que sa couleur avait fait cacher. » Un tel enfant était en effet considéré comme un monstre, d'où la fiction de la substitution et de la survie de la princesse Marie-Anne…

Venons-en à la deuxième hypothèse, celle d'un enfant noir né des amours adultères de Marie-Thérèse d'Autriche avec l'un de ses pages africains. La Palatine, veuve de Monsieur, est catégorique : « Il est faux que la Reine ait mis au monde une négresse. Feu Monsieur disait que la princesse était laide mais point noire. » Et la princesse de Conti, fille de Louis XIV et de Mme de Montespan, émet le diagnostic sur lequel les historiens s'accordent aujourd'hui : « La reine Marie-Thérèse était accouchée d'une fille dont le visage était tout à fait violet et même noir, parce qu'elle avait apparemment beaucoup souffert en venant au monde. » Pour autant, la fiction s'installe.

Qui est le page noir incriminé d'avoir impressionné la reine par sa noirceur, ou d'en avoir été l'amant ? Lui a-t-il été offert par Beaufort ou par un ambassadeur du Dahomey ? Est-ce celui qu'elle appelait Osmin, ou s'agit-il de cet Augustin cité par le comte Quarré d'Aligny qui écrit, dans ses *Mémoires de campagne*, à propos d'une mystérieuse jeune fille élevée à l'abbaye de Compiègne : « L'on a voulu dire encore [...] que cette fille était de la Reine, laquelle voyant un more nommé Augustin que le Roi aimait fort, elle avait fait une petite moresque » ? S'agit-il du maure évoqué par Monsieur, qui n'apparaît pas dans les registres de la Maison de la reine, mais qu'un fabricant d'histoires croustillantes du XIXe siècle, Georges Touchard-Lafosse, a baptisé Nabo ? Et ce petit maure, quel que soit son nom, a-t-il disparu avant ou après l'accouchement de la reine ? Etait-il le Masque de fer, hypothèse soutenue en 1978 par Pierre-Marie Dijol ? En 1964, la belle-mère de celui-ci, née Desgranges et descendante par alliance de Bénigne de Saint-Mars, le geôlier du Masque de fer pendant plus de trente ans, lui aurait affirmé que ce dernier « était un noir soupçonné d'avoir été l'amant de la reine ». On ne peut que saluer l'incroyable discrétion de cette famille pendant trois siècles, alors que tant d'historiens ou d'amateurs auraient payé des fortunes pour résoudre l'énigme la plus célèbre du règne de Louis XIV ! Las ! en dehors du lien généalogique attesté des Desgranges avec Saint-Mars, rien ne corrobore cette révélation, aussi sensationnelle que fantaisiste. Mais combien d'autres, tout aussi incroyables, sous la plume de romanciers, poètes, chroniqueurs, pamphlétaires, affabulateurs ou auteurs de caniveau ? Impossible de les citer tous. Impossible aussi de ne pas s'étonner d'y trouver Victor Hugo, l'érotomane que l'on sait, mais aussi l'une des grandes voix féministes du XIXe siècle, et qui écrit dans *L'homme qui rit* : « Dans ces mœurs-là, le goût du difforme existait, particulièrement chez les femmes, et singulièrement chez les belles. A quoi bon être belle si on n'a pas un magot ? Que sert d'être reine si on n'est pas tutoyée par un poussah ? [...] Marie-Thérèse d'Espagne avait été "un peu familière" avec un nègre. D'où l'abbesse noire. Dans les alcôves du grand siècle la bosse était bien portée. » *No comment...* Paul Lacroix, plus connu sous le pseudonyme de P. L. Jacob, dans des Mémoires apocryphes du cardinal Dubois, extravague lui aussi, mais avec moins de fascination morbide et plus d'humour que le grand poète. On lui doit un dialogue surréaliste entre le chirurgien Félix, qui assure à Louis XIV que la reine a accouché d'une moresque parce qu'elle a eu sous les yeux un enfant noir, et le roi, mi-goguenard, mi-dubitatif, qui laisse tomber : « Il eût fallu que le regard fût bien pénétrant » ! Au XXe siècle, Bernard Caire, un féru d'énigmes, a lui aussi conclu à l'infidélité de la reine, mais en arguant de son imbécillité. N'a-t-elle pas des dettes de jeu et n'a-t-on pas retrouvé d'elle une lettre maladroitement écrite ? « Rien d'étonnant dans ces conditions qu'ayant mis dans son lit son page préféré, il soit arrivé ce qui est arrivé », et de conclure : « Ce qui est invraisemblable n'est pas impossible. » Sur ce point la démonstration est faite !

Les infortunes de la vertu

Mais revenons à Marie-Thérèse. En 1664, elle a 26 ans et elle est enceinte d'un homme dont elle est profondément amoureuse parce que c'est lui mais aussi parce qu'il est roi. Elle a la conviction d'appartenir à une espèce supérieure, celle de la « société des princes », qui ne peut en aucun cas se mêler au commun des mortels. Ainsi, lorsqu'elle apprend que Louis XIV a autorisé la

Grande Mademoiselle à épouser le comte de Lauzun, simple cadet de Gascogne, elle lui fait une scène terrible et refuse de signer le contrat de mariage, « sa main dût-elle en sécher » ! Et que dire de son éducation d'infante ? Religieuse, bien sûr, qui a fait d'elle un modèle de la Réforme catholique, marchant sans effort sur les chemins de la vertu, au grand agacement des dames de la Cour dont beaucoup sont très pieuses mais souvent aussi pécheresses. S'y ajoute une éducation du corps, à l'espagnole, très différente de l'éducation à la française. A la cour de Madrid, aucun contact physique n'est autorisé avec l'infante. Lors de son mariage par procuration à Fontarabie, c'est Philippe IV qui lui glisse l'anneau au doigt et non le représentant de Louis XIV, le ministre Luis de Haro. Marie-Thérèse répugnera d'ailleurs toujours à donner sa main à baiser aux courtisans comme c'était l'usage en France. Pour autant, elle aime faire l'amour avec son mari – « elle ne haïssait pas ce métier », écrit en souriant la Palatine –, mais une union charnelle ne peut exister pour elle en dehors du mariage et n'a pour but que d'assurer l'avenir de la dynastie. Autre constat : la reine de France n'est jamais seule ! Les élucubrations les plus ahurissantes montrent Nabo se glissant sous les draps de la reine lorsque Louis XIV quitte le lit conjugal – au pied duquel dort d'ailleurs sa nourrice ! – pour rejoindre la chambre de parade où se tiennent les cérémonies du lever. La disposition en enfilade des appartements interdit de surcroît toute intimité. Pour entretenir une aventure galante, il faut disposer de complicités sûres. Louis XIV peut compter sur son valet de chambre, Alexandre Bontemps, qui lui amène ses conquêtes dans ses appartements secrets, mais le procédé est parfois déjoué par de petits curieux, tel le comte de Lauzun. Pour sa part, Marie-Thérèse vit entièrement sous les yeux du public et elle est la dernière reine à s'être pliée à cette tradition de la cour de France. Au moindre faux pas, le scandale eût été immense et la répudiation immédiate. Alors que dire de cette notice rédigée au XXIe siècle pour le site Geneanet ? Marie-Anne de France y est présentée d'emblée comme la Mauresse de Moret, née « peut-être » le 16 novembre 1664 – alors que cette date est incontestable – et morte « peut-être » en 1745 à l'âge de 81 ans ! Son père serait Nabo ou Augustin, confondus en un seul personnage, mort en 1664, alors qu'on ne sait rien ni de l'un ni de l'autre. Et de nous présenter avec force détails la famille royale de la princesse noire, ses demi-frères et ses demi-sœurs… La petite note de bas de page est encore plus confondante : « Sœur Louise-Marie-Thérèse ne serait probablement pas la princesse Marie-Anne d'après Jean-Christian Petitfils. » On part de la fable comme d'un fait acquis qu'un historien aurait la témérité de contester. C'est l'histoire cul par-dessus tête et violée par la généalogie, sa « science » auxiliaire. Plus désolante, la diffusion de ces contre-vérités sur un site reconnu et consulté par des millions d'internautes.

Borgnes et aveugles…

Depuis son mariage morganatique avec Louis XIV en 1683, Mme de Maintenon multiplie les visites de couvents. Depuis 1681, elle s'intéresse à celui de Moret, couvent « borgne », c'est-à-dire pauvre et obscur. Proche de Fontainebleau, où la Cour séjourne régulièrement, il est occupé par une vingtaine de bénédictines. Cet ordre contemplatif lui est cher car, parmi ses filles, il compte les oblates instituées par sa patronne sainte Françoise Romaine. Saint-Simon brocarde la marquise qui « se croyait l'abbesse universelle » et « se figurait être une mère de l'Eglise ». En 1694, elle se fait même représenter par le peintre Pierre Mignard en sainte Françoise Romaine ! Son intérêt est donc un peu plus vif pour ce petit couvent, auquel elle donne 4000 à 5000 livres par an et où elle fait nommer abbesse une de ses amies, Mme de Beuvron. Pour autant, le couvent est pauvre et le roi ne lui attribue aucune charité particulière, alors que le bruit court, à partir de 1695, qu'une de ses religieuses, noire, serait sa fille et celle de la reine. Le 30 septembre, la marquise écrit : « Je donnerai un de ces jours le voile à une Mauresse, qui désire que toute la Cour assiste à la cérémonie ; je proposai de le faire à portes fermées mais on nous a dit que ce serait un cas de nullité ; il faudra se résoudre à voir rire le peuple. » Que signifient ces exigences incroyables de la part d'une simple professe, et pourquoi cette crainte de la marquise de faire rire ? A l'évidence, elle souhaite éviter une affluence de curieux. Les Bénédictines sont soumises à une stricte clôture. La prise de voile publique est donc une occasion unique d'apercevoir la religieuse noire. Serge Bilé, qui défend la thèse de la paternité de Louis XIV, affirme que cette curiosité ne tenait pas au fait qu'elle était noire, car les nonnes africaines n'étaient pas une nouveauté en France. Et de nous citer le cas de Salou Cassaïs, une princesse malienne, qui épousa un chevalier français à Gao et termina sa vie dans un couvent toulousain ainsi que ses trois filles… au début du XVe siècle ! Mme de Maintenon tente de désamorcer la rumeur en assurant que la religieuse était la fille d'un couple de Maures travaillant à la Ménagerie du Roi, et qu'elle l'avait placée à Moret, vers 1680. Serge Arolles note que la Mauresse y était sûrement en effet depuis son enfance, car sa calligraphie est identique à celle des religieuses de son âge formées par les maîtresses de ce couvent. Outre son écriture, restent d'elle trois portraits, visibles aux musées de Melun et de Remiremont et à la bibliothèque Sainte-Geneviève. Celui de Melun a été peint vers 1720 par Pierre Gobert, peintre réputé à la Cour, né à Fontainebleau, et dont la fille, religieuse, était proche de la Mauresse. Des portraits surprenants, qui semblent plutôt ceux d'une véritable Africaine que d'une métisse. Ce qui est certain c'est que les archives n'ont conservé aucune trace d'une femme noire à la Cour. Michelet signale, sans citer ses sources, une « vieille négresse », femme de chambre d'Anne d'Autriche. On disait de Louis XIV, au XVIIIe siècle, qu'il avait été déniaisé par une femme borgne, la baronne de Beauvais – qui n'était pas du tout borgne au moment des faits –, alors pourquoi n'aurait-il pas aussi expérimenté la « chose » avec une vieille négresse ? Et quoi encore ? La piste d'une comédienne noire jouant sous le règne de Louis XIII des rôles de « sauvagesse », et dont l'existence est attestée par des sources officielles, a été suivie par Serge Bilé, acharné à démontrer que c'est par racisme que les historiens rejettent l'hypothèse d'une relation de Louis XIV avec une femme noire. L'attaque est ridicule. L'historien ne rejette rien, mais il veut des preuves. Alors que la vie amoureuse du souverain est scrutée par toute la Cour et que la plupart de ses secrets sont déjoués, aucun écho, aucune rumeur, aucun témoignage ne nous sont parvenus d'une telle liaison. Il s'en tient donc là, mais n'en finit pas de s'étonner. Ainsi, comment Voltaire, qui a rendu visite à la Mauresse vers 1720, a-t-il pu affirmer qu'elle était la fille de Louis XIV, sans aucune preuve, et plus encore qu'elle lui ressemblait, alors qu'il a 21 ans lors de la mort du roi et qu'il ne l'a jamais rencontré ? S'il est un mystère à éclaircir c'est bien celui-là ! Le cas de Louise-Marie-Thérèse est cependant très intrigant, moins pour la couleur de sa peau, cependant, que pour ses prétentions royales.

Fille de roi

En 1697, le marquis de Dangeau, dans un passage repris quasiment mot pour mot par Saint-Simon, s'étonne des rumeurs qui circulent sur la Mauresse, à propos de la pension qui lui est versée par Alexandre Bontemps, des soins dont elle est entourée et des visites fréquentes que lui font la reine, Mme de Maintenon et la petite duchesse de Bourgogne, ou le Grand Dauphin et ses fils. Ce texte, commenté depuis des générations, est à l'origine de tous les fantasmes et dit tout et son contraire. Que la Mauresse est inconnue de tous mais que tout le monde va la voir, que la reine et Mme de Maintenon y vont souvent mais que ce n'est pas spécialement la Mauresse qui les intéresse. Rappelons que la reine, morte en 1683, ne l'a pas vue bien souvent. Il est probable que cette petite fille, née sans doute à Versailles d'un couple noir – celui de la Ménagerie royale ? – a été un événement suffisamment exceptionnel pour expliquer que Louis XIV et Marie-Thérèse aient été ses parrain et marraine. Quel rôle joue Bontemps dans cette affaire ? La postérité l'a confiné dans le rôle d'entremetteur et d'introducteur des maîtresses de Sa Majesté. On le voit notamment à l'œuvre pour marier Louise de Maison-Blanche, la fille que Louis XIV eut en 1676 – la Mauresse est née à peu près à la même date – de Claude de Vin des Œillets, femme de chambre de Mme de Montespan. Le roi n'est pas sûr d'en être le père, malgré leur ressemblance, qui intime à Louise de ne sortir que voilée pour éviter tout scandale. Il ne la légitime pas, la marie avec une dot de 40000 livres mais ses filles sont inscrites sur les registres de Saint-Cyr sous la mention « petite-fille du roi ». Rien de tel pour la Mauresse, dont aucun document permettant d'établir la filiation n'a subsisté et notamment son acte de baptême. Une chemise en papier filigrané du XVIIIe siècle, portant la mention « La Moresque fille de Louis XIV », a été retrouvée à la bibliothèque Sainte-Geneviève avec son portrait. Mais elle a été vidée de son contenu. Quand, par qui et pourquoi ? De même, les minutes notariales des archives de la Haute-Marne la concernant ont été volées vers 1869 par un érudit local, E. Sollier, le dernier à les avoir consultées et l'auteur d'une notice sur l'ancien couvent de Moret. Si ces documents contenaient des éléments permettant de faire le point sur son identité, pourquoi ne les a-t-il pas révélés ? Le mystère s'épaissit et se double même de la découverte d'une deuxième religieuse noire, une certaine Dorothée, repérée au couvent des ursulines d'Orléans, et dotée d'une pension enregistrée par la Maison du roi. Celui-ci l'aurait fait venir pour trois mois dans un couvent parisien, escortée par un officier supérieur, avec cette recommandation : « Prenez bien soin d'elle. » Voulait-il la voir et pourquoi ? Rien n'indique qu'il l'ait rencontrée, mais, une fois de plus et très généreusement, lui en est attribuée la paternité. Et, dans le même élan, pourquoi ne pas faire d'elle la sœur ou la demi-sœur de Louise-Marie-Thérèse. Ce qui signifierait deux maîtresses noires de Louis XIV…

Restons-en là sur ces divagations, en l'absence totale du moindre début de preuve. Et concluons sur ce qu'il est possible d'affirmer. La Mauresse de Moret n'est pas la fille de Louis XIV et de Marie-Thérèse, ni celle de Marie-Thérèse et d'un page noir et tout indique qu'elle n'est pas non plus celle de Louis XIV et d'une femme noire. Elle est très certainement la fille des Maures de la ménagerie de Versailles, comme le soutient Mme de Maintenon. Quant à ses prétentions royales, il paraît évident qu'elle a repris à son compte les croyances populaires, d'autant plus facilement qu'elles ne s'opposent pas à l'idée d'une fille noire née de parents blancs. Mme de Maintenon est bien décidée à lui en faire rabattre, car ses supérieures se plaignent de son orgueil et Saint-Simon rapporte même qu'il « lui échappa une fois, entendant Monseigneur chasser dans la forêt, de dire négligemment : "C'est mon frère qui chasse !" ». La marquise, excédée, fit « ce qu'elle put pour lui ôter l'idée qui nourrissait sa fierté. — Madame, lui dit cette personne, la peine que prend une dame de votre élévation, de venir exprès ici me dire que je ne suis pas fille de roi, me persuade que je le suis ». On ne saurait être plus souverainement maîtresse de ses désirs !

Bibliographie sélective

Bilé, Serge, *La Mauresse de Moret, la religieuse au sang bleu*, éditions Pascal Galodé, 2012.

Chevé, Joëlle, *Marie-Thérèse d'Autriche, épouse de Louis XIV*, Pygmalion/Flammarion, 2015.

Decaux, Alain, *Histoires secrètes de l'Histoire*, Tallandier, 1973.

Mémoires de la Grande Mademoiselle, Mercure de France, 2005.

Petitfils, Jean-Christian, « Louis XIV a-t-il eu pour fille une noire ? », *Historia*, août 1989, n° 512.

Saint-Simon, *Mémoires*, Gallimard, « Bibliothèque de la Pléiade », t. 1, 1983.

Touchard-Lafosse, Georges, *Chroniques de l'Œil-de-Bœuf, des petits appartements de la cour et des salons de Paris sous Louis XIV, la Régence, Louis XV et Louis XVI*, Garnier frères, 1800.

Voltaire, *Le Siècle de Louis XIV*, Gallimard, 2015.

X

L'affaire du Collier, ou le génie de l'intrigue

par Hélène Delalex

Marie-Antoinette ne tient plus en place. En ce 12 juillet 1785, une effervescence règne autour de son théâtre du Petit Trianon où doit se tenir, le 19 août, la première du Barbier de Séville, *la comédie du sulfureux M. de Beaumarchais. Ce ravissant petit théâtre de société aux harmonies bleu et or, habilement dissimulé derrière les frondaisons, avait été édifié cinq ans plus tôt par son architecte Richard Mique. Les répétitions touchent à leur fin, les acteurs ajustent leurs costumes tandis que les machinistes s'activent dans les cintres afin de régler les derniers changements de décor à vue. Il ne reste qu'un mois à la reine pour apprendre le rôle de la jeune orpheline Rosine qu'elle incarnera devant le public, deux cent cinquante courtisans triés sur le volet. Comme toujours, elle montera sur scène accompagnée de la troupe des Seigneurs dont font partie le comte d'Artois, frère du roi, dans le rôle du valet Figaro, et le comte de Vaudreuil dans celui du comte Almaviva, fou amoureux de Rosine. « On applaudissait à outrance; cependant en sortant on critiquait tout haut, et quelques gens dirent que c'était royalement mal joué ! », raconte Mme Campan, sa première femme de chambre qui lui donne la réplique pendant les répétitions.*

Ce matin-là, on annonce la venue de M. Böhmer, le joaillier de la Couronne : il vient remettre à la reine, de la part du roi, une épaulette et des boucles de diamants. En remettant l'écrin, Böhmer glisse discrètement une lettre en forme de placet. Marie-Antoinette s'apprête à l'interroger mais il a déjà tourné les talons. Elle ouvre alors le billet et lit tout haut :

« Madame, nous sommes au comble du bonheur d'oser penser que les derniers arrangements qui nous ont été proposés, et auxquels nous nous sommes soumis avec zèle et respect, sont une nouvelle preuve de notre soumission et dévouement aux ordres de Votre Majesté, et nous avons une vraie satisfaction de penser que la plus belle parure de diamants qui existe servira à la plus grande et à la meilleure des reines. »

Elle ne comprend pas un traître mot de ces paroles obséquieuses et sibyllines. Mais de quoi diable parle-t-il ? Le joaillier ose-t-il une nouvelle fois lui proposer d'acheter ce collier au prix astronomique qu'elle a déjà, ainsi que le roi, refusé deux fois ? Agacée de cette ténacité importune, elle brûle la lettre à la flamme d'une bougie – comme elle le fait pour les correspondances sans importance – et retourne à ses répétitions. Cette lettre imprudemment brûlée est en réalité la scène d'ouverture d'une autre comédie dans laquelle la reine va tenir, sans le savoir, le premier rôle. Le rideau se lève sur L'Affaire du Collier.

« La plus belle parure de diamants qui existe »

Originaires de Saxe, Charles-Auguste Böhmer et son gendre Paul Bassenge occupent la charge de joailliers de la Couronne. Dans leur maison, *A l'enseigne du balcon*, Bassenge est le créateur et Böhmer le gestionnaire. Au début des années 1770, « les Böhmer », comme on les nomme, décident de créer une extraordinaire parure, un chef-d'œuvre inégalable qui proclamera définitivement la suprématie de leur maison en Europe. Aussi, pendant plusieurs années, réunissent-ils les plus beaux, les plus gros, les plus purs diamants en circulation pour en composer un collier à plusieurs rangs, connu grâce à la célèbre estampe : *Représentation exacte du grand collier de brillants des sieurs Bœhmer et Bassenge / Gravé d'après la grandeur des diamants*[1]. Constitué de 647 diamants pour un poids de 2 800 carats, ce collier dit « en esclavage » est une sorte de plastron composé en deux parties : autour du cou, un rang de 17 diamants gros comme des noisettes d'où partent 3 festons garnis d'énormes pendentifs en forme de poire ; dans la partie inférieure, 4 longs rubans de diamants se croisent sur la poitrine et descendent jusqu'à la taille avant de s'achever en nœuds à houppes scintillantes. Le prix de cette véritable armure de diamants dépasse l'entendement : 1 800 000 livres, la valeur de trois beaux châteaux luxueusement meublés et entourés d'un parc d'une centaine d'hectares.

Qui peut bien acheter pareil trésor ? Les Böhmer nourrissent la secrète pensée de le céder à Louis XV qui en fera présent à sa favorite Mme Du Barry. Ainsi, travaillant sans aucune commande, ils commettent la folie de le financer seuls, s'endettant jusqu'au cou et engageant tous leurs biens. Mais la réalisation du chef-d'œuvre prend un temps infini, si bien que le 10 mai 1774, lorsque le roi meurt, le collier n'est pas achevé. Qu'importe, les Böhmer

1. Le château de Versailles conserve une belle épreuve de cette estampe (INV. GRAV 1455), ainsi qu'une réplique fidèle du collier réalisée en 1960 avec des saphirs blancs, par le joaillier Albert Guerrin de la Maison Burma à Paris (V 3925).

entendent désormais le céder à la nouvelle reine dont ils connaissent le goût de la parure et le caractère pour le moins accessible à la tentation. Au printemps 1775, le sacre du jeune Louis XVI est l'occasion rêvée, mais le collier n'est toujours pas prêt. En 1778, il est enfin achevé. Ebloui par la beauté prodigieuse du bijou, Louis XVI propose de l'offrir à Marie-Antoinette pour la naissance de son premier enfant. Contre toute attente, la reine le trouve trop cher et refuse. Nouvelle tentative et nouveau refus en 1781 à l'occasion de la naissance du dauphin. Les joailliers réduisent le prix de 200 000 livres et proposent d'échelonner les paiements, mais en vain. La France est engagée dans la guerre d'Indépendance américaine et la reine fait remarquer, si l'on en croit Mme Campan, que la Marine aurait davantage besoin d'un nouveau navire.

Surtout, elle juge sa cassette assez riche et n'a plus le goût des diamants. « Songez bien à lui dire que je n'aime plus les diamants, dit-elle à Mme Campan, que je n'en achèterai plus de ma vie ! » La mode a changé à Versailles. Le grand habit de cour n'est plus porté que quatre ou cinq fois par an pour les grandes cérémonies, et la reine passe davantage de temps à Trianon où elle paraît dans une tenue simple et naturelle : une légère robe de gaulle blanche nouée « à l'enfant » avec un simple ruban de couleur, la gorge nue, les cheveux relâchés sous un grand chapeau de paille piqué de fleurs fraîches et d'épis de blé. Quel effet ferait un pareil joyau avec un chapeau de paille ! Etranglé par les intérêts, Böhmer tente de vendre son collier dans toutes les cours d'Europe mais il est si coûteux qu'aucune n'est en mesure de l'acheter. Désespéré, le joaillier sollicite une dernière audience de la reine : il se jette alors à ses pieds, joint les mains, supplie et menace d'aller se jeter dans la rivière. « Ne m'en parlez donc jamais, lui lance

Marie-Antoinette d'un ton sévère. Tâchez de le diviser et de le vendre, et ne vous noyez pas ! »

La révélation

Le 3 août 1785, Mme Campan se repose dans sa maison de campagne à Crespy, à quelques lieues de Paris. Quelle n'est pas sa surprise lorsqu'elle voit arriver Böhmer, plus tourmenté que jamais. Il se plaint de n'avoir reçu aucune réponse à sa lettre malgré les « derniers arrangements » acceptés. Ses créanciers le pressent, il a besoin d'argent et réclame qu'on solde la première échéance, déjà passée de deux jours. Ce collier l'a réellement rendu fou, songe Mme Campan. Lorsqu'elle lui apprend que la reine a brûlé sa lettre et qu'elle le somme de cesser de la tourmenter à propos de ce maudit collier, Böhmer s'affole : il explique que la reine vient précisément de le lui acheter, que la transaction s'est déroulée par l'intermédiaire du cardinal de Rohan, et qu'il a en sa possession le traité d'achat dûment approuvé et signé par Sa Majesté. Ne croyant qu'à moitié ces étranges révélations, elle attend encore cinq jours avant d'en informer la souveraine.

Ainsi la femme de chambre de la reine aurait découvert toute l'escroquerie et ne l'aurait dévoilée que tardivement à Marie-Antoinette. Il existe toutefois une autre version de l'événement, celle de l'abbé Georgel, le secrétaire du cardinal de Rohan. Ses *Mémoires*, certes en faveur de son maître mais néanmoins remarquablement précis et documentés, révèlent que Marie-Antoinette était au courant de l'affaire dès la mi-juillet. Elle en aurait aussitôt informé son confesseur, l'abbé de Vermond, ainsi que le baron de Breteuil, secrétaire d'Etat de la Maison du roi, en charge de la police. Ce dernier a la rancune tenace : il voue au cardinal une ancienne et implacable haine depuis qu'il lui a ravi, treize ans auparavant, l'ambassade de Vienne. Il conseille à Marie-Antoinette de ne pas avertir immédiatement le roi et de laisser l'intrigue se poursuivre jusqu'à l'échéance du premier paiement, le temps de réunir les premières preuves contre Rohan. Et son enquête porte rapidement ses fruits : il obtient la déposition du banquier Saint-James, trésorier général de la marine, venu lui faire part de ses soupçons envers le cardinal qui a tenté de lui emprunter 700 000 livres au nom de la reine. Breteuil en est persuadé : Rohan se sert du nom de Marie-Antoinette pour détourner de l'argent et acquérir ce collier qu'il entend dépecer et revendre afin de régler ses innombrables dettes.

Les deux versions se rejoignent de nouveau à la date du 9 août, lorsque la reine convoque Böhmer à Trianon et lui demande, en présence de Vermond et Breteuil, de lui rendre compte de l'affaire. Marie-Antoinette tombe des nues : elle fait répéter plusieurs fois au joaillier les passages les plus invraisemblables de cette histoire; « c'était un dédale pour elle, son esprit s'y perdait », rapporte Mme Campan. Au terme de l'entretien, elle comprend enfin qu'on ne lui demande pas d'acheter ce collier, comme elle le croyait obstinément, mais de le payer car on le lui a vendu ! Alors que Breteuil demande à Böhmer de rédiger à destination de Louis XVI un rapport détaillé de l'escroquerie accompagné de la copie certifiée du traité d'achat, Marie-Antoinette court chez le roi demander justice.

Coup de théâtre

Arrive le 15 août, jour de l'Assomption. Depuis que Louis XIII a voué la France à la Vierge, le 15 août représente une quasi-fête nationale sous l'Ancien Régime. La galerie des Glaces et le salon de l'Œil-de-Bœuf bruissent de monde. Il est près de 11 heures et la Cour au complet attend le passage de Leurs Majestés afin de les accompagner à la chapelle royale pour la grand-messe où doit officier le grand aumônier de France, le cardinal de Rohan. Louis-René-Edouard, prince de Rohan Guéméné, est le plus haut dignitaire ecclésiastique de la Cour. Appartenant à la puissante famille de Rohan-Soubise, l'une des lignées les plus anciennes et les plus illustres de France, il figure parmi les plus grands personnages du royaume. A 50 ans, il collectionne les charges et les honneurs : évêque de Strasbourg, landgrave d'Alsace, prieur de l'abbaye de Saint-Vaast d'Arras et de la Chaise-Dieu en Auvergne, commandeur de l'ordre du Saint-Esprit, surintendant de l'hôpital royal des Quinze-Vingts, proviseur de Sorbonne et au surplus membre de l'Académie française. Mais il lui manque l'essentiel : la faveur. Marie-Antoinette lui voue une profonde détestation, un sentiment qu'elle tient de sa mère, l'impératrice Marie-Thérèse d'Autriche, du temps où Rohan était ambassadeur à Vienne. Les frasques libertines et les dépenses outrancières de ce prélat fort peu dévot, plein d'esprit mais trop bavard et qui s'était permis de railler en public la coquetterie de sa fille, avaient révolté l'impératrice, qui avait demandé plusieurs fois à la France qu'on la délivre de ce « méprisable individu ». A peine Marie-Antoinette monte-t-elle sur le trône qu'elle obtient son rappel en France. Depuis, docile aux ordres de sa mère, elle hait consciencieusement le cardinal auquel elle n'a pas adressé une seule fois la parole en huit ans.

Midi sonne et la grand-messe n'a toujours pas commencé. Des murmures inquiets parcourent la foule : le cardinal aurait été appelé par le roi dans le cabinet du

Conseil. Lorsqu'il pénètre dans la pièce, Rohan blêmit : il trouve face à lui les visages fermés du roi, de la reine, de Breteuil et du marquis de Miromesnil, le garde des Sceaux. Louis XVI lui présente le mémoire rédigé par Böhmer et le somme de s'expliquer. D'une voix blanche, Rohan reconnaît avoir acheté le collier au nom de la reine ; il revendique sa bonne foi et assure avoir agi sur les ordres de la comtesse de La Motte-Valois, l'amie de la reine, qui lui a certifié que Sa Majesté lui réservait l'honneur de régler discrètement cette transaction, c'était là le prix de son retour en grâce… Froidement, le roi lui tend le traité signé :

« Ce n'est ni l'écriture de la reine, ni sa signature : comment un prince de la maison de Rohan, et un grand aumônier de France, a-t-il pu croire que la reine signait "Marie-Antoinette de France" ? Personne n'ignore que les reines ne signent que leur nom de baptême[2]. »

Le cardinal pâlit et doit maintenant s'appuyer contre la table. Le roi lui demande de mettre par écrit sa déposition et le laisse seul. A son retour, Rohan tend sa feuille au roi et tente quelques derniers mots de justification. Muette et frémissante de colère depuis le début de l'entretien, la reine l'interrompt : « Comment, Monsieur, avez-vous pu croire, vous à qui je n'ai pas adressé la parole depuis huit ans, que je vous choisissais pour conduire cette négociation, et par l'entremise d'une pareille femme ? » Le cardinal reconnaît que, aveuglé par

2. L'usage veut que la souveraine ne signe jamais autrement que par son simple prénom. Le titre « de France » est réservé aux fils et filles du roi, et si d'aventure Marie-Antoinette avait utilisé ses titres, elle aurait signé « de Habsbourg-Lorraine » ou « d'Autriche ».

le désir de regagner ses bonnes grâces, il a été cruellement trompé. Calmement, Louis XVI le prévient qu'il va être arrêté pour délit d'escroquerie et crime de lèse-majesté. A ces mots, Rohan supplie le roi de lui épargner l'humiliation d'une arrestation publique en habits pontificaux et propose de payer le collier. Mais poussé par Breteuil et Marie-Antoinette servant chacun leurs rancunes particulières, Louis XVI reste inflexible : « Je fais ce que je dois, comme roi et comme mari », lui répond-il.

Breteuil a les yeux brillants d'excitation. Il le tient, son vieil ennemi. A son tour d'entrer en scène : alors que le cardinal se retire et s'apprête à pénétrer dans la galerie des Glaces, il s'avance sur le seuil de la porte, se tourne vers le jeune sous-lieutenant des gardes du corps et lance d'une voix retentissante : « Je vous ordonne, Monsieur, de la part du roi, d'arrêter M. le Cardinal et d'en répondre ! » La Cour est pétrifiée. Escorté par les gardes, Rohan parcourt lentement la galerie des Glaces et l'enfilade des sept salons du Grand Appartement du roi, dans un interminable cortège, sous les yeux des centaines de courtisans sidérés qui s'écartent en silence sur son passage. Arrivé à la porte du salon d'Hercule, il profite d'un instant d'inattention de ses gardes pour glisser à l'un de ses valets un billet donnant l'ordre à l'abbé Georgel de brûler un petit portefeuille en cuir rouge, avant que la police ne mette les scellés sur ses papiers. En même temps, l'ordre est donné d'arrêter tous les complices de cette affaire. Vers minuit, après la perquisition de son domicile, le cardinal est transféré à la Bastille où, en raison de son rang, on l'installe dans un appartement confortable avec plusieurs domestiques à son service. A Paris, la nouvelle se propage pendant la nuit : « Le cardinal est arrêté, le grand aumônier de France est à la Bastille ! »

Une intrigue rocambolesque

Les premières auditions, menées par le comte de Vergennes et le maréchal de Castries, permettent rapidement de remonter au personnage central de ce complot : une certaine Jeanne de Saint-Rémy de Valois, comtesse de La Motte. Descendante en ligne directe d'un bâtard d'Henri II, sa famille est depuis de nombreuses années tombée dans l'obscurité et la pauvreté. La jeune indigente n'est sauvée de la mendicité que par la bonté de la marquise de Boulainvilliers, la femme du prévôt de Paris. Touchée par la chute tragique d'une descendante royale, elle se prend d'affection pour elle. Après avoir fait vérifier sa généalogie, elle la recueille et lui fait dispenser une éducation convenable dans un couvent. En 1780, à l'âge de 24 ans, la jeune fille épouse Nicolas de La Motte, un simple officier de gendarmerie issu de la petite noblesse champenoise, falot et sans le sou. Les deux époux prennent aussitôt les titres fantaisistes de comte et comtesse de La Motte-Valois. Mais Jeanne rêve d'autre chose : le sang des rois coule dans ses veines et elle entend bien à ce titre se faire une place à la Cour. Pendant des mois, elle arpente les couloirs de Versailles et malgré plusieurs manèges – elle feint des évanouissements afin d'attirer l'attention et la compassion –, « sa cousine » la reine reste inexorablement distante. Dépitée, elle décide de verser dans l'escroquerie et va user pour cela de ses nombreux atouts : une beauté piquante, un charme ensorceleur, une intelligence machiavélique servie par une imagination fertile et, par-dessus tout, une audace insensée.

Comme dans toute bonne comédie, il faut à ce Scapin au féminin un dindon de la farce. Prodigieusement riche et d'une crédulité à la mesure de son ambition, Rohan représente la victime idéale. D'autant qu'il est un adepte de l'occultisme et que le Tout-Paris le sait la proie d'un illustre escroc, le « mage » Cagliostro, un aventurier et charlatan prétendant avoir le pouvoir de transformer les métaux en or… et surtout celui de soutirer des fortunes au cardinal. Au mois de septembre 1781, Jeanne rencontre ce dernier par l'intermédiaire de Mme de Boulainvilliers. Peu farouche lorsqu'il s'agit de jolies femmes, le cardinal succombe : il prend la jeune comtesse sous sa protection et obtient pour son mari un poste de garde du corps de Monsieur. Rapidement, Jeanne devine la faille de ce puissant personnage : malgré les honneurs, son ambition n'est pas rassasiée, il aspire à de hautes fonctions politiques, il se rêve Premier ministre, une folle ambition à laquelle seule sa disgrâce auprès de la reine fait obstacle. Il est prêt à tout pour regagner sa confiance. Avec son éloquence persuasive, Jeanne assure au cardinal qu'elle est en grande faveur auprès de sa « chère amie » la reine, et lui propose de travailler à sa réhabilitation.

C'est ainsi qu'à partir du printemps 1784, l'intrigante apporte au cardinal une première lettre de la reine, rédigée sous sa dictée par son amant, Marc-Antoine Rétaux de Villette. Au fil des mois, le rythme des lettres s'intensifie. Il attend impatiemment ces petits billets à tranche dorée, bordés d'un liseré bleu clair et gravés d'une fleur de lys, et y répond le cœur battant, travaillant des journées entières les formules de sa prose ampoulée. Le cardinal s'enflamme avec cette correspondance royale qu'il conserve précieusement dans le fameux portefeuille rouge. Bientôt, la reine lui demande de lui avancer de l'argent pour ses aumônes, des sommes de plus en plus importantes, deux fois 60000 livres. Qu'importe, le cardinal remet l'argent à Jeanne, il ne peut rien refuser à sa reine, c'est le signe qu'elle lui a pardonné ! Au même moment, le couple de

La Motte commence à mener grand train dans la luxueuse maison qu'il acquiert à Bar-sur-Aube…

La scène du bosquet

Si crédule qu'il soit, le pigeon commence à s'étonner qu'aucun signe de la reine ne lui indique un retour de faveur. Il sollicite donc auprès de Mme de La Motte une audience avec elle. Jeanne tente de la repousser le plus longtemps possible mais il y apporte tant d'insistance qu'un jour il reçoit la réponse tant espérée. Marie-Antoinette lui accorde une entrevue secrète : le 11 août 1784, à 11 heures du soir, il doit la retrouver dans le bosquet de Vénus situé près de l'Orangerie du château de Versailles. Dans cet épisode crucial de l'histoire déjà présenté par les contemporains sous le nom de « scène du bosquet », Jeanne va déployer tout son talent de metteur en scène.

Avant tout, il lui faut une reine. La nuit, son mari arpente les bas-fonds du Palais-Royal et finit par dénicher une jeune modiste faisant à l'occasion métier de ses charmes, Nicole Le Guay, dont les traits ressemblent à ceux de Marie-Antoinette. Contre une forte somme, le couple la convainc de jouer un petit rôle : elle devra simplement remettre à un homme qui se présentera devant elle une lettre accompagnée d'une rose et prononcer ces quelques mots : « Vous savez ce que cela veut dire. » Afin de la rassurer, Jeanne lui promet que cette petite farce aura lieu avec l'agrément de la reine qui sera cachée derrière elle. Le jour venu, Mme de La Motte habille sa doublure avec une copie de la robe de gaulle portée par Marie-Antoinette sur le célèbre portrait peint par Mme Vigée Le Brun, qui avait fait scandale au Salon de

1783[3]. Elle poudre ses cheveux, y accroche une voilette dissimulant son visage, place dans ses mains un éventail et jette un mantelet blanc sur ses épaules. Une comtesse plus vraie que nature à laquelle il ne manque qu'un nom : Jeanne mélange les lettres de Valois pour former celui d'Oliva.

Changement de décor : une nuit d'été sans lune, au détour d'une allée des jardins de Versailles. Après avoir traversé la grande terrasse, Mme d'Oliva se place près d'une charmille dans le bosquet de Vénus (aujourd'hui bosquet de la Reine). Après quelques minutes, elle aperçoit un grand seigneur qui s'approche rapidement et s'incline devant elle. Tremblante, elle balbutie d'une petite voix la phrase apprise par cœur, tend la rose mais oublie de remettre la lettre. « Vite, vite ! Venez ! » interrompt Mme de La Motte, prétextant l'arrivée soudaine des comtesses de Provence et d'Artois. Le cardinal se retire précipitamment tandis que la petite Nicole est reconduite à la voiture et tous les acteurs de la scène disparaissent aussitôt. Convaincu qu'il vient de parler à la reine, Rohan est aux anges.

L'escroquerie finale

Le pigeon plus aveuglé que jamais, il est temps pour Jeanne d'envisager un stratagème encore plus ambitieux qui pourrait lui assurer une immense fortune, d'un seul coup. C'est alors qu'au mois de décembre 1784, elle fait la connaissance de Böhmer. Depuis des mois, ce dernier

---

3. Elisabeth Louise Vigée Le Brun, *Portrait de Marie-Antoinette en chemise ou en gaulle*, 1783, huile sur toile, 90 x 72 cm, Darmstadt, Schlossmuseum.

se plaint *urbi et orbi* de son malheur. Naturellement, Jeanne lui propose d'user de son influence auprès de sa royale amie afin de la convaincre d'acquérir le collier. Le 29 décembre, les joailliers lui présentent le bijou : Jeanne est éblouie et les Böhmer reprennent espoir. Moins d'un mois plus tard, elle leur annonce triomphalement que la reine désire le collier et qu'elle charge un grand seigneur de régler les conditions de l'achat. A Rohan, Jeanne déclare que la reine l'a désigné pour suivre en sous-main cette négociation, car le roi reste fermement opposé à cet achat. Son pardon, et peut-être même sa future carrière, sera le prix de ce dernier service.

Le 29 janvier 1785, Jeanne remet au cardinal l'ordre d'achat grossièrement rédigé par Rétaux de Villette et signé « Marie-Antoinette de France ». Rohan le présente aussitôt aux joailliers et le contrat établissant les modalités de paiement est signé : la somme sera réglée en deux ans par quartiers de 400 000 livres, le collier sera livré le 1er février au plus tard et la première échéance due est fixée au 1er août. Le jour dit, les Böhmer livrent au cardinal le collier dans un précieux écrin de maroquin rouge orné de filets d'or et incrusté de diamants. Rohan saute aussitôt dans une chaise de poste en direction de la rue Neuve-Saint-Gilles, à Versailles, où réside Mme de La Motte. A peine arrivé chez elle, des pas se font entendre dans l'escalier. Elle demande au cardinal de se retirer à l'intérieur d'une petite alcôve vitrée. Plongé dans l'obscurité, ce dernier aperçoit un homme portant la livrée des valets de chambre de la reine à Trianon (Rétaux de Villette) ; il tend un billet à Jeanne et reçoit l'écrin avant de disparaître. « Le collier sera remis ce soir même à la reine », assure Jeanne au cardinal. Satisfait, celui-ci reprend la route de Paris tandis que Rétaux et les époux de La Motte commencent à dépecer le collier. Les premiers diamants sont bradés auprès des bijoutiers parisiens puis, lorsque ceux-ci commencent à avoir des soupçons sur l'origine suspecte des pierres, au marché noir à Londres. En quelques jours, ce collier des *Mille et Une Nuits* disparaît comme par enchantement.

Le procès public

« J'ai été réellement touchée de la raison et de la fermeté que le roi a mises dans cette rude séance, écrit Marie-Antoinette à son frère Joseph II, le 22 août 1785, après l'arrestation du cardinal [...]. J'espère que cette affaire sera bientôt terminée, mais je ne sais encore si elle sera renvoyée au Parlement ou si le coupable et sa famille s'en rapporteront à la clémence du roi. Mais, dans tous les cas, je désire que cette horreur et tous ces détails soient bien éclairés aux yeux de tout le monde. »

Hélas, cette affaire est loin d'être terminée et le pire reste à venir. A présent, Louis XVI est face à un dilemme : faut-il porter l'affaire devant la Grand'Chambre du parlement de Paris (en justice réglée) ou la juger lui-même en huis clos (en justice retenue) ? Détenteur suprême de la justice, le roi a le pouvoir de trancher par une simple lettre de cachet, d'autant plus pour un crime de lèse-majesté. C'est le choix qu'avait fait Louis XIV dans la délicate affaire des Poisons : le souverain avait compris que ce scandale, dans lequel le nom de sa favorite Mme de Montespan était compromis, pouvait devenir une affaire d'Etat et éclabousser la monarchie. Louis XVI hésite. Magnanime, il décide de laisser à Rohan le choix de la méthode de jugement, comptant que ce dernier choisira la discrétion. Guy-Jean-Baptiste Target, consacré meilleur avocat de France depuis son élection à l'Académie française, dirige l'équipe d'avocats chargés de la défense du cardinal. Il parvient à convaincre son client que, puisque le roi est convaincu de sa culpabilité, il est préférable, malgré les risques, de tenter sa chance en audience publique. Par cette décision, ce qui n'était qu'une sombre intrigue de cour se retrouve soudain propulsé sous les feux de la rampe. Après le procès public, la boîte de Pandore s'ouvre devant le parterre bouillonnant des Parisiens toujours prêts à s'enflammer, comme l'analyse le baron de Frénilly dans ses *Mémoires* :

« Au lieu d'exiler le cardinal dans la moindre de ses abbayes, l'imprudent et borné Louis XVI, bon philosophe de roi, ami de la justice, ennemi des lettres de cachet, envoya Louis de Rohan à la Bastille et l'affaire au parlement de Paris. C'était jeter une mèche sur un baril de poudre, et le baril éclata avec un fracas épouvantable. »

Les audiences débutent le 22 mai 1786. Jeanne de La Motte est à la hauteur de son rôle : très en beauté, elle fait preuve comme à son habitude d'un culot inouï, niant tout en bloc, éclatant de rire, se contredisant sans vergogne, entonnant les larmes aux yeux un lamento déchirant avant de dénoncer rageusement à tout va Rohan, la reine et même le mage Cagliostro afin de mieux brouiller les pistes. Appelé à la barre, l'illuminé fait un grand numéro ésotérique qui provoque l'hilarité générale. Chaque jour, les presses et les librairies sont prises d'assaut, on s'arrache les fascicules donnant le compte rendu des débats, on se masse à la porte des avocats pour se procurer les exemplaires des mémoires judiciaires qui atteignent des tirages sans précédent. Dans les rues, les maisons, les cafés, les salons, on lit tout haut, et en y mettant le ton, les plaidoyers des avocats et les explications du « cardinal-collier », on examine les pièces justificatives, on commente les passages les plus épicés des biographies imaginaires sur les principaux protagonistes. Le nom de la reine est jeté en pâture aux pamphlétaires et dessinateurs, qui s'en donnent à cœur joie, et les libelles se propagent jusque dans les gazettes de Leyde, d'Amsterdam ou de Londres.

L'affaire du Collier a ceci d'extraordinaire que jamais dans l'histoire une énigme ne fut plus rapidement éclaircie, jamais l'innocence d'une victime ne fut plus éclatante et jamais pourtant cette victime ne fit autant figure de coupable. Car, il faut le reconnaître, ce complot lui va comme un gant. Tous se convainquent tout bas de la culpabilité de la reine car son mode de vie, ses fréquentations, son caractère dépensier, sa passion ancienne pour les bijoux et les manœuvres qu'elle a parfois déployées pour en acquérir à l'insu du roi donnent prise à de tels soupçons[4]. L'intrigue a ceci de diabolique qu'elle porte sur une parure qu'on peut légitimement la soupçonner de désirer.

Ce procès retentissant qu'elle a tant voulu devient son propre procès. Toutes les flèches lancées par la défense se retournent contre elle : « L'avocat avait beau les émousser, raconte Frénilly, le public y remettait les pointes. » L'arrestation brutale du cardinal visait-elle à se débarrasser d'un témoin gênant ? Pourquoi avoir brûlé la lettre ? Certainement pour détruire une preuve. Et si ce collier disparu se trouvait encore entre ses mains ? N'a-t-elle pas assez souvent berné jusqu'à son époux ? Une reine qui aimait tant l'incognito et les sorties nocturnes n'aurait-elle

4. En 1776, Marie-Antoinette achète à Böhmer des girandoles au prix de 360 000 francs, une somme qu'elle obtient de payer sur quatre ans avec les propres fonds de sa cassette ; l'année suivante, elle acquiert un fabuleux bracelet à 250 000 livres, une nouvelle dépense qui provoque la colère de sa mère l'impératrice.

pas pu se déguiser dans le bosquet, s'offrir au cardinal pour le prix de ces diamants et feindre ensuite de le haïr pour mieux dissimuler son jeu ? L'opinion empoisonnée admet les plus folles hypothèses. Et moins son nom est cité, plus elle paraît suspecte, car on pense qu'elle est protégée. Quoi qu'elle dise, quoi qu'elle fasse, selon Jean-Christian Petitfils, « elle ne fait que s'emmêler davantage dans le filet, comme une bête qui se débat et dont tout le monde attend la mise à mort ».

Le coup de grâce

Celle-ci a lieu le 31 mai 1786. Depuis les premières lueurs de l'aube, une foule immense se presse devant le Palais de Justice, sur l'île de la Cité, en attendant le jugement. Une pression silencieuse pèse sur les soixante-quatre magistrats : lorsqu'ils pénètrent dans la Grand'Chambre, dix-neuf représentants des familles de Rohan-Soubise, vêtus en grand deuil, se placent en haie et s'inclinent sur leur passage. A 9 heures du soir, le verdict est proclamé : Jeanne de La Motte-Valois est condamnée à être fustigée par le bourreau, marquée au fer rouge du « V » de voleuse et enfermée à perpétuité à la Salpêtrière ; son mari, en fuite à Londres, est condamné par contumace aux galères à perpétuité ; Rétaux de Villette s'en tire avec l'exil et la petite Nicole, qui a attendri l'auditoire avec son nouveau-né dans les bras, est acquittée. Reste Rohan. Malgré un réquisitoire sévère du procureur général Joly de Fleury, il est finalement acquitté « sans aucun blâme ». S'il est juste de reconnaître que le cardinal n'a pas été escroc mais dupe dans cette affaire, coupable de naïveté en quelque sorte, en revanche son acquittement pour crime de lèse-majesté est une surprise : il n'est pas même tenu de faire amende honorable auprès de la reine pour avoir accrédité l'idée qu'elle puisse accorder des entrevues nocturnes et galantes dans les jardins. Une explosion d'enthousiasme accueille le verdict qui se propage dans les rues de Paris à la vitesse d'une déferlante. « Vive le Parlement ! », « Vive le cardinal innocent ! » entend-on dans le cortège de dix mille personnes qui l'accompagne à la Bastille où il doit passer une dernière nuit[5].

Les vivats résonnent jusqu'à Versailles. Recluse dans ses appartements, Marie-Antoinette est suffoquée de douleur. Elle pleure de rage et d'humiliation car elle saisit immédiatement la portée de cet acquittement qui la condamne en creux, elle voit ce que cette offense publique a d'irréparable, comme elle l'écrit à son amie Mme de Polignac :

« Venez pleurer avec moi ; venez consoler votre amie, ma chère Polignac ; le jugement qui vient d'être prononcé est une insulte affreuse. Je suis baignée dans mes larmes de douleur et de désespoir ; on ne peut se flatter de rien, quand la perspective semble prendre à tâche de rechercher tous les moyens de froisser mon âme. Quelle ingratitude ! Mais je triompherai des méchants en triplant le bien que j'ai toujours tâché de faire. Il leur sera plus aisé de m'affliger que de m'amener à me venger d'eux. »

---

5. Nouvelle maladresse de Louis XVI : alors qu'il avait offert de lui-même sa démission, le roi révoque Rohan et l'exile dans son abbaye de la Chaise-Dieu. Le roi désavoue ainsi le Parlement et la foule crie aussitôt à l'injustice et à la tyrannie. Rohan est tout de même condamné à payer à Böhmer et Bassenge les 1 600 000 livres du collier. Il s'acquitte de la plus grande partie de sa dette en vendant des biens et des terres, mais ce sont ses descendants qui, jusqu'à la fin du XIXe siècle, achèvent de payer les derniers reliquats d'intérêts aux héritiers des joailliers.

« Calomniez, calomniez, il en restera toujours quelque chose » (Beaumarchais)

A présent, ses yeux se dessillent. L'année précédente, en mai, elle avait mesuré pour la première fois les signes de son impopularité grandissante. En visite à Notre-Dame à l'occasion de ses relevailles, elle avait espéré retrouver les vivats qui l'acclamaient au début de son règne, mais tout s'était glacé sur son passage : aucun cri ne fut poussé dans les rues traversées par son carrosse, aucune acclamation à la vue du nouveau-né, aucune marque de sympathie, mais une malveillance sourde peinte sur chaque visage. « Que leur ai-je donc fait ? » murmurait-elle, bouleversée, en rentrant précipitamment aux Tuileries.

Avec l'affaire du Collier, l'impopularité se mue en détestation ; la corruption de la monarchie a trouvé son incarnation. Comme une épidémie incontrôlable, libelles, caricatures, pièces et chansons satiriques, jusqu'aux plus ordurières, se répandent *ad nauseam*, chaque jour plus nombreux. Marie-Antoinette devient la proie d'un rire grossier et collectif qui porte un coup mortel à la dignité de la monarchie et à la sacralité de la personne royale. Cette débauche de pamphlets dont la démesure étonne encore aujourd'hui reste inégalée dans l'histoire de France. Cet interminable imbroglio poursuivra Marie-Antoinette jusque sur l'échafaud, et pendant deux siècles, jusqu'à nos jours encore où certains historiens, s'infiltrant dans les dernières zones d'ombre, se demandent toujours si la reine a été, de près ou de loin, partie prenante dans cette affaire. Jules Michelet, Louis Blanc, Louis Hastier ou plus récemment Eric de Haynin accréditent la possibilité que la reine ait imaginé la scène du bosquet afin de se donner le divertissement de voir une courtisane jouer son propre rôle, tout en ridiculisant le cardinal. D'autres ont même examiné l'hypothèse que la reine ait facilité l'évasion de Mme de La Motte de la Salpêtrière au printemps 1787...

Si le décor élégant, les jeux de dupe et les bouffonneries de cette comédie rococo paraissent bien loin de nous aujourd'hui, en revanche l'ampleur et les ravages de la calomnie sur un personnage public n'ont rien perdu de leur actualité. Car, au fond, ce scandale spectaculaire révèle un espace politique et social nouveau, et la calomnie qui s'est abattue sur Marie-Antoinette résulte des effets conjugués de trois données modernes. D'une part, la culture naissante de la célébrité qui apparaît à la fin du XVIIIe siècle comme une nouvelle forme de notoriété, une réputation publique plus intense mais aussi plus éphémère : à l'adulation succède la détestation. D'autre part, le goût nouveau pour la vie privée et l'intimité qui redouble la curiosité autour de la personnalité : la jeune reine est débordée par la puissance fantasmatique qu'elle suscite. Enfin, le poids nouveau de l'opinion publique : galvanisée par la presse qui agit comme une caisse de résonance, elle apparaît à cette époque comme une force rivale du pouvoir royal et, déjà, une arme politique. A Mme Campan qui s'inquiète de la protéger contre un empoisonnement, la reine lui répond avec lucidité : « Souvenez-vous qu'on n'emploiera pas un grain de poison contre moi. Les Brinvilliers ne sont pas de ce siècle-ci : on a la calomnie qui vaut beaucoup mieux pour tuer les gens ; et c'est par elle qu'on me fera périr. »

L'affaire du Collier emporte le petit théâtre de Trianon. Après le procès, la reine ne remonte jamais sur scène. Réfugiée dans son domaine, un nouveau chantier occupe désormais tout son esprit : le Hameau. Se souvient-elle seulement de cette dernière représentation du 19 août, et de la tirade prophétique de son partenaire Basile, à la scène 8 de l'acte II ?

« La calomnie, Monsieur ! Vous ne savez guère ce que vous dédaignez ; j'ai vu les plus honnêtes gens près d'en être accablés. Croyez qu'il n'y a pas de plate méchanceté, pas d'horreurs, pas de conte absurde, qu'on ne fasse adopter aux oisifs d'une grande ville en s'y prenant bien : et nous avons ici des gens d'une adresse !… D'abord un bruit léger, rasant le sol comme hirondelle avant l'orage, *pianissimo*, murmure et file, et sème en courant le trait empoisonné. Telle bouche le recueille, et *piano, piano*, vous le glisse en l'oreille adroitement. Le mal est fait ; il germe, il rampe, il chemine, et *rinforzando* de bouche en bouche il va le diable ; puis tout à coup, ne sais comment, vous voyez [la] calomnie se dresser, siffler, s'enfler, grandir à vue d'œil. Elle s'élance, étend son vol, tourbillonne, enveloppe, arrache, entraîne, éclate et tonne, et devient, grâce au Ciel, un cri général, un *crescendo* public, un *chorus* universel de haine et de proscription. Qui diable y résisterait ? »

Bibliographie sélective

Bertière, Simone, *Les Reines de France au temps des Bourbons*, t. IV : *Marie-Antoinette l'insoumise*, De Fallois, 2002.

Campan, Jeanne Louise-Henriette, *Mémoires sur la vie privée de Marie-Antoinette*, Baudoin frères, 1826 ; Ramsay, 1979.

Correspondance de Marie-Antoinette (1770-1793), établie et présentée par Evelyne Lever, Tallandier, 2005.

Delalex, Hélène ; Maral, Alexandre ; Milovanovic, Nicolas, *Marie-Antoinette*, Chêne, 2013.

Delalex, Hélène, *Un jour avec Marie-Antoinette*, Flammarion, 2015.

Duprat, Annie, *Marie-Antoinette. Une reine brisée*, Perrin, 2006.

Fauveau de Frénilly, François-Auguste, *Mémoires*, Paris, Perrin, 1997.

Georgel, Jean-François abbé de, *Mémoires pour servir à l'histoire des évènements de la fin du dix-huitième siècle depuis 1760 jusqu'en 1806-1810*, Eymery et Delaunay, 1817.

Hastier, Louis, *La Vérité sur l'affaire du Collier*, Fayard, 1955.

Haynin, Eric de, *Louis de Rohan, le cardinal « Collier »*, Perrin, 1997.

Lever, Evelyne, *L'Affaire du Collier*, Fayard, 2004.

Lilti, Antoine, *Figures publiques. L'Invention de la célébrité 1750-1850*, Fayard, 2014.

Maza, Sarah, *Private Lives and Public Affairs. The Causes Célèbres of Prerevolutionary France*, Berkeley, University of California Press, 1993 ; *Vies privées, affaires publiques : Les causes célèbres de la France prérévolutionnaire*, trad. française, Fayard, 1997.

Petitfils, Jean-Christian, *Louis XVI*, Perrin, 2005 ; rééd., 2015.

Seth, Catriona (éd.), *Marie-Antoinette. Anthologie et Dictionnaire*, Robert Laffont, coll. « Bouquins », 2006.

Thomas, Chantal, *La Reine scélérate. Marie-Antoinette dans les pamphlets*, Seuil, 1989.

XI

Robespierre, un monstre bien utile

par Jean-Clément Martin

Parmi les grands hommes historiques mystérieux, Robespierre occupe une place de choix. Il est, pour les uns, « un personnage à la fois de ténèbres et de progrès » (Catherine Marand-Fouquet), voire l'« être abstrait de la Révolution » (Louis Blanc), pour d'autres, il représente « la Révolution incarnée [...] avec son horrible bonne foi, sa naïveté de sang, et sa conscience pure et cruelle » (Eugène de Genoude). Alors que l'on sait de lui à peu près tout de ce qu'il est possible de savoir d'une personne morte à 37 ans, dont l'activité au sein des assemblées révolutionnaires de 1789 à 1794 a été l'essentiel de sa courte vie, son rôle effectif demeure à la fois incertain, source d'interrogations continuelles et de débats passionnés. Comment expliquer cette situation unique, puisque ses contemporains, amis ou ennemis, ne soulèvent pas de semblables éclats, même quand ils demeurent des enjeux historiographiques ?

On peut en effet discuter de la vénalité de Danton, de ses responsabilités dans les massacres de septembre 1792, estimer la part prise par Marat dans la radicalité politique et l'emballement des exécutions, évaluer la responsabilité de Marie-Antoinette dans la chute de la monarchie ou encore relever les conséquences désastreuses de l'ambition de Napoléon, sans que ces discussions soulèvent d'émotions comparables à celles qui ont été suscitées quand on a essayé d'établir un portrait de Robespierre à partir d'un masque mortuaire, quand on a pensé lui attribuer un nom de rue à Paris, ou quand, au détour d'un débat électoral, des mesures sociales ont été qualifiées de robespierristes. L'ombre de Robespierre est toujours là, menaçante le plus souvent, exemplaire parfois, en décalage avec ce qui est dit de lui, qui n'eut pas la flamboyance de Danton, l'audience de Marat, la place de Marie-Antoinette ou l'incroyable destin de Napoléon.

Alors qu'à l'évidence peu de choses restent à découvrir de sa vie, de ses opinions et de ses œuvres, ce « mystère Robespierre » ne tient-il pas d'abord à l'âpreté des jugements portés sur lui ? Comment expliquer ce qui l'a fait devenir ce personnage exceptionnel, dans une époque où l'exception des caractères et des carrières était la règle ? Peut-on vraiment croire que cette situation insolite dépend de sa personnalité ? Ne faut-il pas reconnaître qu'il a été pris dans un jeu politique et qu'il l'a perdu ? Robespierre n'est-il pas invoqué, depuis 1794, pour éviter la réalité de « la Terreur » ? Le mystère, puisqu'il y en a bien un, ne réside-t-il pas dans la réussite inouïe et durable, jusqu'à aujourd'hui, de la « fabrication » de ce Robespierre terrible, celui que nous connaissons tous, en juillet-août 1794 ?

Un député ordinaire

Si, en effet, on résume à grands traits sa carrière politique, peu d'éléments justifient pareille exposition. Avocat, fils d'avocat, notable en sa province, esprit cultivé et publiciste reconnu, partisan des Lumières et membre d'une académie locale, il ne se distingue guère de ces nombreux jeunes gens qu'il va rencontrer à Versailles en mai 1789. Ces Le Chapelier, Pétion, Barère, Barnave... se sont engagés, comme lui, dans la vie politique régionale et nationale, et sont, comme lui, députés aux Etats généraux. Les expériences politiques de Barnave à Grenoble, ou celles de Le Chapelier à Rennes ont d'ailleurs été beaucoup plus rudes que celles que Robespierre a pu connaître à Arras, lorsqu'il a dû affronter les notabilités locales pour porter les voix du tiers état. A Grenoble et à Vizille, pour Barnave, à Rennes, pour Le Chapelier, les confrontations ne concernaient rien de moins que l'état des relations entre nobles et bourgeois et remettaient en cause les traditions de tout le royaume. On comprend alors que ces deux hommes, pourtant futurs Jacobins « modérés », portèrent dans les premières années de l'Assemblée constituante les revendications du tiers état, tandis que Robespierre, moins engagé, n'y jouait qu'un rôle secondaire. Quant à Pétion et Brissot, ils avaient publié, avant 1789, des ouvrages qui contestaient fortement la monarchie et l'organisation sociale du pays, notamment la situation des Noirs dans les colonies. Ils employaient un ton critique fort éloigné de celui qui faisait le fond des mémoires que Robespierre avait envoyés aux académies de province. Ces deux hommes étaient, dès 1788, impliqués dans les réseaux militants qui mobilisaient l'opinion contre le roi et connus pour être proches de ceux qu'on appelait alors les « enragés ». Qui s'en souvient puisqu'ils entrent dans l'histoire nationale comme « Girondins », c'est-à-dire qu'ils sont maintenant considérés à peu près comme des traîtres ?

Indiscutablement, jusqu'en 1789, Robespierre partage une communauté de destin avec nombre de jeunes gens qui, avec lui, peuplent les rangs des Etats généraux. Même son enfance, marquée par le décès précoce de sa mère, n'est pas éloignée du sort de milliers d'enfants qui connurent le même drame, comme Condorcet, Fouché, ou encore Danton – avec qui il a en commun d'avoir fait une longue scolarité dans un établissement religieux. Mais là où Danton apprend dans un modeste collège d'oratoriens et doit travailler chez un procureur pour accéder au diplôme d'avocat, Robespierre, soutenu par sa famille et appuyé par les autorités ecclésiastiques d'Arras, fait une scolarité brillante au collège Louis-le-Grand à Paris avant de pouvoir prêter serment à Paris puis à Arras à 23 ans. A un ou deux ans près, il suit l'itinéraire de Barère et de Barnave qui avaient accompli cette formalité un peu plus jeunes avant de s'établir en suivant, eux aussi, l'exemple paternel. L'avocat arrageois Robespierre ne mène certes qu'un train de vie modeste et qu'une carrière ordinaire, mais il obtient quelques succès retentissants, notamment avec une fameuse plaidoirie pour défendre un propriétaire qui avait installé un paratonnerre. Hors des prétoires, son esprit est reconnu, que ce soit dans les cercles académiques locaux, puisqu'il appartient à l'académie d'Arras qu'il dirige un an, ou nationaux, puisqu'il est distingué par l'académie de Metz. Cette activité professionnelle et intellectuelle n'est manifestement pas accompagnée d'une vie sentimentale ; cette absence a donné lieu à de nombreux commentaires qui oublient toutefois que le temps n'était pas uniquement celui des libertins, comme Mirabeau, ou des passionnés, comme Danton, mais aussi celui des individus tentés par une vie ascétique, tel Condorcet, ou obligés de demeurer célibataire longtemps, faute de pouvoir s'établir. Sous tous ces aspects, Robespierre n'a rien de mystérieux. Si bien que lorsqu'il entre dans la salle des Etats généraux en mai 1789, à Versailles, avec 180 autres avocats et 218 magistrats, il est un représentant, somme toute banal, de ce groupe de jeunes juristes qui va peser très fortement sur la vie politique nationale pendant toute la Révolution.

La montée au pouvoir

En 1789, Robespierre, même s'il jouit dans son milieu d'une réputation méritée de réformiste et s'il est élu au terme d'une campagne ancrée fermement dans la défense du tiers état, ne possède donc pas l'aura nationale dont ses futurs collègues et rivaux sont pourvus dès leur arrivée. Par la suite, à Versailles puis à Paris, s'il intervient notamment contre le suffrage censitaire, la peine de mort et l'esclavage, et s'il représente l'aile gauche de l'Assemblée sans toutefois jamais se mêler au peuple parisien, il devient vraiment populaire en juillet 1791 quand, avec Pétion, Buzot et Grégoire, il maintient en vie le club des Jacobins et conteste la thèse officielle qui veut que le roi ait été enlevé le 20 juin précédent et conduit à Varennes. C'est alors qu'il est surnommé « l'Incorruptible » ou plutôt l'un des « Incorruptibles » puisqu'il partage alors ce qualificatif flatteur avec Pétion et Buzot, lui aussi futur Girondin. Si ce moment important fait certes de Robespierre le mentor de la gauche, il n'en tire pourtant pas d'avantage tangible. Ce n'est le cas ni de Pétion, qui est devenu le maire puissant et respecté de Paris, ni de Brissot, qui conduit la politique nationale et qui, à ce titre, entraîne la France dans la guerre contre l'Autriche et la Prusse, provoquant ce qui allait être l'accélération catastrophique de la Révolution.

Après quelques hésitations, Robespierre, qui s'est déclaré contre Brissot, n'a rien pu empêcher et s'est rallié à la décision. Quelques mois plus tard, il n'exerce pas, non plus, un rôle déterminant dans les journées de 1792 qui ont vu la chute de la royauté et les massacres des prisonniers, et pendant lesquelles Danton a été au premier plan. En septembre 1792, même s'il contrôle les élections à la Convention, il n'est pas le mieux élu, Danton lui raflant et de loin la première place. Quand il intervient, fin décembre 1792, pour que Louis XVI soit exécuté sans jugement, il rallie certes une partie de l'opinion des sans-culottes, mais ne parvient pas à convaincre ses collègues, qui traduisent le roi devant le tribunal qu'ils forment. Tout cela explique que Robespierre n'entre au Comité de salut public qu'en juillet 1793, après l'assassinat de Marat par Charlotte Corday, et après que Danton, tout-puissant, se fut retiré de la vie politique active par lassitude ou par calcul.

Par la suite, les équilibres se modifient. Robespierre partage les combats du Comité jusqu'au printemps 1794 ; il se retrouve toujours en accord avec Barère, souvent avec Saint-Just et parfois avec Billaud-Varenne pour renforcer la centralisation parisienne, arrêter la déchristianisation, limiter les prérogatives des sans-culottes, suspendre les répressions conduites à Lyon, à Marseille et en Vendée, mais aussi pour empêcher que Danton retrouve une place dans le gouvernement. Dans ces mois, hormis son intervention imposant la liberté des cultes, il apparaît davantage comme le porte-parole du Comité de salut public, exprimant une parole partagée notamment par les hommes déjà cités, que parlant en son nom propre. Reste qu'à partir de décembre 1793, il fait partie de ceux qui cherchent à concilier l'autonomie des armées sans-culottes avec la centralisation et à limiter les exactions, notamment en accueillant favorablement les réclamations des Lyonnaises, épouses de patriotes emprisonnés ou exécutés. Entre Danton et Desmoulins, qualifiés d'Indulgents, et les amis du sans-culotte Hébert, il peine alors à trouver un juste milieu entre des groupes qui se dénoncent réciproquement. Cela explique qu'au début de 1794, il jouit à Paris d'une popularité égale à celle d'Hébert, et que le désarroi de l'opinion parisienne soit tangible quand celui-ci est exécuté après le conflit dans lequel il s'est engagé avec le Comité de salut public. Dans cette opération, Robespierre décontenance les sans-culottes, amorçant l'écart qui ne cessera de croître entre eux et sa ligne politique, et qui se traduit, le 9 Thermidor, quand ils ne se mobilisent qu'imparfaitement pour le soutenir ainsi que ses amis.

Ce n'est qu'à partir de mai-juin 1794 que Robespierre semble se tailler une place exorbitante au sommet de l'Etat. L'apogée est indiscutablement atteint à l'occasion de la fête de l'Etre suprême et de la Nature qu'il dirige, en même temps qu'il préside la Convention, alors que ses proches ont la haute main sur la municipalité, la Commune et la garde nationale de Paris, sans oublier l'Ecole de Mars, le Tribunal révolutionnaire et la plus importante des commissions administratives. Robespierre influence directement les décisions des institutions destinées à être collégiales, ce qui exacerbe les rivalités. Les Conventionnels, qui le craignent et qui lui sont hostiles, réussissent à dévaloriser son image : il est notamment rendu responsable de l'augmentation des mises à mort à Paris et accusé de vouloir être roi de la Révolution.

La suite finalement prévisible de cet itinéraire est bien connue. Au 9 Thermidor, 27 juillet 1794, un coup d'Etat improvisé réussit à le déclarer hors la loi et à l'envoyer à l'échafaud le lendemain, jour pendant lequel une grande fête, sous sa direction, devait conduire les cendres de Bara et de Viala au Panthéon, ce qui aurait mis Paris potentiellement dans sa main. La peur qu'il puisse accaparer le pouvoir a déclenché ce conflit au résultat foudroyant, malgré la confusion qui a présidé à sa réalisation. Ainsi demeurons-nous incapables de savoir exactement comment, à l'Hôtel de Ville, la mâchoire de Robespierre a été fracassée. A-t-il voulu se suicider, comme d'autres le tentèrent dans un moment semblable ? Ou est-ce le gendarme Merda – rebaptisé Méda – qui lui décocha un coup de pistolet au visage ? La leçon politique imposée dans les jours qui suivent est, en revanche, encore plus inattendue et surtout plus radicale. Le pays et même Paris étaient restés ignorants des péripéties qui agitaient les Conventionnels. Dès le 11 thermidor, ceux-ci déclarent Robespierre « tyran », puis lui attribuent la responsabilité de « la Terreur » et en font un « monstre » qui a dirigé seul la Révolution.

L'invention de la Terreur

C'est là que le « mystère Robespierre » commence. Si tous les vaincus précédents avaient été victimes de campagnes de dénigrement, celle qui l'accable est inédite par sa virulence, son succès et sa permanence. Brissot et ses amis avaient été considérés comme des traîtres et des contre-révolutionnaires, Hébert et les meneurs sans-culottes avaient été accusés de malversation, Danton avait été traité de « gros turbot farci » et de corrompu. Dans tous les cas, ces disparitions avaient marqué un tournant dans la politique nationale et légitimé le groupe des vainqueurs, mais, rapidement, ces événements n'avaient plus marqué les mémoires. Si la mort de Marat avait été suivie immédiatement par un cérémonial imposant, les Conventionnels avaient ensuite affaibli l'audience du culte militant qui lui avait été rendu.

C'est précisément l'inverse qui se passe avec Robespierre. Son exécution est le début d'un processus qui fait de lui un homme exceptionnel, ayant disposé de tous les pouvoirs et ayant entraîné la Révolution vers le « gouffre de la Terreur ». D'emblée, du 10 au 12 thermidor, plus de 100 personnes sont guillotinées, chiffre exceptionnel, puisque l'élimination des autres factions n'avait provoqué qu'une vingtaine ou une trentaine d'exécutions – rappelons que 75 « Girondins » purent passer plus d'un an en prison, sans comparaître devant le Tribunal révolutionnaire, et revinrent siéger à la Convention en 1795. Ils purent y côtoyer des dantonistes qui avaient gardé et leur tête et leur siège ; nombre d'entre eux continuèrent leur carrière sous le Consulat et l'Empire, n'hésitant pas à défendre, plume à la main, leurs amis disparus. Les « robespierristes » – le mot, inventé pour l'occasion, est voué à une longue postérité – ont subi la plus importante des épurations que la Révolution ait connues. C'est alors que Robespierre est désigné comme un « tyran » faisant renouer la Révolution avec l'histoire antique et transformant le 9 Thermidor en tragédie classique. Un mois plus tard, août 1794, l'histoire devient dramatique et Robespierre devient le seul responsable de « la Terreur ».

Le débat sur l'usage de la Terreur courait depuis la fin 1792 quand les sans-culottes voulaient la mettre à l'ordre du jour. En septembre 1793, la Convention, Robespierre et Barère d'accord, avait réussi à tourner la demande sans la refuser clairement : les sans-culottes auraient une armée révolutionnaire, sans guillotine. Quelques mois plus tard, les deux hommes supprimaient l'armée révolutionnaire et les chefs sans-culottes. Entretemps, ils avaient profité de la disparition des guerres civiles qui menaçaient le régime : les Lyonnais, les Toulonnais et surtout les Vendéens avaient été soumis à une telle répression qu'ils ne représentaient plus de danger immédiat. Robespierre avait avec Saint-Just su théoriser ce virage en assurant que Terreur et Vertu étaient inséparables mais que seuls les membres des comités, qui acceptaient d'être les instruments du « despotisme de la liberté », pouvaient à la fois lutter contre les mauvais citoyens et protéger les autres. Il disposait alors du soutien du Comité de salut public qui, avec le Comité de sûreté générale, concentrait tous les pouvoirs.

Cette situation explique ce qui se joue le 10 Prairial-22 juin quand il avait soutenu la réforme du Tribunal révolutionnaire proposée par Couthon. La loi votée sous sa pression renforçait la mainmise des comités sur le choix des suspects à adresser aux juges, ce qui pouvait passer pour une réduction de la répression, dans la suite de ce qui avait été mis en œuvre depuis mars 1794, mais ce que les députés avaient compris autrement. Ceux-ci pouvaient, légitimement, redouter que ce contrôle ne profite qu'à Robespierre et à ses amis et qu'il s'abatte sur tous ceux avec qui il avait eu des différends. Cette peur avait accéléré le mouvement de mécontentement qui culmina le 9 Thermidor. La veille encore, Robespierre avait tenu à condamner tout système de terreur, confirmant les refus répétés de la quasi-totalité des Conventionnels de recourir à ce qui était considéré comme la politique même des despotes.

Quand Tallien l'accuse, avec sept autres Conventionnels, d'avoir installé la Terreur, le mensonge est flagrant, mais de bonne guerre. Il aurait pu clôturer un épisode de la Révolution en permettant que s'ouvre une autre période renouvelant le personnel politique et faisant oublier les événements de 1793-1794. Dans les faits, il en ira tout autrement. Sans doute Tallien et ses amis consolident leur prise du pouvoir en même temps que les sept coaccusés réussissent à se faire oublier, au détriment de Robespierre. Mais ce qui suit dépasse les calculs : la mémoire des massacres, surtout l'invention des accusations et la diffusion de rumeurs fausses bouleversent le paysage politique. Robespierre devient omniprésent, omnipuissant, il est assimilé à « la Terreur ». Il est accablé des pires vilenies, comme d'avoir installé une tannerie de peaux humaines, imaginé une guillotine à sept fenêtres... N'aurait-il pas voulu « dépopuler » la Vendée et la France, et faire guillotiner tous les Français ainsi que le bourreau ?

Publicistes, pamphlétaires, artistes se déchaînent pour raconter toute sa vie au prisme de la Terreur. Sa trop grande sensibilité dès l'enfance, sa soif de vengeance sociale, ses goûts pervers pendant ses années d'études, sans compter son austérité affectée et ses goûts vestimentaires, même sa voix mal placée et ses yeux chassieux : toute sa personnalité explique cette dérive personnelle dans l'horreur imposée à tout le pays. Tous ces thèmes inventés entre 1794 et 1797 seront repris inlassablement ensuite et même si, à partir des années 1830, quelques auteurs isolés entament une réhabilitation, courageuse et limitée, de la mémoire de Robespierre, deux cents ans plus tard, avec plus de cent cinquante pièces de théâtre et plus d'une trentaine de films qui lui ont été consacrés – au point où seuls Marie-Antoinette et Napoléon peuvent rivaliser avec lui –, il reste soit une bête sauvage ou un ascète désincarné, soit la quintessence de l'excès et le symbole de l'horreur, éventuellement le martyr d'un idéal inaccessible.

Il est couramment admis que la « légende noire » qui a enveloppé Robespierre serait due à la méchanceté des Thermidoriens et que l'amélioration de la connaissance de la personnalité et de l'œuvre de Robespierre permettrait de l'en débarbouiller. Si la transformation de

Robespierre en monstre est bien l'invention de Tallien et de quelques autres, le succès de la manœuvre tient à ce qu'elle répondait aux attentes d'un pays déboussolé devant les bouleversements et heureux de pouvoir nommer un responsable des malheurs subis ! C'est au point où il fallut plusieurs années pour que le courant issu de la sans-culotterie se revendique de Robespierre, resté dans les mémoires comme celui qui avait voulu installer une dictature personnelle.

Le bouc émissaire idéal

Comment expliquer qu'il ait été le seul à avoir été l'objet d'une telle campagne d'accusations diffamatoires et que celle-ci réussisse à ce point ? Sa personnalité profonde est sans doute à mettre en cause, qui lui a donné un profil particulier que ses adversaires saisissent et retournent contre lui pour sortir d'une situation qu'il avait mieux qu'eux contribué à contrôler.

Jusqu'à son élection en 1789, il ne s'était guère différencié de tous ses confrères. Par la suite, ses interventions sont restées cantonnées pour l'essentiel dans les domaines constitutionnels et juridiques. En juillet 1794, ses collègues ont craint qu'il rompe la collégialité qui prévalait tant bien que mal dans les grands comités et à la Convention, et qu'il accapare suffisamment de pouvoirs pour se débarrasser d'une partie d'entre eux. Mais en réalisant ce coup d'Etat du 9 Thermidor ils bouclent, à leur profit, la période d'extrême violence qui avait commencé avec les massacres de Septembre en imputant tout ce qui avait été commis, notamment en Vendée et à Lyon, au compte de la Terreur pilotée par Robespierre, quand bien même certains d'entre eux avaient été directement impliqués dans les exactions commises, à commencer par Fouché et Tallien. En promouvant Robespierre comme l'inspirateur de la Terreur, mot qui trouve d'un seul coup sa signification, ils réussissent un tour de passe-passe extraordinaire, qui a bénéficié, à l'évidence, de l'isolement de l'homme.

Le mot ayant été beaucoup galvaudé, il convient de l'expliquer pour comprendre la situation particulière de Robespierre. Depuis 1792, il vit dans la famille Duplay, entrepreneur aisé qu'il a fait entrer au Tribunal révolutionnaire. Il y mène une vie quasi monacale, entouré par l'affection de toute la famille et peut-être par l'amour d'Eléonora, la fille aînée, autant de traits qui ont nourri une glose inépuisable. Auparavant ses fréquentations amicales n'avaient jamais dépassé un petit cercle d'intimes. Il avait été reçu quelques fois dans le salon des Roland, plus souvent dans l'appartement des Desmoulins – il était le parrain de leur petit Horace. Pas plus qu'à Arras, on ne lui connaît de relations sentimentales et ses loisirs se limitent à des représentations théâtrales, pratique qui disparaît vite, et à des promenades avec son chien, Brount. Alors que Danton entretenait autour de lui un réseau compliqué d'alliances et d'amitiés, qui compta beaucoup dans sa carrière, celui que Robespierre tisse demeure subordonné à ses positionnements politiques, au risque assumé de rompre avec des amis proches lorsqu'ils ne partagent plus ses idées. Pétion est, à cet égard, l'exemple même de ce compagnon, devenu, après 1793, un opposant et même un ennemi. Alors que Danton protège la vie de Duport au moment des massacres de Septembre, Robespierre n'interviendra pas lorsque les Roland sont poursuivis et condamnés, pas plus qu'il ne le fera pour Camille et Lucile Desmoulins.

Il convient cependant de ne pas faire d'erreur en interprétant cette ligne de conduite. Depuis ses années d'activité à Arras, il s'était fait connaître pour le ton personnel qu'il donnait à ses plaidoiries nourries de réflexions puisées chez des confrères et formulées fort vivement. Cette pratique se retrouve dans ses interventions politiques, toujours soucieuses d'exprimer un avis déterminé, de récuser les opinions divergentes et de pousser les raisonnements au plus loin. Cette attitude lui a permis d'être un des porte-parole reconnus des groupes populaires, sans qu'il ne puisse jamais obtenir un soutien affiché de ses pairs ou de ses partisans, comme Danton et Pétion purent l'avoir, sans parler d'Hébert ou de Marat, qui furent presque idolâtrés. La rigueur qu'il applique, et qui se retourne contre lui, a été son identité profonde.

Il n'était pas pour autant un homme coupé du monde. La maison des Duplay était en elle-même le centre névralgique d'une activité continue, hébergeant un autre député, Anthoine, et un imprimeur. Le flux des visiteurs y était régulier, si bien que Robespierre était tenu au courant des décisions qui se prenaient et qu'il influençait. On sait la haine que Fouché éprouva quand il dut, revenu à Paris, se justifier auprès de lui des actes qu'il avait commis à Lyon. En revanche, on sait encore mal quels étaient les liens que Robespierre avait noués avec des sans-culottes comme le fameux Lazowski, personnalité importante du faubourg Saint-Marcel jusqu'à sa mort en 1792. Les fidélités de ses proches qui partagent son sort le 10 Thermidor sont en revanche bien avérées. A côté de son frère, Augustin, qui tient une place plus importante qu'on ne le dit souvent dans les décisions que Maximilien a prises notamment face aux violences, il faut compter comme de possibles « robespierristes » Le Bas, les frères Payan, Herman, sans doute Dumas, tous investis depuis juin 1794 de postes considérables. A une distance un peu plus grande, il faut ranger Couthon, Fleuriot-Lescot, mais aussi les généraux Hanriot et Boulanger qui n'étaient pas des intimes mais qui n'éprouvèrent aucune hésitation dans l'affrontement de Thermidor.

Le cercle autour de Robespierre se renforçait aussi des rapports entretenus avec les personnels engagés dans les sections, dans le Tribunal révolutionnaire et dans de nombreuses administrations. Il était cependant détaché du reste des députés de la Convention, qui purent le 10 Thermidor effectuer une purge radicale des éléments les plus en vue de la constellation qui l'environnait. Si Robespierre possède un mystère c'est bien d'avoir su drainer autour de lui un tel maillage recrutant parmi les militants plus que parmi les députés et autres grands fauves de la politique, d'avoir diffusé une pensée marquée par la philosophie politique au travers de discours et de publications peu liés à l'actualité, sans participer aux manifestations, à l'exception notable de la fête de l'Etre suprême et de la Nature, tout cela sans s'engager sur le terrain. Il fut ainsi loin de Barère, infatigable orateur et médiateur, de Saint-Just ou de Billaud-Varenne qui voulurent expérimenter leurs systèmes *in situ*, comme de Carnot, technicien et froid politique, ou encore de Vadier, véritable statue du commandeur au Comité de sûreté générale et brutal tireur de ficelles.

Si l'isolement a du sens quand il concerne un petit groupe d'individus, alors Robespierre se coupa peu à peu d'un milieu qui avait eu recours à lui quand il avait incarné une solution nécessaire : résister au compromis avec le roi en juillet 1791, rallier les sans-culottes dans l'été 1793, rétablir l'équilibre au profit des comités en mars-avril 1794, mais pour qui il était devenu une menace après juin 1794. La réduction de sa vie à son activité politique, elle-même tout entièrement confondue avec une prise de parole *ex cathedra* explique qu'il fut aisé à ses adversaires de le faire chuter. C'est ainsi moins l'homme qui a changé que sa place dans le cours de la Révolution. Thermidor lui en assigne une nouvelle ajustée à son comportement associant paradoxalement retrait et affirmation : il devient le bouc émissaire et plus encore l'incarnation de la Révolution telle qu'elle est désormais stigmatisée.

L'impensé de la Révolution

A partir de juillet 1794, l'époque appelée dorénavant Terreur est donc assimilée à la personne de Robespierre. Le souffle ardent des violences et les affrontements de guerre civile qui avaient caractérisé les deux années précédentes sont dorénavant réputés être incarnés par un individu solitaire, coupé des réalités de la vie. C'est ce contraste qui a alimenté la croyance en un mystère de Robespierre quand il n'y eut que la rencontre d'un moment et d'une personnalité certes particulière mais qui ne posséda ni la noirceur, ni le pouvoir qui lui furent prêtés. L'élimination radicale de ses proches et de ses soutiens interdit de conduire une réhabilitation quand, un an plus tard, les vainqueurs de Thermidor furent contestés et pour partie exclus de la vie politique. C'est en profitant de cette marginalisation qu'ils avaient pu créer ce « monstre » dont l'existence expliquait d'un seul coup tout ce qui était arrivé. Tous y trouvaient leur compte : tout d'abord, ces députés, généraux ou sans-culottes qui avaient des massacres à faire oublier, ensuite ceux qui avaient tergiversé pour garder leurs postes, membres des comités qui avaient couvert des ordres de dévastations, sans oublier enfin les contre-révolutionnaires, émigrés ou insurgés, incapables de s'unir pour triompher, mais qui pouvaient désormais invoquer l'exceptionnalité, proprement satanique, de Robespierre pour justifier leur échec.

L'exposition de Robespierre mort et les innombrables récits et dénonciations qui consacrent cette identification jouent proprement un rôle cathartique : le corps politique est purifié par l'acharnement collectif sur le cadavre de celui qui est présenté comme le bourreau du pays. A cela s'ajoute le fait qu'en identifiant la Terreur et ses débordements à un homme si éloigné apparemment des caractéristiques de la brute, ou du dictateur omniprésent, en rendant la Terreur inexplicable puisque ce serait la parole d'un homme malingre et solitaire qui l'aurait déchaînée, les Thermidoriens soulignent aussi l'originalité de la rupture politique réalisée par la Révolution, qui aurait inventé un monde nouveau au prix d'une violence inédite. Le mystère ne tient pas à l'homme mais à l'usage qui est fait de son image, par ses partisans comme par ses adversaires. Car cette sidération provoquée par la Terreur, qui n'a pas cessé d'être entretenue, et l'explication accablant le seul Robespierre continuent d'être acceptées, permettant d'oublier que ce furent des opérations politiques qui inventèrent un « monstre ». Les errements et les difficultés liés à la naissance d'un nouveau régime, qui n'eurent, eux, jamais rien de mystérieux, demeurent ainsi nimbés d'une aura tragique, autour d'un destin voué à rester incompréhensible.

Bibliographie sélective

Belissa, Marc ; Bosc, Yannick, *Robespierre. La fabrication d'un mythe*, Ellipses, 2013.

Gueniffey, Patrice, *Histoires de la Révolution et de l'Empire*, Perrin, coll. « Tempus », 2011.

Leuwers, Hervé, *Robespierre*, Fayard, 2014.

Martin, Jean-Clément, *Robespierre. La fabrication d'un monstre,* Perrin, 2016.

—, *La Terreur. Vérités et légendes,* Perrin, 2017.

Obligi, Cécile, *Robespierre, la probité révoltante*, préf. de J.-C. Martin, Belin, 2016.

XII

Louis XVII.
Le retour du dauphin perdu

par Philippe DELORME

Le 8 juin 1795, 20 prairial de l'an III de la République, peu avant 3 heures de l'après-midi. Dans une sombre chambre de la vieille tour du Temple, à Paris, un enfant parvenu au dernier degré de consomption s'éteint entre les bras de son gardien. Son acte de décès, établi quatre jours plus tard, le présentera comme « Louis-Charles Capet [...], *âgé de 10 ans 2 mois, natif de Versailles, département de Seine-et-Oise,* [...] *fils de Louis Capet, dernier roy des Français, et de Marie-Antoinette Josèphe Jeanne Dautriche ». Car le jeune défunt n'est pas un enfant ordinaire. Pour les royalistes, il n'est autre que « Louis XVII » roi de France et de Navarre, lointain descendant et héritier d'Hugues Capet, de Saint Louis et de Louis XIV.*

Depuis le début de la Révolution, ce petit prince né le 27 mars 1785 dans les ors de l'Ancien Régime expirant a connu, avec les siens, une lente et inexorable descente aux enfers. Successivement duc de Normandie, dauphin puis « prince royal », il a été conduit aux Tuileries avec le reste de la famille royale devenue otage des factieux qui tiennent la capitale. A partir du 13 août 1792, il est enfermé au Temple, une sinistre forteresse médiévale qui se dressait à l'emplacement de l'actuelle mairie du IIIe arrondissement.

Après l'exécution de Louis XVI, le 21 janvier suivant, 100 000 Vendéens révoltés en son nom forment la grande « Armée catholique et royale ». Le 3 juillet 1793, Louis-Charles, enlevé à sa mère, est confié à un ancien cordonnier, le sans-culotte Antoine Simon, qui devient son « précepteur », chargé de le « rééduquer ». Pendant ce temps, la Grande Terreur s'abat sur la France. Le 16 octobre 1793, Marie-Antoinette monte à son tour à l'échafaud, après que l'on a enivré son fils pour le faire témoigner contre elle. Le 5 janvier 1794, Simon renonce à ses fonctions et, deux semaines plus tard, commence pour l'infortuné Louis-Charles la période dite de « l'emmurement ». Durant six mois, cet enfant, âgé de 9 ans, reste cloîtré dans une pièce obscure et infecte, abandonné à lui-même, sans contact avec l'extérieur. Françoise Chandernagor a décrit cette période avec un réalisme poignant dans son roman *La Chambre*.

Enfin, le 9 thermidor an II – 27 juillet 1794 –, Robespierre et ses complices sont arrêtés, puis guillotinés dès le lendemain. Le nouveau maître de la France, Paul Barras, s'empresse de rendre visite aux derniers prisonniers du Temple : Louis XVII et sa sœur Marie-Thérèse, détenue à l'étage supérieur. Inquiet de l'état du jeune prince, il adoucit les conditions de sa détention et nomme un certain Christophe Laurent, créole de la Martinique, en qualité de gardien des deux enfants royaux. En outre, chaque jour, un délégué différent désigné par une des sections de la Commune se relaie au Temple pour surveiller le petit roi et sa sœur. Ainsi, plus de deux cents personnes différentes auront défilé devant l'ancien dauphin jusqu'à sa mort. Fin octobre, Jean-Baptiste Gomin est adjoint à Laurent, qui, lui-même, démissionne en mars 1795. Il est alors remplacé par Etienne Lasne, peintre en bâtiment, ci-devant soldat aux gardes françaises. Il a souvent aperçu le dauphin lorsque son bataillon protégeait le palais des Tuileries et il reconnaît sans peine le fils de Louis XVI.

Hélas, la santé de celui-ci semble irrémédiablement compromise. En mai, ses gardiens signalent au Comité de sûreté générale « une indisposition et des infirmités qui paraissent prendre un caractère grave ». Le docteur Pierre-Joseph Desault, médecin-chef à l'Hôtel-Dieu, s'avoue impuissant à soigner la tuberculose généralisée qui ronge le petit prisonnier. Son successeur, le chirurgien Philippe-Jean Pelletan, ne parvient pas davantage à enrayer la progression inéluctable du mal...

Le 10 juin 1795 – 22 prairial an III –, vers 9 heures du soir, avant que tombe la nuit, le cercueil du petit prince est porté à bras d'hommes jusqu'au cimetière Sainte-Marguerite, près de la Nation. La femme du fossoyeur racontera plus tard : « On le mit dans la fosse commune qui était la fosse de tout le monde, les petits comme les grands, les pauvres comme les riches. Tous y allaient, parce que soi-disant, tout le monde était *égaux*... »

Le mythe du « Roi caché »

Le destin de Louis XVII aurait pu n'être qu'un drame ordinaire de l'histoire si, à peine enterré, la rumeur n'avait pas couru de sa survie. L'héritier du trône des lys est-il bien mort dans ces conditions navrantes ? Ne lui aurait-on pas substitué un autre petit prisonnier ? Dans ce cas, le fils de Louis XVI et de Marie-Antoinette a-t-il survécu et a-t-il eu une descendance ? Au cours de la première moitié du XIXe siècle, plus d'une centaine d'aventuriers – fous ou mystificateurs – prétendront être le dauphin évadé du Temple. On retrouvera sa trace en Suisse, en Argentine ou aux Seychelles. Aux Etats-Unis, dans la région des Grands Lacs, un métis iroquois proclamera même son ascendance royale ! Plusieurs centaines d'ouvrages et une multitude d'articles seront rédigés sur cette ténébreuse « affaire Louis XVII », sans que personne longtemps parvienne à administrer de preuve décisive. A cet égard, le prince Michel de Grèce, friand des énigmes du passé, a évoqué « le mystère le plus impénétrable de tous les temps ».

Pour les uns, au rang desquels les historiens Louis Hastier ou Georges Bordonove, le petit roi serait mort dès janvier 1794, mais l'événement aurait été dissimulé pendant plus d'un an. Quant aux partisans de la « survivance », tel Xavier de Roche, ils ont échafaudé mille et une théories mirifiques, imaginant une ou plusieurs substitutions, permettant au véritable dauphin de s'échapper... sans apporter l'ombre d'un argument. Ainsi, pendant deux siècles, chacun a continué de camper sur ses positions. Enlèvement, évasion, assassinat... les hypothèses les plus folles continueront longtemps d'enflammer les imaginations. Car avec l'énigme du Temple, la science historique chevauche sa chimère.

Du milieu de cette cohorte des « faux dauphins », un nom émerge, celui de Carl Wilhelm Naundorff. Sa force de conviction et son charisme ont su résister à l'épreuve du temps, d'autant plus qu'à la différence d'autres prétendants, il a eu une nombreuse progéniture. Ce personnage étrange apparaît à Berlin en 1810. Il est âgé alors de 25 ans et exerce la profession d'horloger. Nul ne sait d'où il vient. Il s'installe ensuite à Spandau, puis à Brandebourg et enfin à Crossen, à la frontière de la Silésie. Il trempe dans une affaire de fausse monnaie à l'occasion de laquelle il commence à revendiquer sa qualité princière. Un beau jour de 1833, il débarque à Paris, baragouinant trois mots de français. Mais son aplomb et sa prestance sont tels qu'il parvient à convaincre quelques anciens courtisans de Versailles. La légende de Naundorff est en marche et son existence, déjà mouvementée, continue à ressembler à un palpitant roman picaresque.

Victime d'une étrange tentative d'assassinat, il intente un procès à la famille royale. Louis-Philippe, le roi bourgeois, n'est nullement disposé à céder son trône à cet improbable cousin ! Expulsé vers l'Angleterre, Naundorff y connaît la prison pour dettes, échappe à un second attentat. Il semble d'ailleurs que le choc finisse de déranger son cerveau déjà fragile. Il fonde une nouvelle religion, la « Doctrine céleste », dont il s'intitule « prince protecteur ». Le pape condamne alors ce « fils de perdition qui se prétend faussement duc de Normandie ». Naundorff, aux indéniables talents de chimiste, met ensuite au point un explosif, la « bombe Bourbon ». Il passe alors aux Pays-Bas où le gouvernement lui achète son invention, et lorsqu'il meurt à Delft, le 15 août 1845, son entourage déclare le décès au nom de « Charles-Louis de Bourbon, duc de Normandie ». Forte de ce précédent, la famille de Naundorff porte donc légalement, aujourd'hui encore, ce glorieux patronyme, constituant une sorte de « dynastie parallèle ».

Si presque aucun des auteurs qui se sont penchés sur l'obsédante question du sort de Louis XVII n'a su y répondre, c'est probablement parce qu'ils ne le souhaitaient pas réellement. Car, en réalité, de l'excellent livre d'Alcide de Beauchesne, *Louis XVII, sa vie, son agonie et sa mort*, publié en 1852, au plaidoyer de l'avocat Maurice Garçon, *Louis XVII ou la fausse énigme*, en 1952, il ne restait guère de doute que le jeune prince soit bien mort le

8 juin 1795. Cependant, le mystère et le rêve ont toujours eu davantage d'attrait que la vérité, dans sa triste évidence. Sans doute l'inconscient collectif des Français éprouvait-il encore un sentiment de culpabilité d'avoir laissé cet enfant innocent s'éteindre dans la solitude et l'indifférence générale. Aussi, plutôt que d'accepter cette issue tragique, dans la froide horreur du constat historique, a-t-on préféré broder sur le thème d'une hypothétique délivrance. Louis XVII n'a pu mourir de la sorte. Il s'est enfui. Libre et heureux, il a trouvé un refuge au-delà des mers...

Pour certains nostalgiques de l'ancienne France, bouleversés par les remous politiques de l'Empire et de la Restauration, cette attente du « dauphin perdu » deviendra leur unique consolation. Elle rejoint alors le mythe universel du « Roi caché », du « Grand Monarque », analysé naguère avec brio par l'historien Yves-Marie Bercé. Celui d'un souverain imaginaire, retiré du monde, mais qui réapparaîtra à l'heure critique pour rétablir le paradis sur terre. Tour à tour, au fil des siècles et des civilisations, cet espoir prendra le visage de Charlemagne, de Gengis Khan, de l'empereur Barberousse, des faux Sébastien de Portugal ou des faux Dimitri en Russie, du Mahdi de l'islam ou du Bouddha Maitraya. Aux yeux des « survivantistes » français, c'est Louis XVII, puis ses héritiers, qui rétabliront un jour la monarchie de droit divin et un fantasme de royauté chrétienne.

La preuve par l'ADN

En réalité, la solution définitive de l'« énigme Louis XVII » – déjà acquise sur le plan historique – allait dépendre d'une preuve ultime, apportée par les nouvelles techniques scientifiques, en l'occurrence la méthode des empreintes génétiques. Cette technique, mise au point en 1984 par un savant britannique, le professeur Alec J. Jeffreys, consiste à mettre en évidence la « signature » génétique d'un individu, au moyen des chaînes de molécules d'acide désoxyribonucléique – le fameux ADN –, constituant principal des chromosomes.

La technique prend en compte un ADN particulier, présent dans des organites du cytoplasme : les mitochondries. Cet ADN mitochondrial se transmet en effet en ligne maternelle, presque sans altération, au fil des générations. Par ce biais, on obtient une sorte de code dont les variations sont spécifiques à chaque être humain. Les plus propices à ce type d'analyse sont les tissus riches en ADN, comme les viscères, les ossements ou encore les cheveux, à condition qu'ils soient pourvus de leur racine. Cette technique avait déjà été employée avec succès pour identifier les cendres de la famille impériale russe, près de Iekaterinbourg.

Dans un premier temps, c'est un chercheur néerlandais, le professeur Hans Petrie, qui a entrepris de soumettre les restes de Naundorff à une telle recherche d'ADN. Le jour même du bicentenaire de la disparition du dauphin, le 8 juin 1995, cet historien pugnace soutient devant l'université de Groningue une thèse de doctorat réunissant des preuves convaincantes, selon lesquelles Louis XVII est bien mort au Temple. Puis, muni des armes de la science, il décide de confondre l'horloger de Crossen.

Avec l'autorisation des descendants canadiens de Naundorff, l'enquêteur obtient quelques-uns de ses cheveux, déposés aux archives municipales de Delft, dans deux enveloppes scellées. D'autre part, une exhumation du faux Louis XVII, pratiquée en 1950, avait permis de prélever des fragments d'humérus, conservés depuis au laboratoire de police technique de Rijswijk. Enfin, Hans Petrie acquiert quatre cheveux de deux sœurs de Marie-Antoinette – les archiduchesses Marie-Josèphe et Jeanne-Gabrielle. Ces reliques capillaires, enfermées dans des médaillons, faisaient partie d'un chapelet, propriété d'un couvent de Klagenfurt, en Autriche, réunissant seize mèches des seize enfants de l'impératrice Marie-Thérèse, la mère de Marie-Antoinette, et donc la grand-mère de Louis XVII.

C'est alors qu'un naundorffiste célèbre, Philippe Boiry – alias « le prince Philippe d'Araucanie » – décide de compléter la démarche de Hans Petrie, en fournissant d'autres éléments d'analyse, et la collaboration des Naundorff de France. Après quoi l'ensemble de ces différentes reliques est confié aux laboratoires de génétique du professeur Jean-Jacques Cassiman, de l'université catholique belge de Louvain, et du docteur Olivier Pascal, au CHU de Nantes.

Au cours d'un colloque organisé à Paris en novembre 1996 sur la question Louis XVII, Hans Petrie laisse filtrer l'information capitale : « Les tests génétiques sont définitifs, aucun rapport entre les Naundorff et les Habsbourg ! » Ces analyses conduisent à une certitude quasi absolue. Mais la revue britannique *Nature Genetics*, qui doit publier le compte rendu de ces expériences, exige auparavant qu'une analyse de contrôle soit pratiquée sur un ou plusieurs descendants en ligne exclusivement féminine de Marie-Thérèse d'Autriche. C'est ainsi que la reine Anne de Roumanie accepte de fournir un peu de son sang, et son frère André de Bourbon-Parme quelques-uns de ses cheveux.

Le verdict définitif ne tombera que le 2 juin 1998. L'université de Louvain vit des instants solennels, presque historiques. La nouvelle, annoncée par le professeur Cassiman, est une sentence sans appel : « L'analyse d'ADN a montré de manière concluante que les restes de Naundorff ne peuvent être identifiés comme ceux de Louis XVII, fils de Marie-Antoinette. » La science confirme ainsi ce que toute étude historique sérieuse laissait deviner : Naundorff était au mieux un mythomane, plus sûrement un escroc. Pourtant, les partisans du Prussien ne jettent pas l'éponge : « L'os analysé est resté quarante-six ans dans un local sans scellés. A cause de cela, les résultats ne peuvent pas être définitifs. » Les naundorffistes ne seront jamais prêts à abandonner leur foi…

Le principal soi-disant dauphin disqualifié, pouvait-on espérer obtenir une preuve positive de la mort de Louis XVII au Temple ? Les investigations diligentées par Louis XVIII pour retrouver son corps, au cimetière de Sainte-Marguerite, n'avaient pas abouti. Quant aux ossements exhumés plus tard, sous la monarchie de Juillet, ils proviennent de plusieurs squelettes, impossibles à identifier. Cependant, dans une chapelle de la nécropole royale de Saint-Denis, au nord de Paris, avait été déposé en 1975 un cœur desséché, suspendu à l'intérieur d'un vase de cristal. Selon toute apparence, celui de l'enfant mort au Temple…

Un cœur vagabond

Une enquête digne d'une traque policière, menée par l'auteur de ces lignes, dans différents musées, bibliothèques et dépôts d'archives, va lui permettre de vérifier le parcours de ce viscère gyrovague. A chaque étape de sa formidable odyssée, des procès-verbaux, témoignages sur l'honneur, enquêtes ministérielles et autres actes notariés attestent l'identité de « l'objet ». Le 9 juin 1795, au lendemain du décès de l'enfant, le docteur Philippe-Jean Pelletan – assisté par les docteurs Lassus, Dumangin et Jeanroy – procède à l'autopsie du corps. Profitant d'un moment d'inattention de ses collègues, Pelletan « soustrait » le cœur, qu'il roule dans du son, enferme dans un mouchoir et cache dans sa poche. De retour chez lui, il place son « pieux larcin » dans un vase de cristal rempli d'« esprit-de-vin » – alcool éthylique. Durant toute la Révolution, le praticien, membre de l'Institut national, chirurgien en chef et professeur au grand hospice d'Humanité – ci-devant Hôtel-Dieu –, conservera le viscère dans ce bocal dissimulé derrière les livres de sa bibliothèque. Napoléon Ier s'empare de la couronne impériale, et Pelletan en vient à oublier le pauvre cœur – désormais desséché – dans l'un des tiroirs de son bureau où il range ses pièces d'anatomie.

La suite paraît des plus rocambolesques ! Un dénommé Jean-Henry Tillos, élève et assistant de Pelletan, subtilise en effet le cœur, dont le chirurgien a eu l'imprudence de lui parler. Mais le voleur ne tarde pas à succomber à la tuberculose. Sur son lit de mort, torturé par les regrets, il fait jurer à sa veuve de restituer la « relique » à son légitime détenteur. Après la chute de l'Aigle et le retour des Bourbons, Pelletan multiplie les démarches auprès de Louis XVIII. En butte à des intrigues de cour, anobli par « l'Usurpateur » et accusé de sympathies bonapartistes, le chirurgien ne parvient pas à entrer en contact avec le souverain. Néanmoins, la duchesse d'Angoulême – Marie-Thérèse, sœur de Louis XVII – le rencontre à la faveur d'une visite à l'Hôtel-Dieu, puis elle lui accorde une entrevue aux Tuileries. Elle l'interroge sur les soins qu'il a donnés à son malheureux frère et sur le moyen qu'il a employé pour « soustraire le cœur sans un danger imminent ».

Le retour de Napoléon, durant les Cent-Jours, interrompt les efforts de Pelletan. A partir de 1816, celui-ci tente de nouveau de remettre le cœur à la famille royale, sans davantage de succès. Plusieurs enquêtes sont diligentées, par plusieurs ministères. Le chirurgien fournit des preuves écrites, des témoignages nombreux, mais la précieuse relique demeure entre ses mains. En fin de compte, le 23 mai 1828, Charles X ordonne que le cœur – placé dans une urne de cristal – soit confié à la sauvegarde de l'archevêque de Paris, Hyacinthe-Louis de Quélen, qui le reçoit « comme un dépôt sacré », et promet de s'efforcer de le remettre au roi Charles X.

Pelletan s'éteint l'année suivante à Bourg-la-Reine, sans avoir obtenu satisfaction. Le 29 juillet 1830, Paris s'enflamme pendant les « Trois Glorieuses ». Les révolutionnaires saccagent le palais de l'archevêché, situé à l'emplacement de l'actuel square Jean-XXIII, près du chevet de Notre-Dame. Au cours du pillage, un ouvrier imprimeur, Benjamin Lescroart, s'empare du cœur et des papiers certifiant son authenticité. Il s'apprête à le rapporter à l'un des fils du docteur Pelletan, Philippe-Gabriel, lui-même médecin, et qu'il a probablement consulté au bureau de bienfaisance de l'ancien IIe arrondissement, rue Saint-André-des-Arts. Hélas, un émeutier lui dispute sa prise. D'un coup de sabre, il brise l'urne de cristal qui renferme le cœur. Celui-ci roule à terre, au milieu des débris de verre aux armes fleurdelysées, tandis que l'imprimeur, épouvanté, s'enfuit avec les documents. Revenu de sa frayeur, Lescroart prévient le fils Pelletan. Une semaine plus tard, le calme revenu, ils retournent ensemble sur les lieux de l'altercation. Avec l'aide du concierge de l'archevêché, ils finissent par dénicher le reste sacré, enfoui dans un tas de sable…

Le docteur Philippe-Gabriel Pelletan replace le cœur dans une nouvelle urne de cristal, semblable à la précédente. Il la gardera en sa possession jusqu'à sa propre mort, en 1879. Il lègue alors le cœur à un ami, l'architecte Prosper Deschamps. Par le jeu d'une succession d'héritages, la relique tombera finalement entre les mains d'un certain Edouard Dumont. Le 22 juin 1895, dans sa demeure de Neuilly-sur-Seine, celui-ci remet le cœur au comte Urbain de Maillé, représentant don Carlos, duc de Madrid, prétendant carliste au trône de France. Le 2 juillet suivant, la relique et le vase de cristal sont passés clandestinement en Italie par l'érudit Maurice Pascal qui les dépose entre les mains du prince, à Venise. Au cours d'une cérémonie émouvante, don Carlos adresse à l'héritier du docteur Pelletan ses remerciements pour « avoir conservé à [sa] famille le cœur de [son] grand-oncle, le roi Louis XVII ».

Quelques semaines plus tard, la relique rejoint la chapelle du château de Frohsdorf, près de Vienne. Elle y restera près d'un demi-siècle, jusqu'à ce que, fuyant les ravages de la Seconde Guerre mondiale, la fille de don Carlos, Béatrice, princesse Massimo, emporte le cœur en Italie. Enfin, le 10 avril 1975, deux des quatre filles de la princesse Massimo, Marie des Neiges – Mme Charles Piercy – et Blanche – comtesse de Wurmbrand-Stuppach –, agissant conjointement avec leurs sœurs absentes, confient le cœur au duc de Bauffremont, président du Mémorial de France à Saint-Denis, afin qu'il soit conservé dans la nécropole des rois de France.

C'est ainsi que, le 15 décembre 1999, à l'initiative de l'auteur de ces lignes et avec l'accord du duc de Bauffremont, un prélèvement est pratiqué sur la relique par les soins du professeur Jean-Jacques Cassiman, généticien de l'université de Louvain, en Belgique. La pièce anatomique est tellement pétrifiée qu'il faut la découper au moyen d'une scie médicale. D'ores et déjà, le rapport du docteur Heidi Pfeiffer, spécialiste de médecine légale, qui a procédé à l'examen macroscopique, confirme que l'objet conservé à la basilique de Saint-Denis semble bien un « cœur humain de petite taille, pouvant correspondre au cœur d'un enfant de 5 à 12 ans ». Cette simple constatation met à mal les élucubrations des survivantistes, au sujet d'un hypothétique substitué de 15 ou 18 ans !

Quant aux analyses ADN proprement dites, elles sont menées conjointement par le professeur Jean-Jacques Cassiman, de Louvain – celui qui a déjà « démasqué » Naundorff –, et par son collègue allemand de l'université de Münster, le professeur Bernd Brinkmann. Les séquences d'ADN mitochondrial déterminées dans ces prélèvements sont comparées à celles de Marie-Antoinette et des Habsbourg, que le professeur Cassiman a précédemment mises en évidence.

L'annonce des résultats, le 19 avril 2000, dans le cadre du musée d'Histoire de la médecine de Paris, prend une dimension internationale. Journaux, radios et télévisions les répercuteront sur les cinq continents ! C'est aussi que la conclusion est sans appel. Les séquences génétiques du cœur sont identiques à celles obtenues précédemment à partir des cheveux de la reine et de ses sœurs. En outre, une variante dans la séquence de l'ADN du cœur, retrouvée aussi chez les descendants actuels des Habsbourg par les femmes, Anne de Roumanie et son frère André de Bourbon-Parme, renforce encore « une parenté plus que probable entre ces différentes personnes ».

Louis XVII avait un frère...

Procédons avec méthode. Que nous apprennent exactement ces tests ? Que la relique conservée à Saint-Denis depuis 1975 appartient à un enfant apparenté à la ligne maternelle – « cognatique », dirait un généalogiste – de Marie-Antoinette. A cet égard, personne ne remet en cause leur validité, mais, selon la formule du professeur

Cassiman, « l'ADN n'est pas une carte d'identité, il ne marque qu'une parenté ». Reste une question, que seul l'historien peut résoudre : ce cœur est-il bien celui de l'enfant mort et autopsié au Temple ? Car, dans ce cas, ce ne pourrait être que Louis XVII.

Cependant, n'y aurait-il pas eu substitution ou échange – volontaire ou fortuit – du cœur « soustrait » par le docteur Pelletan contre un autre « cœur Habsbourg », à un moment ou à un autre de son tumultueux parcours, entre 1795 et 1975 ? « Substitution » est le maître mot des survivantistes, et en l'occurrence leur ultime planche de salut...

Le seul autre cœur qui aurait pu, avec assez de vraisemblance, être confondu avec celui de Louis XVII est celui de son frère aîné, le premier dauphin. Rappelons les faits. Le 4 juin 1789 meurt à Meudon Louis-Joseph Xavier François, âgé de 7 ans et demi, de suites fatales d'une tuberculose osseuse. Le lendemain, cinq médecins et quatre chirurgiens procèdent à « l'ouverture du corps » et à son embaumement. Le cœur est déposé dans une double boîte de vermeil et de plomb. Le 12 juin, selon une tradition remontant à Anne d'Autriche, il est déposé dans la crypte de la chapelle Sainte-Anne du Val-de-Grâce par le jeune duc de Chartres, futur Louis-Philippe Ier.

Ces cœurs princiers – comme l'ensemble du cadavre – subissaient ce que nous appellerions aujourd'hui un traitement de thanatopraxie, sans lequel ils se seraient rapidement corrompus. Ils étaient lavés, ouverts, remplis d'herbes et d'aromates, puis emmaillotés dans des bandelettes, à la manière des momies de l'Egypte antique. Le procédé, codifié depuis le Moyen Age, est exposé dans de nombreux traités de chirurgie et de pharmacie des XVIIe et XVIIIe siècles. Or, nous avons vu que le cœur de l'enfant du Temple n'avait pas subi un tel traitement. Pelletan s'est contenté de le plonger dans l'alcool, comme une vulgaire curiosité anatomique, puis il s'est déshydraté à l'air libre. Il ne présente aucune trace d'embaumement. Lors de son examen macroscopique, en 1999, le docteur Pfeiffer a signalé l'existence d'un fragment d'aorte, long de 2 cm, tel que décrit en 1830 par Philippe-Gabriel Pelletan. Plus généralement, les caractéristiques de cette « relique » coïncident point par point avec les indications portées dans les procès-verbaux des médecins qui l'ont observée en 1895.

Mais qu'est devenu le cœur du premier dauphin ? A la fin de 1792, le Val-de-Grâce est profané. Le journal des *Révolutions de Paris* – daté du 29 décembre – évoque « les cœurs des tyrans, embaumés [...] [qui] déjà gisent pêle-mêle sur le pavé de la chapelle funéraire [...] dépouillés de leurs enveloppes d'argent et d'or ». D'autre part, un dossier conservé aux Archives nationales nous apprend que le cœur de Louis-Joseph a échappé à la destruction. Emporté clandestinement par « un sieur Legoy, secrétaire du comité de l'Observatoire », il réapparaît de manière fugace en 1817 à la mairie du XIIe arrondissement de Paris – l'actuel V^e^. Depuis lors, nous ignorons ce qu'il est advenu de lui. Il n'a pas été redéposé au Val-de-Grâce, ni à Saint-Denis. Seule la plaque gravée qui recouvrait la boîte et porte la mention « Louis-Joseph Xavier François [...] mort à Meudon le 4 juin 1789 » est encore visible au musée Crozatier du Puy-en-Velay.

Sur cet unique point plane une dernière ombre. Mais cela ne remet nullement en cause l'identité du cœur de Louis-Charles, ni sa « traçabilité », dûment établie par l'enquête historique. Consulté par le ministère de la Culture en 2004 sur l'opportunité de recevoir solennellement la « relique » à Saint-Denis, le professeur Jean Tulard émet un avis favorable. L'année suivante, il précise dans son ouvrage *Les Thermidoriens* : « [...] il y avait ce cœur que le médecin Pelletan affirmait avoir dérobé lors de l'autopsie qu'il avait pratiquée sur l'enfant mort au Temple avec le concours des docteurs Dumangin, Lassus et Jeanroy. [...] Que le cœur ait été refusé par Louis XVIII et la duchesse d'Angoulême ne signifie pas qu'il n'est pas celui de l'enfant royal. C'était une forme de prudence que ne pouvait que partager l'historien jusqu'aux résultats des analyses d'ADN publiés le 19 avril 2000. Les résultats obtenus par les professeurs Cassiman et Brinkmann montrent un lien de parenté avec Marie-Antoinette et confirment en conséquence que ce cœur est bien celui de Louis XVII mort au Temple. [...] Il est vrai que Louis-Charles avait eu un frère aîné, Louis-Joseph, décédé le 4 juin 1789 [...]. Mais le cœur qui a été soumis à l'analyse de l'ADN ne montrait pas de traces d'embaumement ou d'un traitement respectueux de la personnalité du dauphin. On peut donc penser, si l'on fait confiance à l'analyse ADN (procédé reconnu par la justice), que Louis-Charles est bien mort au Temple le 8 juin 1795. »

Retour à Saint-Denis

La fable du dauphin évadé n'était qu'un mauvais roman à l'eau de rose. Et l'histoire ne s'écrit pas comme un roman. Elle a l'exigence et l'âpreté de la vérité. Elle est souvent implacable et sordide. Certes, le destin de l'enfant royal, emprisonné dans le sinistre donjon du Temple, apparaît monstrueux. Louis XVII, brisé physiquement et moralement, miné par la maladie, s'est éteint au terme de longs mois de captivité, sans avoir revu la lumière du soleil. « La vérité vous rendra libre », peut-on lire dans l'évangile de saint Jean. En restituant au fils de Louis XVI sa véritable mort, c'est à tous les enfants martyrs, de tous les temps et de tous les pays, que l'on a rendu hommage. A tous les enfants victimes innocentes de la politique, de la guerre, de l'intolérance, en un mot de la cruauté et de la folie des adultes.

Ainsi, le 8 juin 2004, deux cent neuf années exactement après sa mort, l'urne funéraire contenant le cœur de Louis-Charles a été placée à Saint-Denis dans la chapelle des Bourbons, lors d'une cérémonie poignante présidée par Louis-Alphonse de Bourbon, en présence de l'archiduc Charles d'Autriche et de plusieurs descendants de nos rois. Dans son homélie, d'une profonde spiritualité, l'abbé Christian-Philippe Chanut s'est adressé au petit prince comme à un monarque vivant :

« Sire, voilà enfin le moment où, avec les honneurs que nous sommes capables de rendre, nous déposons ce qui reste véritablement de vous, dans cette crypte où se trouvent tous vos ancêtres. Sire, nous regardons toujours les rois comme des êtres de lumière, et vous ne fûtes roi que comme le Roi des Ténèbres. Et lorsque l'on vous voit, on oublie peu à peu le charmant enfant du jardin des Tuileries, [...] là où, Sire, vous êtes devenu le roi, celui de la tristesse, celui de la misère, celui de l'humiliation. Quel roi a été plus que vous le roi de son peuple parce qu'il vivait les mêmes misères, les mêmes terreurs, les mêmes injustices ?

« Avec ce petit morceau de votre cœur, Sire, ce sont tous les combattants de la Vendée, ce sont tous les martyrs de la Révolution, ce sont tous ceux qui ont dit non à la barbarie organisée, ceux qui ont voulu être comme vous une victime expiatoire.

« O Sire ! Vous n'avez pas reçu l'onction du sacre, mais vous vous êtes plus que personne identifié au Christ, souffrant dans le Christ. Et si jamais vous avez été fidèle aux enseignements de votre père, cette souffrance, vous l'offriez pour qu'elle ne retombe pas sur nous et pour que la lumière se lève après le temps épais des ténèbres.

« Sire, vous avez été un grand roi parce que personne n'a été témoin de vos souffrances et parce que, en fin de compte, si les bourreaux ont arrêté la lente destruction psychique qu'ils avaient entreprise, s'ils ont préféré vous emmurer pour ne plus songer à vous, c'est parce que, sans doute, mystérieusement, la grâce l'avait emporté sur le péché.

« En déposant ce qui reste véritablement de vous dans cette crypte, nous voulions voir naître l'espoir. Nous vous posons comme un grain de blé qui tombe sur la terre et qui meurt afin de ressusciter et de porter beaucoup de fruits.

« Sire, puisse Votre Majesté ignorée, être toujours pour nous, à travers le temps et l'espace, le signe de la lumière qui est toujours plus forte que les ténèbres, le signe de la victoire de la croix sur le péché. Amen. »

Bibliographie sélective

Becquet, Hélène, *Louis XVII. L'enfant-roi*, Perrin, 2017.
Bercé, Yves-Marie, *Le Roi caché*, Fayard, 1990.
Delorme, Philippe, *Louis XVII. La vérité*, Pygmalion, 2000.
—, *Louis XVII. La biographie*, Via Romana, 2015.
Garçon, Maurice, *Louis XVII ou la fausse énigme,* Hachette, 1952.
Rendu, Jean-Baptiste, *L'Enigme Louis XVII*, Larousse, 2011.

XIII

Qui a tué le duc d'Enghien ?

par Thierry LENTZ

Le 15 avril 1821, Napoléon ajouta un codicille à son testament : « J'ai fait arrêter et juger le duc d'Enghien parce que cela était nécessaire à la sûreté, à l'intérêt et à l'honneur du peuple français, lorsque le comte d'Artois entretenait [...] *soixante assassins dans Paris. Dans de semblables circonstances, j'agirais de même. » Plus qu'un aveu déjà exprimé à plusieurs reprises, le fait que dans les derniers jours de sa vie (il mourut le 5 mai) l'empereur exilé ait encore voulu revendiquer la mise à mort du dernier des Condés montre à quel point cette affaire lui fut importante et – peut-être – le tourmenta.*

Depuis le début de l'année 1804, la marche à l'Empire s'était accélérée. Auréolé de ses succès et déjà consul à vie depuis 1802, Bonaparte s'était découvert : il était prêt à accepter la couronne que réclamait en vain pour lui une partie de son entourage depuis que sa politique avait ramené la paix extérieure, la concorde religieuse et la fin de la guerre civile dans l'Ouest. Depuis le mois de mai 1803, après moins d'un an de trêve, l'Angleterre avait repris la lutte contre les « Jacobins de Paris » (thèse officielle) et la prépondérance française en Europe (fond du problème). Le jeune chef de l'Etat en avait profité pour resserrer son pouvoir, laissant ses généraux et les « monarchistes sans roi » lancer des ballons d'essai sur l'évolution du régime. Il ne restait plus qu'à obtenir l'assentiment parlementaire. Mais c'est ici que la mécanique bloquait. Les anciens révolutionnaires avancés, souvent régicides repentis tel le sénateur Joseph Fouché, ne voulaient pas entendre parler d'« Empire » (puisqu'il était hors de question de rétablir une royauté) et de souverain héréditaire.

La grande conspiration Cadoudal-Pichegru

On en était là lorsque la police, dirigée depuis la disgrâce de Fouché (septembre 1802) par le ministre de la Justice Regnier, découvrit qu'un vaste complot s'ourdissait dans les ruelles et les caves parisiennes, fomenté par le terrible Georges Cadoudal, général de l'Armée catholique et royale, avec les encouragements du comte d'Artois – le futur Charles X – et du gouvernement britannique, qui avait repris le financement des activités royalistes. C'est par le plus grand des hasards que l'on avait mis la main au collet de quelques comparses. On les avait convaincus d'en dire plus, au besoin en leur serrant les pouces dans des chiens de pistolet. On fut donc ébahi d'apprendre que celui que l'on n'appelait que « Georges » vivait depuis des mois au cœur de la capitale, entouré de complices dont le moindre n'était pas le général « traître » Pichegru, héros de la Révolution passé à la Contre-Révolution. Leur but était d'accomplir ce qu'ils appelaient « le coup essentiel », officiellement l'enlèvement, plus probablement l'assassinat de Bonaparte sur la route de Malmaison, son havre familial en dehors de Paris.

Une véritable chasse à l'homme débuta, avec son lot de surveillances, de correspondances violées, de filatures et d'interrogatoires appuyés. Un domestique de Cadoudal, Picot, fut pris le premier. Il finit par parler, ce qui permit l'arrestation d'autres complices. Il ressortit de l'enquête que Georges et Pichegru avaient tenté d'entraîner dans leur conspiration le général Moreau, celui que l'on a abusivement surnommé depuis le « rival républicain » de Bonaparte. Pour être « rival », il eût fallu qu'il eût les mêmes capacités que le Premier consul. Quant à son républicanisme, il ne le plaça jamais au-dessus de son ambition personnelle. Il fut arrêté le 15 février 1804, ce qui émut beaucoup dans le milieu des authentiques partisans de la République. On sentit même le peuple des faubourgs frémir et critiquer ce régime qui s'en prenait à ceux que l'on croyait vrais patriotes. Il fallait absolument interpeller les autres protagonistes pour prouver que Moreau s'était indirectement entendu avec Londres. Paris fut mis en état de siège et, quelques bavardages de mouchards plus tard, le 28 février, Pichegru fut appréhendé sans dommages. Il n'en fut pas de même le 9 mars lorsque Cadoudal tomba dans un guet-apens policier. Il se défendit, tua un inspecteur et en blessa grièvement un autre. Lorsqu'on lui reprochera d'avoir occis un père de famille, il répondra en substance que, la prochaine fois, on n'aurait qu'à lui envoyer des célibataires.

Comme on l'imagine, petits et gros poissons furent immédiatement interrogés, cette fois sans torture. Parce qu'il avait de l'honneur, Cadoudal ne rechigna pas à donner des détails : il était encore loin de passer à l'action lorsqu'on l'avait menotté puisqu'il attendait qu'un « prince français » fût arrivé à Paris ; c'est à lui qu'il devait remettre le pouvoir après l'élimination de Bonaparte.

Quel prince ?

Ceux qui ont voulu dédouaner Napoléon de la suite de l'histoire ont toujours prétendu que l'on s'était « creusé la tête » (Savary) pour deviner de qui Cadoudal avait voulu parler. Les mêmes prétendent que c'est Talleyrand qui aurait alors soufflé le nom du duc d'Enghien dont il fit par là même découvrir l'existence au Premier consul. La vérité est probablement autre. Nul ne doutait en effet que le mystérieux prince était le comte d'Artois. Et à Sainte-Hélène, on l'a dit, c'est bien lui qu'accusa l'empereur mourant. Il le savait depuis longtemps le chef des forces armées, y compris clandestines, de la Contre-Révolution. Il l'était désormais d'autant mieux que, depuis la rupture de la paix d'Amiens, la bourse d'Albion s'était rouverte et que le temps des opérations était revenu. Nous savons, nous, qu'il ressemblait bien à Artois de promettre sa venue… sans avoir l'intention de quitter son exil britannique tant qu'il courrait le moindre risque. Il n'avait jamais agi autrement, et notamment pas lors de la sanglante expédition de ses partisans à Quiberon, à l'été 1795[1]. Cela explique qu'après plusieurs mois à Paris, de cachette en cachette, Georges et ses complices, comme sœur Anne, n'avaient rien vu venir. Ils auraient sans doute pu attendre encore longtemps.

---

1. Le 23 juin 1795, 5 000 à 6 000 émigrés avaient débarqué dans le Morbihan, bientôt rejoints par plus de 15 000 chouans, tandis que les Vendéens se mettaient en mouvement. Une deuxième vague devait débarquer près de Saint-Malo, avec le comte d'Artois à sa tête. Elle ne vint jamais, si bien que, rejetés dans la presqu'île de Quiberon, les émigrés et les chouans furent sévèrement battus, 600 mourant au combat et 800 étant ensuite fusillés par les forces républicaines. Ils perdirent en outre 6 000 prisonniers.

Quant à la « découverte » du duc d'Enghien, elle ne résiste pas mieux à l'analyse. Alors âgé de 32 ans, le petit-fils du prince de Condé n'était pas n'importe qui dans les milieux royalistes, par sa filiation, certes, mais aussi par son engagement dans la lutte contre la Révolution. Emigré dès 1789, il avait combattu dans l'« armée de Condé », commandée par son grand-père, et avait participé à l'invasion de la France en 1792. A la dissolution de cette troupe bigarrée, il s'était retiré en Allemagne et résidait désormais en pays de Bade, coulant des jours d'apparence tranquille auprès de Charlotte de Rohan, nièce du principal acteur de l'affaire du Collier. Il ne vivait cependant pas que d'amour et d'eau fraîche. Ne renonçant pas à ses idéaux et toujours prêt à tirer le sabre, il attendait simplement le signal de l'offensive générale, sa correspondance l'atteste sans contestation possible. Parlant du Premier consul, il avait ainsi écrit dans une lettre interceptée par la police : « Son sceptre est de fer pour ses concitoyens ; on l'a mis là, on ne l'en ôtera que mort. » Le moins qu'on puisse écrire est que le duc faisait partie des ennemis actifs de la République. Il n'avait rien d'un innocent dont le destin allait être injustement brisé. Dans le sérail gouvernemental, il était donc loin d'être un inconnu et on trouve même fréquemment son nom dans les bulletins de police remis quotidiennement à Bonaparte. On l'y présentait parfois comme un des jeunes loups du royalisme, voire le chef de file d'une troisième voie (après la branche aînée et les Orléans) pour une restauration avec changement de branche dynastique. Le chef de l'Etat connaissait trop bien les configurations politiques, les hommes qui les animaient et les généalogies de son temps pour avoir été surpris que ce prince soit si actif et, surtout, imprudent puisqu'il séjournait à quelques kilomètres de la frontière française.

Tous les témoins ont attesté que Bonaparte était alors dans une colère noire contre les conspirateurs, furieux qu'on veuille attenter à ses jours mais aussi, n'en doutons pas, de se voir dénier toute légitimité au point qu'on veuille le tuer « comme un chien [*sic*] ». Il n'y avait pas besoin qu'il fût corse pour préparer une cinglante réponse. Il le dira plus tard à Caulaincourt dans la voiture les ramenant de Russie : « Le sang appelle le sang ! » C'est exactement ce qui se passa.

L'aile agissante des « assassins » étant hors d'état de nuire, il fallait désormais décapiter la conspiration. Et comme Artois était hors d'atteinte, la décapitation serait symbolique, non dans l'acte mais par la victime choisie. Le duc d'Enghien fut désigné sans trembler pour supporter les représailles. Que Talleyrand y ait poussé ne change rien à l'affaire. C'est bien Bonaparte qui décida – et qui d'autre que lui aurait pu décider ? Son dossier n'était au demeurant pas vide : le duc complotait avec les ennemis de la République et se tenait prêt – écrivait-il – à se joindre aux premières troupes qui envahiraient la France. Décidément, il ne voulait pas que du bien au gouvernement de la France et à son chef. Un seul point restait incertain : on ne pouvait prouver le moindre lien entre lui et Georges. Pour en avoir tout de même le cœur net, on envoya un gendarme-espion rôder autour de la maison qu'il occupait à Ettenheim. Ce gendarme s'appelait Lamothe. Il s'aboucha avec le maître de poste pour étoffer son rapport. C'est peu dire qu'il fit sensation : non content de se préparer à reprendre les armes, Enghien accueillait chez lui de notoires contre-révolutionnaires tels Dumouriez, passé à l'ennemi en 1792, le maître espion britannique Spencer Smith et une redoutable réunion d'émigrés belliqueux. Cette fois, son compte était bon. Les dragons du général Ordener quittèrent

Paris pour la frontière badoise avec ordre de se saisir de toute la bande, tandis que l'aide de camp Caulaincourt s'en allait expliquer à la cour de Bade les raisons de cette violation de frontière.

On saura plus tard – et l'anecdote est vraie – que le pandore s'était laissé abuser par l'accent local : Dumouriez était un dénommé « Thumery » et Spencer Smith un certain « Schmitt », patronyme très fréquent dans cette germanique contrée. Mais au fond, peu importe : l'objectif était bien le duc d'Enghien et la capture des autres n'aurait été qu'un bénéfice collatéral.

L'exécution

Il était 1 heure du matin, le 21 mars 1804, lorsqu'on introduisit dans une des salles du donjon du château de Vincennes Louis-Antoine duc d'Enghien, fils du duc de Bourbon-Condé et petit-fils du huitième prince de Condé[2]. Non loin de l'endroit où, dit-on, son lointain ancêtre Saint Louis rendait la justice, c'est face à sept juges d'une commission militaire qu'on le traduisait. Cette justice-là n'était ni bienveillante ni revêtue d'aucune procédure contradictoire. Elle servait avant tout à justifier l'envoi *ad patres* des « brigands », nom juridique des comploteurs de tout poil.

Six jours plus tôt, la maison d'Ettenheim avait été encerclée par des soldats français et on s'était saisi du

2. Le duc de Bourbon-Condé deviendra prince de Condé à la mort de son père, en 1818. Il mourra en 1830, dans des circonstances mystérieuses (on le retrouvera pendu) et sans postérité mâle (voir ci-dessous *Saint-Leu. La liaison dangereuse du duc de Bouillon*, par Pierre Cornut-Gentille). Il sera donc le neuvième et dernier porteur du prestigieux titre.

prince sans difficulté. On avait à peine été déçu de ne pas se saisir aussi de Dumouriez et Smith. Louis-Antoine avait été immédiatement transféré à Strasbourg puis, en simple voiture légèrement escortée, vers les portes de la capitale. Il était arrivé à Vincennes en fin d'après-midi du 20 mars et avait été aussitôt interrogé. Tous les procès-verbaux sont soigneusement conservés aux Archives nationales et montrent que pour expéditive qu'ait été la procédure, elle ne fut pas sans formes. L'accusé n'avait rien avoué concernant la conspiration Cadoudal, et pour cause. En revanche, il n'avait pas caché son opposition au régime républicain et son souhait de voir son « cousin » Provence (le futur Louis XVIII) s'asseoir sur le trône. Puis, il avait demandé à rencontrer le Premier consul, d'homme à homme, presque de soldat à soldat, pour s'expliquer et dissiper le malentendu qui – il le sentait – était en train de prendre corps. On l'avait assuré qu'un messager partait sur-le-champ vers le Palais du gouvernement. En attendant, il était confronté à ces sept officiers, présidés par le commandant des grenadiers de la garde des consuls, le général Hulin.

A la lueur des chandelles, on l'interrogea encore. Il se défendit à sa façon, prenant de haut les accusations dont on s'obstinait à l'accabler. « Oui, j'ai fait la guerre au gouvernement républicain afin de soutenir les droits de ma famille et de mon rang et je suis prêt à la faire encore. J'ai même, dans ce but, effectué une démarche auprès du gouvernement de Sa Majesté britannique pour prendre du service dans son armée à l'occasion de la nouvelle guerre. Ma naissance, mes opinions me rendent à jamais l'ennemi de votre gouvernement », finit-il par dire, un peu agacé qu'on lui reposât des questions déjà posées. Et lorsqu'on lui demanda s'il avait été payé par l'Angleterre : « Je le suis encore, et je reçois de cette puissance cent cinquante guinées par mois. » Cela étant reconnu, il nia avoir voulu attenter à la vie du Premier consul : « Me croire capable de complot et d'assassinat est me faire insulte. Une pareille manière d'agir est tellement contraire à mon rang et à ma naissance que je m'étonne que vous ayez pu m'en croire capable. Non seulement je n'ai été mêlé en rien au complot que l'on prétend avoir été ourdi contre le général Bonaparte, mais j'ai été tenu dans l'ignorance la plus absolue à son sujet et je n'en connais ni les auteurs ni le but. »

Il n'y eut pas de débat, pas d'avocat, pas de plaidoirie. Le tribunal se retira pour délibérer. Le rapporteur, le major de la gendarmerie d'élite de la garde consulaire Dautancourt, conclut à la culpabilité. Bien qu'ils débattissent assez vivement, les juges savaient ce qu'il leur restait à faire. Et s'ils hésitaient trop, la présence permanente dans la salle d'audience du général Savary, aide de camp et « séide » de Bonaparte, rappelait à chacun pour quel motif il siégeait dans la commission militaire[3]. Contrairement à ce qu'on a dit, Savary n'eut pas besoin d'arracher la plume des mains de Hulin une fois le jugement signé en lui disant : « Votre affaire est finie. Le reste me regarde. » Car le scénario de la dernière nuit du duc d'Enghien était déjà écrit. Le gouverneur militaire de Paris, Murat, avait fait boucler la zone, le commandant du château, Harel, avait doublé les gardes. Surtout, en début de soirée, on avait commencé les préparatifs de l'exécution. Une fosse avait été creusée dans les fossés[4] et un peloton de seize gendarmes avait été consigné. Une

3. Savary, plus tard duc de Rovigo, sera ministre de la Police de Napoléon de 1810 à 1814.

4. Une petite colonne en marque encore l'emplacement, au pied de la tour de la Reine. On y lit sous la mention *Hic cecidit* (« C'est ici

heure après sa présentation devant la commission, le duc d'Enghien fut donc condamné à mort. Sans doute crut-il avoir le temps d'écrire à Bonaparte et d'obtenir enfin son rendez-vous. Il n'en était pas question. Sa dernière lettre fut pour sa bien-aimée Charlotte.

Le voici qui descend vers les fossés, suivi de son chien dont, bizarrement, on n'a pas jugé utile de le séparer à Ettenheim. La porte s'ouvre. Il frémit à la vue des gendarmes et entend la lecture du jugement. Il demande des ciseaux, coupe une mèche de ses cheveux, la place, ainsi que son anneau, dans la lettre qu'il vient d'écrire. Il demande un prêtre. Il n'y en a pas. Alors, il s'agenouille pour recommander son âme à Dieu. Une voix – peut-être celle de Savary – s'élève : « Pas de capucinades ! » La seule réaction du condamné qui se relève sera : « Qu'il est affreux de mourir ainsi de la main de Français. » On éloigne le chien et on place le condamné face aux fusils. Il refuse le bandeau. Encore la voix : « Commandez le feu ! » Le commandant du peloton retire son bicorne. C'est le signe convenu. La salve. Le dernier des Condés s'écroule. Il est prestement enterré sur les lieux de l'exécution où il restera jusqu'à la Restauration[5].

Réactions

Selon leurs Mémoires et leurs témoignages, tous les acteurs du drame furent frappés de stupeur devant la

---

qu'il tomba ») le nom et les titres du supplicié, ajoutés en 2004 par la fondation de la Maison de Bourbon.

5. Louis XVIII le fera exhumer et placer son tombeau, sculpté par Louis-Pierre Deseine et achevé en 1825, dans la Sainte-Chapelle du château de Vincennes.

rapidité des événements. Murat, un des organisateurs de cette folle soirée, prétendra avoir éclaté en sanglots à l'annonce de la mort du duc. Hulin et les autres membres de la commission ne cesseront de charger Savary du crime… mais évidemment après la chute de l'Empire. Talleyrand, très tôt accusé d'avoir forcé la main de son maître, niera toute implication et ira même jusqu'à affirmer qu'il avait tenté d'éviter le pire. « C'est plus qu'un crime, c'est une faute », aurait murmuré Fouché, à moins que ce ne soit Boulay de la Meurthe. Parmi toutes ces déclarations à la Ponce Pilate, la plus drôle et invraisemblable est celle du conseiller d'Etat Réal. Doué pour les affaires de police, celui-ci avait été chargé de l'enquête sur la conspiration de Georges et ses suites. Il était donc un homme clé de toute l'affaire, nuit de Vincennes comprise puisque le duc d'Enghien avait été décrété complice. A la Restauration, il chercha évidemment à se dédouaner et invoqua… son sommeil de plomb. Si on en croit ses dires, pendant que l'on rebouchait la fosse de Vincennes, Savary avait pris la route de Malmaison. Au même moment, Réal, lui, prenait le chemin inverse, de Paris à Vincennes. Les deux hommes se seraient croisés, le conseiller d'Etat informant le général qu'il avait encore des questions à poser à l'accusé. Il apprit qu'il était trop tard et, sans demander son reste, rebroussa chemin. On peut s'étonner que le responsable de l'enquête ait été si mal informé de ce qui se tramait autour du prétendu principal coauteur de la tentative de crime sur la personne du chef de l'Etat. Et, en effet, on s'en étonna. C'est alors que Réal avança son argument décisif : il avait tardé à se rendre à Vincennes parce que, harassé par sa tâche des jours précédents, il s'était mis au lit avec défense de le réveiller, consigne scrupuleusement respectée par ses valets, si bien que ce n'était qu'une fois sorti des bras de Morphée qu'il avait appris que le prince était arrivé à Vincennes, qu'on était en plein jugement et qu'il prétendait avoir des déclarations complémentaires à faire. Ainsi, le conseiller Réal s'était couché en fin d'après-midi et avait dormi au bas mot jusqu'à 2 ou 3 heures du matin, alors même qu'il ne pouvait ignorer que Louis-Antoine arriverait bientôt à destination. Piètre grand policier que cet homme qui, pourtant, sera bientôt nommé chef du 1er arrondissement de police (nord et ouest de la France). De quoi mettre en doute son témoignage. S'il s'était mis lui-même hors jeu d'une affaire aussi sensible, on ne voit pas pourquoi Napoléon lui aurait conservé sa confiance.

Sur le coup pourtant, l'annonce de la mort d'un duc peu connu du grand public avait peu remué les esprits de l'opinion et des élites. On imprima d'ailleurs rapidement les documents du « procès » qui, selon la police, furent diffusés à 50 000 exemplaires, publications dans les journaux comprises. Dès le 22 mars, le préfet de police Dubois informa le chef de l'Etat que l'événement prouvait « que le gouvernement [savait] atteindre partout ses ennemis [...] et assurer partout la tranquillité ». La messe était dite et la courageuse démission de Chateaubriand de son poste à la légation du Valais – il ne poussa pas le courage jusqu'à lier son départ à l'exécution – passa totalement inaperçue.

Et Bonaparte ? Il accueillit la nouvelle de la mort du duc avec sang-froid, tandis qu'autour de lui, les femmes Beauharnais, Joséphine et sa fille Hortense, poussaient des hauts cris. La veille, son épouse avait essayé de le dissuader d'aller jusqu'au bout, preuve que l'exécution était bien programmée. Selon Mme de Rémusat, elle se serait vu opposer un : « Foutre ! De quoi vous mêlez-vous ? » qui sonne assez juste car tout Premier consul qu'il fût, Bonaparte avait en lui du lieutenant d'artillerie. Pour sa part, il assuma toujours l'acte du 21 mars, dans ses conversations, ses écrits, son testament, avouant même au général Bertrand, à Sainte-Hélène, qu'il avait « donné l'ordre » de procéder à l'exécution. En 1804, de toute façon, il récolta les fruits d'une action pour laquelle il n'eut besoin d'aucun Machiavel pour la recommander.

Un « crime » fondateur

Dans ses *Mémoires*, Hortense de Beauharnais affirme qu'après avoir entendu le rapport de Savary, son beau-père aurait soupiré : « C'est un crime inutile. » S'il prononça jamais une telle phrase, le crime – si l'on peut considérer que faire fusiller un comploteur avéré en est un – était loin de lui être inutile.

En mettant à mort le duc d'Enghien, il venait de rassurer sa gauche en déclarant la guerre totale aux ennemis de la Révolution. Lui aussi avait désormais sur les mains le sang d'un prince. Il entrait – par une porte secondaire – dans la famille des régicides. On avait douté de lui au moment de l'arrestation de Moreau : la salve de Vincennes prouvait la pureté de ses intentions[6]. Il redevenait le fils de la grande secousse nationale, ce qu'il prouva encore en ce 21 mars en signant l'acte de promulgation du Code civil. Le même jour, la Révolution triomphait

6. Moreau fut plus tard condamné à une peine de trois ans de détention, « comme un voleur de mouchoirs » maugréa Napoléon. Son procès donna lieu à quelques mouvements de mécontentement, les derniers avant longtemps. Le général dut s'exiler aux Etats-Unis. Il reviendra en Europe pour se mettre au service de la coalition antinapoléonienne et sera tué par un boulet français à Laun, en Bohême, le 2 septembre 1813. Le tsar le fera maréchal de Russie et Louis XVIII maréchal de France à titre posthume.

deux fois et devenait symboliquement le « bloc » cher à Clemenceau. 1789 et 1793 ne faisaient qu'un en la personne du chef de l'Etat.

Quant aux contre-révolutionnaires, ils étaient prévenus : rien ne serait épargné pour leur faire la chasse et les châtier durement. La peur devait changer de camp. Tout espoir de restauration était devenu vain. Au vice-président du Sénat Le Couteulx, Bonaparte déclara, peu de jours après les faits : « Il a fallu faire voir aux Bourbons, au cabinet de Londres et à toutes les cours d'Europe, que ceci n'est pas un jeu d'enfants. Les circonstances dans lesquelles nous nous sommes trouvés n'étaient point de nature à être traitées chevaleresquement. »

Soyons cynique. Autant que le furent les acteurs de l'affaire du duc d'Enghien. L'intérêt de l'exécution était peu contestable, dans le contexte de l'époque. C'est pourquoi on rejettera les légendes qui l'entourent : Bonaparte qui perd son sang-froid et mène une *vendetta*, Réal qui dort, Murat qui pleure, Joséphine qui supplie, Hulin qui s'émeut, Talleyrand qui philosophe, Savary qui devance les désirs de son maître et va trop vite. Dans les semaines suivantes, tous les verrous parlementaires sautèrent comme par miracle. Il n'y eut pas plus partisans de la proclamation de l'Empire que les régicides et les avancés, Fouché en tête. Ce fut par un de ses amis, Curée, que la première motion fut déposée devant le Tribunat, Chambre basse autrefois si incommode avec les projets de Bonaparte. Puis le Sénat prit le relais et proclama pour de bon que « le gouvernement de la République [était] confié à un empereur » et que Napoléon Bonaparte était cet empereur. Le 18 mai 1804, deux mois après la nuit de Vincennes, Cambacérès se présenta au palais de Saint-Cloud et, s'adressant à celui qui n'était plus son *primus inter pares* consulaire, lui annonça la grande nouvelle en l'appelant Sire.

Le 25 juin 1804, Cadoudal et ses complices furent conduits à l'échafaud. Seul manquait Pichegru qui s'était suicidé dans sa cellule. En montant les marches le conduisant à la mort, Georges tira la bonne conclusion de toute cette histoire : « Nous voulions rendre à la France un roi ; nous lui avons donné un empereur. »

Bibliographie sélective

Bertaud, Jean-Paul, *Le Duc d'Enghien*, Fayard, 2001.

Lentz, Thierry, *Le Grand Consulat. 1799-1804*, Fayard, 1999 ; rééd., Hachette, coll. « Pluriel », 2014.

—, *Savary, le séide de Napoléon*, Fayard, 2001.

Schumann, Maurice, *Qui a tué le duc d'Enghien ?*, Perrin, 1984.

XIV

Saint-Leu.
La liaison dangereuse du duc de Bourbon

par Pierre Cornut-Gentille

Le 27 août 1830, peu après l'avènement de Louis-Philippe, le duc de Bourbon, dernier prince de Condé, est trouvé pendu à l'espagnolette de sa fenêtre au château de Saint-Leu. Or, par testament il avait réparti son immense succession entre le duc d'Aumale, dernier fils du nouveau roi, et la baronne de Feuchères, sa maîtresse. Très vite, diverses circonstances troublantes conduisent à douter de la réalité du suicide. Ne l'a-t-on pas assassiné parce qu'il envisageait de modifier ses dispositions testamentaires ? Qui, alors, aurait intérêt à cette disparition ? Les regards se tournent vers Louis-Philippe dont on dit qu'il aurait conclu un pacte avec la baronne de Feuchères. La passion politique va se mêler aux intérêts financiers. Les légitimistes vont s'emparer du testament et du cadavre pour mener une campagne hostile à Louis-Philippe. La baronne de Feuchères va échapper de peu aux assises. N'est-ce pas parce que Louis-Philippe est intervenu pour modifier le cours de la justice ? Le roi a permis d'étouffer le scandale public. Il n'est pas parvenu à dissiper le soupçon.

Louis-Henri-Joseph de Bourbon-Condé est mort à 74 ans. Il était l'oncle de Louis-Philippe (sa femme, morte en 1822, était la sœur de Philippe Egalité), mais il était aussi le descendant du vainqueur de Rocroi, le fils du prince de Condé, chef de l'armée des émigrés, et le père du malheureux duc d'Enghien. Il laisse une fortune immense : les châteaux et les terres de Chantilly, de Saint-Leu-Taverny et de Mortefontaine, les forêts de Montmorency et d'Enghien, le Palais-Bourbon et l'hôtel de Lassay et de nombreux autres domaines, le tout évalué à plus de 60 millions de francs. En vertu d'un testament rédigé un an plus tôt, le 30 août 1829, sa fortune devrait être partagée entre le duc d'Aumale, dernier fils de Louis-Philippe âgé de 8 ans, et sa maîtresse, Sophie Dawes, devenue baronne de Feuchères, une Anglaise rencontrée pendant l'émigration « sur les trottoirs de Londres » quand elle avait 20 ans et lui 56.

Le duc de Bourbon était un homme sans caractère, plutôt séduisant, sans culture mais non dépourvu de jugement ni de finesse intellectuelle. Il ne cherchait ni la gloire, ni les honneurs et n'aspirait qu'à une vie de plaisir sans éclat. Le 17 juillet 1789, il avait pris la route de l'émigration avec son père et son fils, en compagnie du comte d'Artois, le futur Charles X. Il rejoignit Londres en 1795 et y demeura jusqu'en 1814, livré à ses deux seules passions : le jour, la chasse, avec son chien dans les marais des environs de la ville et la nuit, les filles faciles. C'est dans ce contexte qu'il rencontra Sophie en 1811. Celle-ci était la fille d'un pauvre pêcheur de l'île de Wight. Elle lui fut probablement présentée par l'un des aristocrates anglais avec qui il partageait ses nuits de débauche.

Scandale à la cour de Louis XVIII

En 1814, les Condés, rentrés en France avec Louis XVIII, reprirent possession de leurs biens. Dès 1815, Sophie rejoignit son vieil amant et fit en sorte qu'il ne pût se passer d'elle. Son rang et les préjugés de la Cour n'autorisaient pas le duc de Bourbon à vivre avec une courtisane. Grâce à la générosité de son protecteur, elle se donna les apparences de la respectabilité, se fit passer pour la veuve d'un officier anglais et laissa entendre qu'elle pouvait être la fille naturelle du duc de Bourbon. Elle épousa un officier, Adrien-Victor de Feuchères, dont le duc de Bourbon fit son aide de camp. Ainsi les apparences étaient sauves. Un appartement au Palais-Bourbon dans une annexe de l'hôtel de Lassay, des chevaux, une voiture et des domestiques furent mis à la disposition du couple. Feuchères était-il dupe ? Dès qu'il eut obtenu le titre de baron, la croix de Saint-Louis et le grade de colonel, il démissionna avec fracas et quitta le Palais-Bourbon en proclamant dans les salons qu'il venait de découvrir son infortune.

L'ampleur du scandale fut telle que Louis XVIII fit savoir que la baronne de Feuchères ne serait désormais plus reçue à la Cour. Très habilement, Sophie quitta immédiatement le Palais-Bourbon. Louis-Henri-Joseph vécut très mal la séparation. Il déclara braver le scandale et la supplia de revenir, ce qu'elle fit au bout de trois semaines. Eperdu de reconnaissance, le vieil amant signa aussitôt un testament en sa faveur, lui léguant le château de Saint-Leu et les terres de Boissy, en l'autorisant à percevoir immédiatement les revenus des deux domaines. Désormais la baronne de Feuchères allait régner en souveraine sur le Palais-Bourbon, Chantilly et Saint-Leu. Les solliciteurs et les courtisans se pressaient à sa porte. Elle transmettait au prince les requêtes qu'elle jugeait dignes d'intérêt et ne se privait pas d'éconduire ceux dont elle n'attendait rien.

En revanche, Sophie de Feuchères n'était toujours pas reçue à la Cour. Charles X, qui avait succédé à Louis XVIII, avait refusé de lever cet interdit qui faisait qu'elle n'était pas non plus reçue dans les salons du faubourg Saint-Germain. Cette situation lui était insupportable et elle ne savait comment y remédier.

Un pacte avec le duc d'Orléans

A partir de 1825, Sophie va se trouver un allié inattendu en la personne de Charles-Maurice de Talleyrand-Périgord. Celui-ci est alors en disgrâce puisqu'il a été écarté du gouvernement par Louis XVIII sous la pression des ultras, dès 1815. Il est grand chambellan, charge honorifique à laquelle il attache une relative importance, mais n'exerce plus le pouvoir ni même d'influence sur ceux qui gouvernent. Il a alors 71 ans. Quel mobile peut bien pousser Talleyrand à courtiser la baronne de Feuchères, rejetée par la Cour et les ultras, ignorée par les libéraux et dont l'influence s'exerce exclusivement sur le moins politique et le plus décadent des princes ? La réponse se résume à un nom : le duc d'Enghien. Le fils du duc de Bourbon avait été fusillé en 1804, sur ordre de Bonaparte Premier consul et, disait-on, sur la suggestion de Talleyrand. Pourquoi celui-ci souhaitait-il, avec tant de hargne, se disculper de son implication dans l'assassinat du duc d'Enghien ? Il n'était pas assez naïf pour croire que cette affaire était la cause majeure de sa disgrâce. Il savait bien que ce que détestaient en lui les ultras c'étaient ses idées libérales, son passé d'évêque constitutionnel et d'acteur de la Révolution, bien plus que la part qu'il avait prise dans l'exécution d'un prince innocent. En vérité, de même que Talleyrand tenait à son image d'artisan de la paix en Europe, il avait sincèrement horreur de la violence et ne voulait pas figurer dans l'histoire comme le complice d'un assassinat. Une seule fois dans sa vie son pied-bot avait glissé dans le sang. Vingt ans après il s'évertuait à en effacer les traces.

Voilà pourquoi il entra en relation avec la baronne de Feuchères qu'il reçut dans son hôtel rue Saint-Florentin en la flattant et en la complimentant comme si elle était la duchesse de Bourbon en personne. Il n'eut aucun mal à la persuader de convaincre le père du duc d'Enghien que ce qu'on rapportait était faux et que, bien au contraire, c'était lui, Talleyrand, qui avait adressé au jeune prince, la veille de son arrestation, une lettre l'avertissant du danger qu'il avait malheureusement négligée. Le duc de Bourbon crut la fable et accepta de recevoir Talleyrand.

Le tour avait été si bien joué que Talleyrand et Sophie décidèrent d'aller plus loin. Il convainquit son neveu, Frédéric de Chabannes, d'épouser Matilda Dawes, nièce de Sophie dont on a prétendu qu'elle était en réalité la fille naturelle qu'elle aurait eue avec le duc de Bourbon.

Ainsi Sophie mariait-elle sa nièce (sa fille ?) au descendant d'une des plus illustres familles de France, fort considérée à la Cour et dans les milieux ultras. Pour Talleyrand c'était un véritable numéro d'acrobate. Quel rétablissement ! Il faisait renflouer une partie de sa famille par le père de sa victime. Peut-être même mariait-il son neveu à la sœur du duc d'Enghien… « Il atteignit le sublime, écrit Vitrolles, dans le genre le plus bas et il ne se manqua jamais à lui-même. »

Stimulés par ces premiers succès, Talleyrand et Sophie vont s'atteler à un autre projet dont la mise en œuvre est plus délicate : l'adoption par le duc de Bourbon du duc d'Aumale, âgé de 5 ans, fils de Louis-Philippe d'Orléans. Voilà plusieurs années que celui-ci convoite pour son plus jeune fils la fortune et le nom – la fortune surtout – du dernier des Condés. Cela suppose une adoption ou, du moins, un testament et le temps passe sans que le vieil homme prenne l'initiative tant espérée. Talleyrand va s'entremettre et trouver là l'occasion de remercier Sophie de sa complaisance et d'obliger le duc d'Orléans dont il devine qu'il sera le recours quand le régime s'effondrera.

Les termes du marché sont simples : Sophie usera de son influence sur son vieil amant pour le convaincre de désigner le duc d'Aumale comme héritier; en contrepartie, le duc d'Orléans devra obtenir du roi, Charles X, qu'elle soit à nouveau reçue à la Cour. Talleyrand fera l'intermédiaire et conseillera les deux parties. Après avoir résisté pendant deux ans, le duc de Bourbon finit par signer, le 30 août 1829, un testament en faveur du jeune duc d'Aumale et de la baronne de Feuchères.

Le duc d'Orléans obtint quelques mois plus tard du roi Charles X qu'il consente à lever l'interdit qui frappait la baronne de Feuchères. Celle-ci fut à nouveau reçue aux Tuileries. Elle fut aussi de toutes les fêtes données par le duc d'Orléans au Palais-Royal ou à Neuilly. Désormais, elle était l'amie du premier prince du sang, du plus intelligent, du plus ambitieux des princes, de celui que les libéraux, la bourgeoisie possédante et les milieux d'affaires regardaient comme le recours providentiel. Et de cet homme, Sophie avait su se faire un obligé.

La révolution de Juillet et la mort du prince

Pendant ce temps, le régime courait à sa perte. Au début du mois de juillet 1830, les élections ont envoyé à la Chambre une majorité de députés hostiles au gouvernement ultra du prince de Polignac. Mais Charles X refuse de faire la moindre concession. Le 25 juillet 1830, à 11 heures du soir, Louis-Philippe d'Orléans se trouve à Saint-Leu pour assister à une comédie donnée en son honneur par le duc de Bourbon et la baronne de Feuchères, après un dîner de cinquante couverts. Il ne se doute pas que son destin est en train de se jouer : à la même heure, des ordonnances signées par Charles X sont remises à l'imprimeur pour être publiées dans *Le Moniteur* du lendemain matin. Ces ordonnances suppriment la liberté de la presse, annoncent la dissolution de la Chambre et modifient la loi électorale pour favoriser les propriétaires fonciers au détriment de la bourgeoisie commerçante. Ces décisions mettent le feu aux poudres. La révolution de Juillet éclate qui se conclut par l'exil de Charles X et l'avènement de son cousin le duc d'Orléans, Louis-Philippe Ier, proclamé roi des Français.

Le duc de Bourbon a vécu les journées de Juillet dans l'anxiété. Il n'avait pas quitté Saint-Leu et, à la fureur de Sophie, les plus exaltés des membres de son entourage le pressaient de rejoindre Charles X retranché à Saint-Cloud avant de quitter la France pour l'Angleterre. Il fut soulagé d'apprendre que le pouvoir passait aux mains de Louis-Philippe, mais ces événements avaient gravement affecté son moral. Il n'osait plus chasser et interdisait qu'on parle politique à table en présence des domestiques. Plusieurs de ses proches n'avaient pas renoncé à l'entraîner dans une nouvelle émigration et il avait donné pour instruction de tenir prêts, en permanence, des chevaux sellés pour le cas où il faudrait partir précipitamment. Sophie redoutait-elle une modification du testament ? Avait-elle connaissance du projet de départ de son amant ? Toujours est-il que la reine Marie-Amélie rendit visite à son oncle, le 20 août, dans l'intention manifeste de le rassurer. Cette visite semblait l'avoir apaisé.

Pourtant, le 27 août au matin, le valet de chambre Lecomte frappe en vain à sa porte. Il ne répond pas. La porte verrouillée de l'intérieur est enfoncée. Bonnie, son chirurgien, et Lecomte découvrent alors que le corps de Louis-Henri-Joseph de Bourbon est suspendu par deux mouchoirs, passés l'un dans l'autre, à l'attache du haut de l'espagnolette des volets intérieurs de l'une des fenêtres. Le visage est blafard, la langue sort de la bouche, la tête est inclinée sur la poitrine, les bras raides pendent vers l'avant, les poings sont fermés, les genoux à demi ployés, les pointes des pieds touchent le tapis. Bonnie observe qu'il a cessé de vivre et qu'il n'y a rien à faire.

Des circonstances troublantes

Les premières constatations sont faites par le maire et un médecin de Saint-Leu qui, sur la foi des témoignages, note cette circonstance essentielle : non seulement le verrou de la porte de la chambre était fermé de l'intérieur, mais on ne pouvait entrer dans l'appartement du prince que par des portes donnant sur l'antichambre qui « étaient toutes fermées en dedans dudit appartement ». Le substitut du procureur de Pontoise arriva vers 15 heures accompagné du juge d'instruction et de son greffier. Le roi Louis-Philippe, qui a été informé vers 11 h 30, a immédiatement dépêché sur place le baron

Pasquier, président de la Chambre des pairs qui remplit les fonctions d'officier d'état civil auprès du roi et de la famille royale, accompagné du marquis de Sémonville, le grand référendaire, et de son aide de camp Rugny. Tout le monde est convaincu du suicide sauf eux, qui, à la lecture du procès-verbal du maire, observent que le mouchoir ne serre pas le cou, que les pieds touchent le sol alors que les genoux sont ployés. Apprenant cela, Louis-Philippe dépêche sur les lieux son médecin et son chirurgien personnels, le docteur Marc et le docteur Marjolin. Ceux-ci se présentent à 9 heures du soir. Le magistrat instructeur les invite à procéder à un examen sommaire du corps et à une autopsie reportée au lendemain matin en présence du procureur général Bernard arrivé dans la nuit sur ordre du garde des Sceaux. Les conclusions du rapport sont péremptoires : « Il est résulté évidemment de ce qui vient d'être exposé, écrivent les médecins du roi, que la mort a été la suite d'une strangulation [qui] n'a pas été opérée par une main étrangère. » De son côté, le juge d'instruction a procédé à l'audition de toutes les personnes de la maison du prince. Tous confirment que celui-ci était mélancolique et aucun n'exprime de doute sur le suicide.

Mais l'état d'esprit de l'entourage du duc de Bourbon va changer du tout au tout lorsque sera révélé le contenu du testament. Sans surprise, on apprend que le duc d'Aumale est institué légataire universel et que la baronne de Feuchères reçoit tout ce qu'elle avait souhaité : un legs considérable en espèces et en propriétés immobilières, net de frais et d'impôts. En revanche, contrairement à une rumeur qui avait circulé à l'époque de sa rédaction, le testament ne contenait pas la clause assurant aux officiers du prince leur traitement intégral en cas de retraite, ni aucune disposition particulière en faveur des plus proches employés et serviteurs. Aux yeux de ceux qui s'estimaient lésés, la baronne de Feuchères était la première responsable de leur déconvenue. A Saint-Leu, gentilshommes, officiers, écuyers, médecins et domestiques ruminaient leur amertume. Plusieurs d'entre eux, dont l'abbé Pélier, aumônier du prince, embarrassé à l'idée de braver les interdits de l'Eglise en célébrant les obsèques d'un suicidé, répétaient que si le verrou intérieur de la porte du prince n'avait pas été tiré, ils seraient convaincus qu'on l'avait assassiné. C'est alors que l'inspecteur des forêts du duc de Bourbon révéla que rien n'était plus simple que de refermer un verrou de l'extérieur à l'aide d'un ruban ou d'un lacet passés autour dudit verrou dont on tirait les deux bouts avant de lâcher l'une des extrémités pour la ramener à soi. La démonstration fut aussitôt faite avec succès. La rumeur s'en propagea dans tout le château. En quelques heures, ceux-là mêmes qui n'avaient pas douté du suicide quelques jours auparavant admirent l'idée d'un crime. Le jour des funérailles, l'abbé Pélier proclama : « Le prince est innocent de sa mort devant Dieu ! » Ces mots étaient prononcés le jour même où le juge de Pontoise rendait une ordonnance de non-lieu.

Une instruction à charge

Aussitôt l'opposition légitimiste s'empara du scandale. Les journaux légitimistes affirmaient qu'un Condé ne se suicide pas et laissaient entendre que les assassins devaient être recherchés du côté de ceux à qui le crime profitait, la baronne de Feuchères et le roi. Un mois après la révolution de Juillet et le départ en exil de Charles X, les ultras légitimistes tenaient le moyen d'une revanche. Aussitôt, les cousins germains du duc de Bourbon, les princes de Rohan-Guéméné, plus proches héritiers par le sang, engagèrent devant le tribunal civil de la Seine une procédure en vue de l'annulation du testament et déposèrent une nouvelle plainte non sans avoir préalablement excité l'opinion publique par une brochure anonyme. On y trouvait la thèse qui sera développée par la suite dans les procédures : le prince voulait rompre avec Mme de Feuchères; il avait modifié ses dispositions testamentaires; elle l'a appris, l'a étouffé avec l'aide de complices, a mis en scène la pendaison et détruit des papiers. Bien sûr, les liens d'intérêt noués par la baronne de Feuchères avec le roi étaient complaisamment rappelés.

Louis-Philippe, en dépit des appels au secours de Sophie et des pressions inverses des courtisans qui le poussaient à se désolidariser de la baronne, décida dans un premier temps de laisser la justice suivre son cours. Arguant du fait qu'un non-lieu avait déjà été prononcé par le juge du tribunal de Pontoise, les plaignants obtinrent que l'affaire soit instruite par la chambre des mises en accusation de la cour d'appel de Paris qui désigna pour conduire l'instruction le conseiller Antoine-Edme de La Huproye, âgé de 65 ans.

Plus de cent témoins ont défilé dans le cabinet du conseiller de La Huproye en l'espace de quatre mois. La plupart ont exprimé la conviction que Louis-Henri-Joseph de Bourbon avait été assassiné. Parmi les proches de celui-ci, il ne s'en est trouvé que cinq pour se déclarer convaincus du suicide. Personne n'ayant été témoin des circonstances du décès, les témoignages s'efforçaient de mettre en évidence, à partir de scènes réelles ou inventées, toujours interprétées, les raisons de croire au crime : Louis-Henri-Joseph avait peur de Sophie et voulait quitter Saint-Leu pour échapper à son influence et ses violences; Sophie, personnalité cynique et brutale, n'avait eu d'autre alternative que de l'assassiner pour l'en empêcher. Mais comme, de toute évidence, elle n'avait pu agir seule, il fallait désigner un complice. La Huproye envisagea d'attribuer ce rôle à James Dawes, le neveu de Sophie, qui lui avait fait obtenir le titre de baron de Flassans, ou le général Lambot, gentilhomme du duc de Bourbon, dont on prétendait qu'il était l'amant de la baronne. Mais tous deux purent établir qu'ils avaient quitté Saint-Leu le 26 août. Les soupçons se portèrent alors sur l'abbé Briand, prêtre de 64 ans, confesseur de Sophie dont on disait aussi qu'il était son amant et qui lui était totalement dévoué.

Finalement convoquée par le magistrat, Sophie de Feuchères se défendit pied à pied avec beaucoup d'intelligence et de courage. Mais le conseiller de La Huproye avait décidé qu'elle était coupable. Le 11 mai 1831, il communiqua la procédure au parquet et s'attela aussitôt à la rédaction du rapport qu'il devait soumettre à ses collègues de la chambre d'accusation. Pour retenir l'hypothèse de l'assassinat, il s'appuyait, notamment, sur le mémoire, produit par la partie civile, d'un docteur Gendrin. Celui-ci affirmait que le prince avait été étouffé ou étranglé dans son lit avant d'être transporté près de la fenêtre pour y être suspendu à l'espagnolette. Pour mieux convaincre, il avait conçu un scénario spectaculaire qui mettait en scène deux assassins introduits dans la chambre pendant le sommeil de la victime.

Le roi s'en mêle

Cette fois, Louis-Philippe, informé des intentions du magistrat par le procureur général Persil, estima qu'il ne pouvait laisser faire. Le roi avait de sérieuses raisons d'empêcher le renvoi de la baronne de Feuchères devant les assises. Passons sur les sentiments de gratitude qui n'auraient probablement pas suffi. Mais il avait des raisons politiques. Le camp légitimiste s'était emparé de l'affaire comme d'une arme contre le régime. En outre, l'audience publique offrirait un écho amplifié au scandale né de la révélation des liens d'intérêt qui s'étaient noués entre les Orléans et la courtisane accusée d'assassinat. Enfin, en confortant l'hypothèse du crime, on risquait de renforcer le doute sur la validité du testament en faveur du duc d'Aumale. Le procureur général reçut pour mission de contrecarrer le projet du conseiller de La Huproye. Après avoir en vain tenté de convaincre le magistrat de compléter son information par l'audition des médecins experts qui avaient conclu au suicide, Persil comprit qu'il n'y avait pas d'autre solution que de dessaisir La Huproye du dossier. L'entreprise était délicate, car neuf mois plus tôt la Chambre des députés avait voté le principe de l'inamovibilité des magistrats du siège. La Huproye ne pouvait donc être déplacé sans son consentement.

Mais la solution fut trouvée en vingt-quatre heures. Le 3 juin, le conseiller reçut à son domicile la visite surprise du procureur général en personne. Persil venait lui rappeler que son gendre sollicitait vainement depuis quelque temps sa nomination comme juge titulaire au tribunal de la Seine. Sa candidature, ajouta-t-il, pourrait être agréée sans tarder. Le garde des Sceaux n'émettait qu'une condition : que La Huproye demande immédiatement sa mise à la retraite. Le vieux magistrat accepta le marché. Le 5 juin, la chambre des mises en accusation désignait son président, Brière-Valigny, pour poursuivre l'instruction. Quant à Persil, ce service – parmi d'autres – lui vaudra d'être nommé garde des Sceaux en 1834.

L'instruction du conseiller de La Huproye n'avait rien démontré. Le magistrat, esclave de ses préjugés, entraîné par ses sympathies, n'a pas su s'imposer le recul nécessaire sans lequel toute instruction difficile a peu de chances d'aboutir. Partant du postulat que l'enquête initiale et l'autopsie avaient été conduites dans l'idée d'établir la réalité du suicide, il a refusé de leur accorder le moindre crédit. Au lieu de soumettre les procès-verbaux dressés à Saint-Leu et les rapports des experts choisis par le roi à une rigoureuse contre-enquête, il les a purement et simplement écartés. Il s'est ainsi privé des seules pièces qui – aussi discutables fussent-elles – avaient le mérite de décrire l'état des lieux et celui du cadavre. Son successeur, le président Brière-Valigny, convoqua, conformément aux réquisitions du parquet, les docteurs Marc, Pasquier et Marjolin afin qu'ils s'expliquent sur les circonstances qui ne figuraient pas dans leur rapport mais que tous les témoins avaient mentionnées : le cadavre du prince rendait compte d'un phénomène de virilité qui prouvait que la mort avait été causée par strangulation et non par une asphyxie qui aurait été suivie d'une mise en scène. Les experts le confirmèrent. C'était par « décence et de concert avec Monsieur le Procureur général », expliquèrent-ils, qu'ils ne l'avaient pas noté. Tous trois ajoutèrent que la preuve indiscutable que le cadavre n'avait pas été suspendu après la mort « c'est que la verge était dans un état de semi-érection et qu'il existait, sur la cuisse droite des traces d'éjaculation récente ». En revanche tous les témoins avaient déclaré qu'on n'avait pas trouvé la moindre trace de liquide séminal sur les draps du prince. Ainsi la thèse du docteur Gendrin retenue par le conseiller La Huproye était-elle détruite : le prince n'avait pas été étouffé dans son lit puis pendu, mais c'était bien l'étranglement qui était la cause de sa mort. L'hypothèse du suicide redevenait crédible.

Epilogue judiciaire

L'affaire fut soumise à la chambre des mises en accusation siégeant à huis clos. Le 21 juin 1831, la cour rendit un long arrêt qui détruisait méthodiquement la version de la partie civile et démontrait aisément « qu'il n'est pas établi que la mort de SAR le duc de Bourbon, prince de Condé, soit le résultat d'un crime ».

Privés du procès d'assises, les Rohan et le parti légitimiste allaient disposer, avec le procès civil, d'une tribune tout aussi redoutable pour le roi et pour Sophie. Réparties sur deux mois, une dizaine d'audiences publiques furent consacrées aux plaidoiries, vives et passionnées, émaillées d'incidents. Le tribunal rendit son jugement le 22 février 1832. Les princes de Rohan étaient déboutés de toutes leurs demandes. Pour écarter le moyen de la domination exercée par la baronne de Feuchères sur l'esprit du prince, les juges relevaient « qu'en pareille matière tout est relatif et que l'ascendant exercé sur un homme sain de corps et d'esprit, en possession de tous ses moyens et entouré comme l'était le duc de Bourbon d'officiers et de serviteurs dévoués, prêts à exécuter ses ordres, tient à la volonté de celui qui consent à s'y soumettre et ne saurait constituer un état d'incapacité ». Les Rohan ne firent pas appel. Désormais, Sophie se trouvait à la tête d'une fortune considérable.

Ainsi, la justice avait innocenté Sophie de l'accusation d'assassinat, puis l'avait lavée du soupçon de captation d'héritage. Mais rares étaient ceux qui la croyaient innocente. Plus rares encore ceux qui, la sachant calomniée, voulaient bien lui manifester de la sympathie. Le Tout-Paris lui tournait le dos, légitimistes et orléanistes confondus. Comme en 1824, un scandale public – plus considérable encore que le premier – avait fait d'elle une paria. Abandonnée de tous, elle renoncera à la vie publique et mondaine et s'occupera désormais de gérer sa fortune, résidant alternativement en France ou en Angleterre. Elle a revendu Saint-Leu en 1835 et, contrairement à ce qu'on a écrit, ce n'est pas elle mais l'acquéreur qui a fait raser le château peu après. Sophie de Feuchères se convertira au catholicisme et décédera à Londres, probablement des suites d'un cancer, le 15 décembre 1840.

Une lettre livre probablement la clé de l'énigme

Crime ou suicide ? L'enquête sur les causes de la mort du duc de Bourbon ne permet pas de trancher. Mais qui se souciait réellement de découvrir la vérité ? La partie civile et la plupart des témoins, animés par la cupidité, le ressentiment ou la passion partisane, ne voyaient dans la thèse du crime qu'un moyen d'anéantir le testament et d'éclabousser le nouveau roi. Le conseiller de La Huproye ne cherchait qu'à obtenir la confirmation d'une conviction forgée à l'avance. Le pouvoir politique, enfin, voulait des juges dociles qui ne laisseraient pas prospérer une thèse susceptible de contrarier le roi. Toutes les conditions étaient réunies pour que la vérité n'éclate jamais.

Depuis lors, plusieurs hypothèses, incompatibles avec les faits établis, ont été évoquées. Toutefois, un document conservé dans les archives du musée Condé au château de Chantilly livre très probablement la clé de l'énigme. C'est une lettre destinée au duc d'Aumale, rédigée le 20 janvier 1842 par le comte de La Villegontier quelque temps avant sa mort et remise par sa veuve au fils de Louis-Philippe.

La Villegontier était l'ancien premier gentilhomme de la chambre du duc de Bourbon. Dans cette lettre, il évoque les causes de la mort de Louis-Henri-Joseph. « J'ai honte, Monseigneur, écrit-il, des insinuations qu'il faut que j'exprime, mais toutes horribles qu'elles soient, elles le sont moins que l'infamie du suicide. » Selon La Villegontier, le duc de Bourbon n'avait pas définitivement renoncé à un exil auquel s'opposait Mme de Feuchères. Mais celle-ci disposait d'arguments auxquels il ne savait pas résister. Elle seule connaissait les habitudes auxquelles il était pathétiquement asservi. « Je crois, ajoute-t-il, qu'une dernière tentative aura été faite dans la nuit [du 27 août] et que la morale aura eu à rougir du moyen de séduction : Monseigneur aura succombé à un état de spasmes que, dans sa dernière année – si je m'en rapporte aux affirmations que m'avait faites avant 1830 le prince Louis de Rohan qui prétendait être dans ses secrets intimes – il avait plusieurs fois éprouvé. » Est-il mort en état de spasmes ou sa maîtresse a-t-elle profité d'une perte de connaissance ? La Villegontier ne se prononce pas, se bornant à la qualifier d'« assassin ou surpris ou volontaire ». Même s'il demeure allusif, ce récit, rapproché des observations faites par les médecins experts, permet de reconstituer la scène. Incapable de renoncer aux jouissances qui avaient été – avec la chasse – le seul intérêt de sa vie, Louis-Henri-Joseph n'y accédait plus, dans les derniers temps, sans recourir à des pratiques strangulatoires efficaces mais dangereuses. Le savoir-faire de Sophie n'y suffisait plus. C'est pourquoi lorsqu'elle montait le retrouver dans sa chambre, il leur fallait désormais se soumettre à un rituel scabreux. Les deux mouchoirs et l'attache de l'espagnolette en étaient les accessoires indispensables. Pour ranimer sa virilité chancelante, Louis-Henri-Joseph, avec l'aide de sa maîtresse, se suspendait en prenant soin de garder les pieds en contact avec le sol afin de conserver la maîtrise de la strangulation. Encore fallait-il qu'il ne perdît pas connaissance. A ce jeu on passe du plaisir à la mort en quelques secondes. C'est probablement ce qui se produisit cette nuit-là. Sophie a-t-elle réagi trop tard ? A-t-elle laissé faire ? Cette énigme-là ne sera jamais résolue.

Bien sûr, rien n'est prouvé. Mais l'hypothèse de la mort « accidentelle » présente l'avantage d'une plus grande vraisemblance que celle du crime prémédité ou du suicide. Elle permet d'évacuer l'incroyable mise en scène de la pendaison du cadavre que suppose l'assassinat. Surtout elle rend compatibles les constatations des médecins et des témoins (qui révèlent une mort par strangulation en dehors du lit) et les nombreux détails inconciliables avec un suicide. La lettre de La Villegontier au duc d'Aumale montre aussi que lui-même et que Louis de Rohan, comme probablement beaucoup d'autres adversaires de Sophie, savaient la vérité. Mais ils se gardèrent de la dévoiler, sachant que Sophie avait elle-même le plus grand intérêt à la dissimuler. Ainsi tout le monde mentait. Mais chacun pouvait mentir en disant vrai sur l'essentiel : les uns en affirmant impossible le suicide, Sophie en se défendant de l'avoir assassiné. Comment la justice aurait-elle pu s'y retrouver ?

Bibliographie sélective

André, Louis, *La Mystérieuse Baronne de Feuchères,* Librairie académique Perrin, 1925.

Chaho, Augustin, *L'Espagnolette de Saint-Leu,* Jaillet, 1841.

Cornut-Gentille, Pierre, *La Baronne de Feuchères,* Perrin, 2000.

XV

Napoléon III, recherche en paternité

par Eric Anceau

Histoire singulière que celle de Napoléon III et de sa paternité ! Son père en a douté dès sa naissance, ses ennemis politiques ont ensuite instrumentalisé la rumeur d'une bâtardise et l'affaire vient de ressurgir, récemment, avec de nouvelles révélations. De son côté, le principal intéressé n'a, semble-t-il, jamais douté d'être le fils de son père et le neveu de Napoléon, autant qu'on puisse le savoir par ses nombreux écrits, y compris ceux du for privé, et par les confidences de ses proches, alors qu'il était pourtant habité par le doute en d'autres domaines.

Une naissance marquée par les soupçons paternels

Dans la nuit du 20 avril 1808, un enfant voit le jour dans l'hôtel particulier de ses parents, en plein cœur de Paris. Celui qui deviendra rapidement pour ses familiers Louis-Napoléon est le troisième fils de Louis Bonaparte, roi de Hollande et frère de l'empereur, et d'Hortense de Beauharnais, fille de l'impératrice Joséphine et donc belle-fille, mais aussi fille adoptive de Napoléon Ier dont elle est très proche. La naissance du jeune prince dans un Empire alors à son apogée est un événement important car, depuis sa proclamation en 1804, il s'agit de la première venue au monde d'un enfant mâle dans la dynastie et d'un héritier présomptif de l'empereur, qui n'a pas encore de descendance.

Son père n'est pas présent. Chétif, doux et rêveur, le roi Louis a été marqué dans sa jeunesse par la lecture de *Paul et Virginie* de Bernardin de Saint-Pierre avant de devenir l'aide de camp de son frère, Napoléon, de neuf ans son aîné. Lors de la campagne d'Italie, il a contracté une maladie vénérienne qui, mal soignée, n'a cessé d'aggraver son penchant à la mélancolie et à l'hypocondrie. Tombé éperdument amoureux d'une nièce de Joséphine, il a dû renoncer à la jeune femme, sur ordre de Napoléon, pour épouser Hortense, fille d'un premier mariage de sa belle-sœur. Ce choix s'explique parce que Joséphine, devenue stérile, craignait d'être répudiée et a vu dans cette union un moyen d'assurer définitivement sa position et celle de sa fille. Il n'en est cependant pas résulté un profond et immédiat ressentiment de Louis à l'égard de son frère, de sa belle-sœur et de son épouse, comme on le prétend généralement. Le jeune homme connaissait Hortense, ancienne camarade de pension de sa sœur Caroline, depuis de longues années et lui avait toujours manifesté un grand intérêt. Il se plie à la raison d'Etat et à la volonté de son grand frère qui a jusque-là exercé une profonde influence sur lui.

Néanmoins, à la naissance de son premier fils, Napoléon-Charles, en octobre 1802, Louis, qui est d'une nature tourmentée et inquiète, a soupçonné Napoléon d'être le géniteur. Ses craintes ont été renforcées lorsque son frère, sans héritier direct, a voulu adopter le garçon. Louis a violemment refusé. Malgré le titre de grand connétable qui lui a été conféré à la fondation de l'Empire, en mai 1804, puis la couronne de Hollande qui lui a été attribuée deux ans plus tard, il n'est pas revenu à de meilleures dispositions. Parallèlement, il a délaissé Hortense, tout en se montrant d'une jalousie maladive à son égard et en lui faisant des scènes pour lui faire avouer les infidélités qu'il lui prêtait.

Face à un mari à moitié paralysé, couvert de furoncles, en proie à de fréquentes crises de neurasthénie, parfois violent, et régulièrement absent en raison de ses cures thermales et de ses responsabilités royales, il est concevable qu'Hortense ait pu chercher la compagnie d'autres hommes. Avant son mariage, elle qui était le plus beau parti de France avait eu plusieurs soupirants dont le premier aide de camp de Napoléon, Duroc, aux charmes duquel elle n'était pas insensible. Elle pouvait légitimement regretter le choix qui avait été fait pour elle. Elle avait à peine plus de 20 ans, était charmante à défaut d'être belle et aimait la frivolité et la vie parisienne, bien davantage que l'étiquette et l'ennui de la cour de La Haye. De 1802 à 1807, le couple vit ensemble moins de six mois, encore ceux-ci sont-ils entrecoupés de longues périodes de séparation. Dans une lettre d'avril 1807, cette mésentente est imputée clairement par Napoléon à son frère qu'il accuse d'être à contre-emploi à la fois dans sa conduite domestique et dans sa conduite de monarque : « Je vous ai donné une femme vertueuse et vous ne savez pas l'apprécier… Vos querelles avec la reine percent aussi dans le public. Ayez dans votre intérieur ce caractère paternel et efféminé que vous montrez dans le gouvernement, et ayez dans les affaires ce rigorisme que vous montrez dans votre ménage. Vous traitez une jeune femme comme on mènerait un régiment. » Louis est peu sensible à de tels arguments. Il connaît bien son frère, qui a d'ailleurs avoué quelque temps plus tôt à une Hortense abasourdie qu'il avait lui-même laissé se propager la rumeur selon laquelle il était le père de son fils aîné pour des raisons politiques.

Lorsqu'il apprend la grossesse de son épouse, Louis se met à soupçonner l'adultère, d'autant plus que Hortense refuse de le rejoindre en Hollande pour y faire ses couches. « J'ai épousé une Messaline », affirme-t-il à son entourage. Cependant, le 3 mars 1808, il semble être revenu à de meilleurs sentiments : « J'espère que vous arriverez heureusement à terme », en ajoutant : « Je désire cependant beaucoup avoir mon fils à la fin de ce mois », et il se préoccupe du choix du médecin. Devant la froideur de son épouse, il reste néanmoins en Hollande à la naissance de l'enfant, puis laisse son frère choisir ses prénoms et régler les détails d'un baptême auquel il ne se rend pas non plus, en novembre 1810, après avoir d'abord souhaité qu'il ait lieu en Hollande. La lettre qu'il adresse à Napoléon lorsque celui-ci choisit de prénommer l'enfant Charles-Louis-Napoléon est significative de ses revirements et de ses doutes : « Je remercie Votre Majesté de la lettre qu'elle a bien voulu m'écrire relativement à l'accouchement de la reine. Je me conformerai avec empressement aux désirs de Votre Majesté sur les noms à donner à son fils. » On a glosé sur le fait qu'il y emploie le possessif « son » à la place de « mon ». Il ne faut cependant pas surinterpréter les mots. C'est en effet méconnaître les usages protocolaires et dynastiques et les relations qu'entretiennent les deux frères. Néanmoins, les pamphlets anglais et les commérages de cour, attisés par la partie de la famille Bonaparte qui n'aime pas Hortense, la sœur de Louis, Caroline Murat, et son oncle, le cardinal Fesch, prétendent que la naissance de Louis-Napoléon est illégitime. Un mot cruel se répand :

Le roi de Hollande
Fait de la contrebande
Et sa femme
Fait des faux Louis.

Si la plupart des témoignages, souvent malveillants, insistent surtout sur la ressemblance de l'enfant avec les Beauharnais pour mieux souligner, au contraire, les différences physiques entre le père et le fils, quelques familiers assurent qu'il n'en est rien. Ainsi, Valérie Masuyer, dame de compagnie d'Hortense d'octobre 1830 à la mort de celle-ci, est frappée par la ressemblance entre le haut du visage de Louis et celui de Louis-Napoléon. Elle ajoute : « Le profil est tout à fait le même », ce que plusieurs portraits viennent d'ailleurs confirmer. Amie d'enfance du prince, Hortense Cornu est troublée par la similitude de leur regard et de leurs gestes. D'autres témoignages soulignent sa ressemblance physique avec le comte de Castelvecchio, fils naturel du roi de Hollande. Quant au précepteur du jeune homme, Philippe Le Bas, il relève de son côté une analogie de caractères qui doit bien venir de l'hérédité, puisque les deux ont vécu loin l'un de l'autre.

Que de pères possibles dans cette affaire !

La présence autour d'Hortense, au cours de l'été 1807, moment de la conception de l'enfant, de plusieurs hommes dont les charmes ne semblaient pas la laisser indifférente a été soulignée, avec malveillance, par les partisans de l'illégitimité. Sans compter Napoléon, une demi-douzaine de pères possibles ont ainsi pu être relevés. Etaient alors avec Hortense lors de son séjour dans le Sud-Ouest son écuyer hollandais, le vicomte Adam de

Bylandt, un peintre paysagiste nommé Claude Thiénon, l'ambassadeur de Hollande à Madrid et frère aîné de l'amiral Verhuell, ministre de la Marine du royaume, venu rendre ses hommages à sa reine, le baron de Boucheporn, préfet du palais du roi de Hollande, le comte Vallet de Villeneuve, premier chambellan de la reine, ou encore un jeune et beau notable de la région, Elie Decazes.

Célibataire âgé de 33 ans, Bylandt est très attaché à la reine et devient plus tard l'un des fidèles de son entourage, lors de son exil à Arenenberg, sur les bords du lac de Constance. Dans ses *Mémoires*, Hortense affirme qu'elle l'a renvoyé en Hollande car il n'arrivait pas à la suivre en montagne et qu'il était tombé plusieurs fois de cheval, au risque de se tuer. De fait, Bylandt a repris la route de la Hollande dès la fin juillet et Louis l'a nommé alors aide de camp. Pour leur part, Boucheporn et Vallet de Villeneuve étaient à Cauterets accompagnés de leurs épouses, qui ne les quittaient guère. Futur ministre de Louis XVIII, Decazes était alors un jeune avocat bordelais qui briguait un poste à la cour de Hollande et se rendit à Cauterets où il ne trouva pas le roi, mais la reine. Or, Decazes était aussi un veuf éploré et certains n'ont pas manqué de l'imaginer se consolant avec la reine, elle-même effondrée par la mort de son fils, le 5 mai précédent. Decazes accompagna bien la reine dans quelques excursions, mais rien n'atteste une liaison. L'attitude qu'il adopte par la suite la rend très improbable. Préfet de police après les Cent-Jours, il donne l'ordre à la reine de quitter Paris, sans ménagement. Pair de France, il vote la condamnation à la prison perpétuelle de Louis-Napoléon après sa tentative de coup d'Etat à Boulogne, en 1840. Informé de la rumeur selon laquelle il aurait été l'amant de la reine et le père du prince, le grand séducteur qu'il était la démentit tout en regrettant aussitôt qu'il ne se fût rien passé. Quant à l'amiral Verhuell qui portait beau, homme « d'un extérieur agréable et prévenant » selon la propre formule du roi Louis, il semble être resté à La Haye et avoir été confondu avec son frère plus âgé.

Néanmoins, Maxime Du Camp prétend, bien après, que l'amiral était certainement le père de Louis-Napoléon et ajoute à ce sujet que le jour même de la naissance de celui-ci, le roi Louis aurait déposé une protestation motivée entre les mains de son frère Lucien. La fille de ce dernier, Laetitia Bonaparte-Wyse, l'aurait ensuite vendue à Napoléon III contre 500 000 francs et une pension annuelle de 24 000 livres. Maxime Du Camp assure tenir ces faits de Laetitia elle-même et du préfet Joseph-Marie Piétri qui aurait servi d'intermédiaire pour la transaction. Notons ici que si ce fait est vrai, il ne prouve que les doutes de Louis.

On évoque aussi l'« affaire de Gavarnie ». Pour échapper à la surveillance du préfet des Hautes-Pyrénées, le comte de Castellane, Hortense se rendit fin juillet en excursion au cirque de Gavarnie avec sa fidèle amie, Adèle de Broc, Thiénon et un mystérieux guide pyrénéen. Elle assure plus tard qu'elle y a passé la « plus merveilleuse nuit de sa vie », sans doute à observer les étoiles. Il n'en faut cependant pas plus pour créer la légende, entretenue ensuite dans les sociétés d'histoire locale, d'un Louis-Napoléon fils d'un berger des Pyrénées.

Il n'est pas même jusqu'à la liaison que la reine Hortense entretient, à partir de l'été 1810, avec Charles de Flahaut dont elle a un enfant, un an plus tard, le futur duc de Morny, qui n'atteste aux yeux de certains la probable infidélité antérieure. Cependant, Hortense ne cède aux avances de Flahaut qu'après sa rupture définitive avec le roi Louis et elle affirme toujours que Louis-Napoléon est bien le fils de celui-ci, et il ne s'agit sans doute pas seulement là de sa part de la volonté de préserver les droits de son fils adoré, en même temps que sa propre réputation. Hortense n'accouche pas clandestinement de Louis-Napoléon, mais au grand jour.

Un rapprochement toulousain qui semble lever les doutes

Le roi et elle avaient connu par le passé des rapprochements, en particulier à la naissance de leur deuxième fils, Napoléon-Louis, en octobre 1804. A la suite de la mort de leur aîné, Napoléon-Charles, du croup, en mai 1807, Hortense était donc venue soigner son chagrin dans les Pyrénées. Le couple se rapprocha à cette occasion, Louis rejoignant son épouse dès le 23 juin, à Cauterets. Il se fit caressant et s'excusa presque de son attitude passée. La vie conjugale reprit jusqu'au 6 juillet, avant que le couple ne se séparât à nouveau, lui pour aller prendre les eaux dans d'autres stations pyrénéennes, elle pour la Côte basque. Depuis Ussat, Louis écrit des lettres très tendres à son épouse comme il ne lui en avait jamais envoyé auparavant. Ainsi le 13 juillet écrit-il : « Vous me dites que dans un mois vous viendrez me joindre, Hortense, il faut bien que j'éprouve pour vous une tendresse bien vive puisque rien ne me fait autant de mal que l'idée de vous être indifférent… Heureux qui peut trouver sa maîtresse et son amie dans sa femme. » Puis le 30 : « Tu vas faire mon bonheur, tu vas vivre pour moi, tu ne vas être heureuse que de cette manière… Viens donc, ma chère Hortense, il me tarde de me jeter dans tes bras. »

Hortense et Louis se retrouvèrent à Toulouse. Dans une lettre qu'il adresse à son épouse, en novembre 1809, Louis parle de ce moment précieux de leurs retrouvailles conjugales. Sans manifester l'enthousiasme de son conjoint, la reine confirme dans ses *Mémoires* : « Je ne fus pas maîtresse de cacher à mon mari l'espèce de répugnance, la crainte même que me faisait éprouver notre réunion. Il la désirait si vivement et paraissait devoir en être si heureux que notre raccommodement eut lieu à Toulouse. »

Ce fut le 12 août 1807, moment très probable de la conception de l'enfant. Louis-Napoléon naît en effet huit mois et huit jours plus tard et au moment de l'accouchement, l'obstétricien Baudelocque et le médecin de l'empereur Corvisart reconnaissent en l'enfant un prématuré, au point qu'il faut lui faire prendre des bains de vin et l'envelopper de cotons brûlants. Charles de Rémusat, qui n'aime pas le prince, a consigné dans une précieuse note tenue de sa mère, remarquablement informée en tant que dame d'honneur de l'impératrice, que le rapprochement des deux époux n'était pas feint. Qui plus est, une raison politique milite en ce sens : deux fils étaient alors nécessaires pour hériter des deux couronnes : la France et la Hollande. Durant le voyage qui les ramena de Toulouse à Saint-Cloud, le couple donna à son entourage tous les signes apparents de leur « raccommodement ». Début septembre, lorsque la grossesse de la reine fut connue, Louis lui offrit une parure et elle le remercia publiquement et ostensiblement de « sa bonté » en l'embrassant. Cependant, ils se séparèrent bientôt, de nouveau. Malgré l'injonction de Louis, elle ne voulut pas retourner en Hollande. Dès qu'elle sut qu'elle était enceinte, elle prit prétexte de malaises éprouvés au moindre de ses déplacements pour se faire interdire par son médecin tout voyage prolongé en voiture.

Une jeunesse préservée des rumeurs mais une vie publique exposée

En juillet 1810, Louis, qui n'est pas assez docile aux yeux de Napoléon, est finalement contraint d'abdiquer et s'en va vivre en Bohême, puis en Autriche. Il renonce ainsi à sa couronne en faveur de ses deux fils, preuve qu'il a alors reconsidéré les faits. L'événement est aussi d'importance pour le petit Louis-Napoléon, âgé de 2 ans, car la rupture de ses parents devient définitive. Ils sont bientôt séparés de corps et de biens et l'enfant ne revoit plus son père que de loin en loin, alors que celui-ci a la garde de son frère aîné, Napoléon-Louis. En 1830, les deux frères qui s'adorent participent ensemble à un complot contre la papauté, à Rome, puis, l'année suivante, à l'insurrection de l'Italie centrale, au cours de laquelle Napoléon-Louis meurt. Le roi Louis n'a donc plus qu'un fils, Louis-Napoléon. Il pense désormais qu'il est bien son géniteur ou veut s'en convaincre, même si, épisodiquement, il lui était déjà arrivé de faire preuve d'effusion paternelle. Ainsi, le 9 avril 1821, à l'occasion de sa première communion : « Je te renouvelle, dans cette occasion solennelle, la bénédiction paternelle que je te donne par la pensée chaque matin, chaque soir, et toutes les fois que mon imagination se porte vers toi. » Il reporte toute son affection sur lui et en fait son seul légataire. « Je laisse… tout ce qui constitue mon héritage… à mon héritier universel, Napoléon Louis [*sic*], seul fils qui me reste. »

Tout autre est la relation fusionnelle que Louis-Napoléon entretient avec sa mère, qu'il ne quitte que pour être scolarisé au gymnasium d'Augsbourg, puis à l'école militaire de Thoune, et enfin pour prendre son envol à l'âge adulte. Encore revient-il souvent à Arenenberg où elle vit. Lorsqu'il apprend qu'elle se meurt, alors qu'il est en exil, en juin 1837, il décide de braver l'interdiction qui lui est faite pour l'assister dans son agonie. C'est là qu'il découvre son infidélité et l'existence de son demi-frère, le comte de Morny, par une maladresse de l'exécutrice testamentaire de la reine, Mme de Salvage. Un monde s'écroule sous ses yeux. Cependant, il n'envisage pas être lui-même issu d'une relation adultérine.

Lorsqu'il réapparaît sur la scène nationale sous la Deuxième République, après deux tentatives de coup d'Etat, un long emprisonnement et un exil, la rumeur ressurgit. Dans *Choses vues*, en date du 1er janvier 1849, Hugo, pourtant alors bien disposé vis-à-vis de lui, puisqu'il vient de le soutenir avec succès à l'élection présidentielle, colporte la rumeur de la paternité de l'amiral Verhuell, pendant qu'Alexis de Saint-Priest qualifie le nouveau chef de l'Etat de « souvenir de Hollande ». Après le coup d'Etat du 2 décembre 1851 qui le contraint à l'exil, le poète se déchaîne et poursuit le prince-président puis l'empereur de sa haine. Napoléon III, écrit-il dans *Les Châtiments* en 1853, est un « Hollandais » :

> Quoi, tel gueux qui pourvu d'un titre en bonne forme
> A pour toute splendeur sa bâtardise énorme,
> Tel enfant de hasard, rebut des échafauds,
> Dont le nom fut un vol et la naissance un faux.

Le souverain n'est pas épargné au sein de sa propre famille. Son oncle Jérôme, l'ancien roi de Westphalie, parle autour de lui de sa « lourdeur germanique » et l'impute à ses « origines hollandaises ». Cependant, l'empereur ne perd pas la face. A Jérôme qui se risque, pour le blesser, à une allusion à peine voilée à sa possible bâtardise : « Vous n'avez rien de Napoléon », il sait répondre :

« Si, j'ai sa famille ! » Il n'a jamais douté de sa filiation et cela l'aide à supporter les calomnies qui se multiplient à la fin du Second Empire lorsque Rochefort dans *la Lanterne* et un certain nombre de ses épigones se déchaînent. Certains ne l'appellent plus que « monsieur Verhuell ». Dès lors, et jusqu'à sa mort en exil, en janvier 1873, le doute sur ses origines est constamment utilisé par ses ennemis pour essayer de le disqualifier. Paraît ainsi à Londres, en 1870, une *Biographie de Verhuell Bonaparte, ex-empereur.*

Malgré la défense virulente mais peu étayée de Frédéric Masson, historien de la famille impériale, et de Jean Hanoteau, annotateur des *Mémoires* de la reine Hortense, ou le démontage plus méthodique de tous les arguments en faveur de sa naissance illégitime par Jean-Baptiste Barbier dans son ouvrage de 1959, *Mensonges sur le Second Empire*, il en reste quelque chose comme tel est toujours le cas des rumeurs que l'on répand et des calomnies que l'on sème. Les preuves ultimes n'ont surtout jamais été apportées. Voilà pourquoi nous avons écrit dans notre biographie consacrée à l'empereur des Français, *Napoléon III. Un Saint-Simon à cheval*, publiée en 2008 et rééditée en 2012, que seul un test ADN lèverait les doutes, comme tel a été le cas pour l'enfant du Temple ou pour Gaspard Hauser.

Un mystère élucidé par la science ?

Pour mettre un terme à la controverse, le Souvenir napoléonien, société française d'histoire, a demandé au professeur Gérard Lucotte, directeur de l'Institut d'anthropologie moléculaire de Paris, d'entreprendre une recherche sur l'haplogroupe de Napoléon III.

Descendant d'un général d'Empire et lui-même passionné par l'histoire et ses énigmes, le professeur a découvert en 1984 les marqueurs spécifiques du chromosome Y (celui qui se transmet uniquement de père en fils), ce qui permet de confirmer ou d'infirmer catégoriquement le lien biologique entre un père et un fils, ou à l'intérieur d'une fratrie.

Grâce à l'extraction de fragments d'ADN nucléaire d'une petite touffe de cheveux supposés appartenir à Napoléon III et couverts de pellicules riches en ADN, à des cheveux prélevés sur la dépouille du prince impérial, fils de l'empereur, tué au combat en Afrique du Sud en juin 1879, à des mesures réalisées sur d'autres membres avérés de la famille et à l'haplogroupe de la famille Banquet d'Orx descendant, selon une tradition familiale, d'un fils naturel du comte d'Orx, lui-même fils naturel reconnu de Napoléon III, Gérard Lucotte a pu présenter une importante communication sur le sujet, au musée de l'Armée, le 2 décembre 2013.

Le savant y montre la différence entre l'haplogroupe de Napoléon III et celui de Napoléon et de ses frères Lucien et Jérôme et l'originalité du premier qui est d'un type rare, qui se rencontre principalement dans la population corso-sarde. Ces résultats l'incitent à conclure que Napoléon III ne serait pas neveu en lignée paternelle de Napoléon Ier, génétiquement parlant. Par ailleurs, sans exclure totalement l'hypothèse que Napoléon III ne serait pas le fils biologique de Louis Bonaparte, il n'est pas invraisemblable que ce serait plutôt Louis Bonaparte qui aurait eu un père génétique différent de celui de Napoléon, de Lucien et de Jérôme, et que Louis ne serait donc qu'un demi-frère par voie maternelle de Napoléon Ier, en d'autres termes que Letizia Bonaparte aurait eu Louis non de son époux Charles Bonaparte, comme ses autres enfants, mais d'une relation extraconjugale. *De facto*, au moment de la naissance de Louis, en 1778, les commentaires des officiers de la garnison française en Corse allaient bon train. La liaison affichée de Mme Bonaparte avec le comte de Marbeuf était dans toutes les conversations. Le gouverneur devint d'ailleurs le parrain de l'enfant, quinze jours après sa naissance.

Dignes d'un grand intérêt, les travaux du professeur Lucotte ne font cependant pas l'unanimité dans la communauté scientifique. Il faudrait ici une contre-expertise pour lever tous les doutes. A défaut de relique exploitable du roi Louis, il faudrait aussi procéder à un prélèvement sur sa dépouille, inhumée dans la crypte de l'église de Saint-Leu-la-Forêt, dans le Val-d'Oise. Pour achever de percer le mystère de la recherche en paternité de Napoléon III, c'est donc une recherche en paternité de son père, Louis, qu'il faut maintenant entreprendre !

Que Napoléon III soit ou non le neveu de Napoléon en ligne masculine n'en fait pas moins son neveu en ligne féminine et, du fait de l'adoption d'Hortense par l'empereur, d'une certaine façon son petit-fils adoptif. Ce mystère a pu l'affecter mais il n'en a jamais rien montré. S'il n'était pas le fils de Louis, cela n'enlèverait rien à ses mérites. La recherche en paternité de Napoléon III n'a en aucune manière influé sur le cours de l'histoire.

Bibliographie sélective

Anceau, Eric, *Napoléon III. Un Saint-Simon à cheval*, Tallandier, 2008 ; rééd., 2012.

Barbier, Jean-Baptiste, *Mensonges sur le Second Empire*, La Librairie française, 1959.

Baylac, Marie-Hélène, *Hortense de Beauharnais*, Perrin, 2016.

Beauharnais, Hortense de, *Mémoires*, Plon, 1927, 3 vol.

Blanchard, Jerrold, *The Life of Napoleon III*, Longmans Green and Co., 1874-1882.

Du Camp, Maxime, *Souvenirs d'un demi-siècle*, Hachette, 1949, 2 vol.

Emerit, Marcel, Actes du LXXVIe congrès des sociétés savantes de Rennes en 1951, Imprimerie nationale, 1952, p. 232-243.

Masuyer, Valérie, *Mémoires, lettres et papiers*, Plon, 1937.

Pouthas, Charles-Henri, « Note sur la naissance de Napoléon III », *Revue d'histoire moderne et contemporaine*, 1962, p. 207 et suiv.

Archives nationales, Fonds 400 AP 33.

XVI

Mort de Zola.
Un rideau de fumée

par Alain PAGÈS

Emile Zola est mort le 29 septembre 1902, vers 8 heures du matin, asphyxié par des émanations d'oxyde de carbone produites par la cheminée de sa chambre à coucher dont le conduit était bouché. Pendant un demi-siècle, on a considéré que ce décès était de nature accidentelle. Cette perspective s'est trouvée modifiée par une enquête publiée par Jean Bedel dans le journal Libération, *en 1953. Elle posait la question d'une origine criminelle : « Zola a-t-il été assassiné ? » Ce sont les différentes pièces de ce dossier qui sont présentées ici, de l'instruction judiciaire ouverte en 1902 aux articles publiés par Jean Bedel en 1953, que nous avons complétés par nos propres investigations.*

Médan, dimanche 28 septembre 1902, en début d'après-midi. Après avoir passé les mois de l'été dans sa maison de campagne de Médan, à une quarantaine de kilomètres de Paris, Emile Zola, 62 ans, s'apprête à regagner la capitale. Comme il le fait régulièrement, il prend le train à la gare de Villennes, proche de son domicile. Le chef de gare, qui le connaît bien, lui adresse cette parole amicale : « Au revoir, monsieur Zola, et à l'année prochaine. » Le romancier hoche la tête : « Qui sait ? Mon ami... L'année prochaine, je ne serai peut-être plus de ce monde. »

Le journaliste de *La Patrie*, qui rapporte ce dialogue dans le numéro du mercredi 1er octobre, ajoute : « Il ne croyait pas dire si vrai. » Et il s'interroge sur ce « sinistre pressentiment ». En effet, la veille de la publication de cet article, le mardi 30 septembre, une nouvelle incroyable – celle de la mort d'Emile Zola – avait fait la une de toute la presse. Sur une première page encadrée d'un liseré noir, *L'Aurore* rendait hommage à celui qui, quatre ans plus tôt, avait publié *J'accuse* dans ces mêmes colonnes. De son côté, *La Libre Parole* de l'antisémite Drumont se réjouissait de l'événement, avec une manchette qui se voulait provocante : « Un fait divers naturaliste : Zola asphyxié. »

Très vite, les rumeurs les plus diverses se répandent dans la presse. S'agit-il d'un accident ou d'un suicide ? Ne disait-on pas le romancier profondément déprimé au cours de ces derniers mois ? Le 1er octobre, dans son éditorial de *L'Intransigeant,* Henri Rochefort se montre catégorique : « Ce qui est d'abord et avant tout certain, c'est que nous ne saurons jamais la vérité sur la mort de Zola. Quand les imposteurs du dreyfusisme se sont emparés de quelqu'un, ils le maquillent, le transforment et le dénaturent tellement qu'il est impossible de le reconnaître. [...] Ils n'avoueront sous aucun prétexte que l'auteur de *J'accuse* s'est suicidé par dégoût de les avoir trop longtemps fréquentés. » Dans *Le Peuple français*, l'historien du christianisme J.-B. Reygasse, s'interrogeant sur les causes d'une disparition aussi brutale, ne voit qu'une seule explication possible : la main de Dieu. « Zola avait insulté le Christ, outragé la Vierge immaculée, ridiculisé les Evangiles, et il était resté impuni », précise-t-il, en faisant allusion à la dernière partie de l'œuvre du romancier (le roman *Lourdes*, suivi, un peu plus tard, par le cycle des *Evangiles*) ; il conclut sa démonstration en notant que « la justice divine a son heure, inconnue des hommes, et qu'elle ne perd rien de ses rigueurs pour être tardive ».

Les circonstances du décès

Que s'est-il passé ? Après avoir quitté Médan, Zola et sa femme, Alexandrine, ont regagné leur domicile parisien situé 21 *bis*, rue de Bruxelles, dans le IXe arrondissement. Le soir, ils se sont endormis dans leur chambre à coucher. Dans le courant de l'après-midi, Jules Delahalle, le maître d'hôtel, avait essayé de faire un feu dans la cheminée, puis y avait renoncé, en constatant que le tirage était insuffisant. Et le drame est survenu le lendemain matin. Inquiets de n'avoir aucune nouvelle de leurs maîtres, les domestiques ont enfoncé la porte de la chambre. Ils ont découvert le romancier gisant sur le sol, tandis que son épouse, étendue sur le lit, respirait encore. Alexandrine se rétablira assez vite. Mais Emile Zola a cessé de vivre. Les médecins appelés à son chevet ont tenté, en vain, de le ranimer.

Une enquête est aussitôt menée par le commissaire Cornette, qui dirige le commissariat du quartier Saint-Georges. Son contenu est résumé dans le rapport qu'il adresse au préfet de police, dès le 1er octobre. La cause du décès, apparemment, ne fait aucun doute : Zola a été victime d'une asphyxie provoquée par l'oxyde de carbone qui s'est répandu dans sa chambre, à cause d'un tirage défectueux de la cheminée : « L'autopsie à laquelle ont procédé hier, 30 septembre, les docteurs Thoinot et Vibert, médecins légistes, a nettement établi les causes du décès qui sont dues à une asphyxie accidentelle par l'oxyde de carbone. »

En établissant son rapport, le commissaire Cornette, pourtant, semble avoir fait preuve d'hésitation. Les termes d'« asphyxie accidentelle » sont inscrits dans la marge. Ils ont été ajoutés après coup, comme si cette expression posait problème. Cornette avait-il un doute sur la nature de cet accident pour lequel un complément d'enquête était demandé par le juge d'instruction Joseph Bourrouillou, que le parquet a désigné pour instruire l'affaire ?

Le juge Bourrouillou s'adresse à plusieurs experts : il fait appel à deux chimistes, spécialistes de l'analyse toxicologique, Charles Girard et Jules Ogier, qu'il charge d'étudier les conditions de l'empoisonnement par l'oxyde de carbone ; et il confie à deux architectes, Henry Brunel et Georges Debrie, le soin d'examiner la disposition des lieux.

Le 8 octobre, les experts en toxicologie demandent à Jules Delahalle d'allumer un feu de boulets dans la chambre des Zola. Le feu ne prend pas, et la pièce se remplit de fumée. On aère la pièce, puis on ferme à nouveau les fenêtres, en introduisant dans la chambre des animaux qui vont permettre, pense-t-on, de comprendre de quelle façon l'asphyxie s'est produite : on place en différents endroits, sur le lit et près de la cheminée, trois oiseaux ainsi que trois petits cochons d'Inde, utilisés comme cobayes. Des scellés sont mis sur la porte. Le lendemain matin, les cobayes sont retrouvés en vie, mais ils paraissent affaiblis, tandis que deux des oiseaux sont morts. L'analyse de l'air révèle une dose très faible d'oxyde de carbone, insuffisante pour provoquer la mort d'un homme. Le 11 et le 12 octobre de nouvelles expériences sont réalisées, avec des résultats comparables.

Les investigations sont poursuivies par les architectes. Leur attention se concentre désormais sur la cheminée de la chambre à coucher. Le 14 octobre, ils font démonter le tuyau qui sort du conduit et s'élève, après un coude sur le toit, le long du mur mitoyen de l'immeuble voisin : ils découvrent que la partie supérieure est obstruée par la suie. Jules Delahalle leur déclare qu'il a pu faire un feu, à la mi-juin, sans que Zola et sa femme soient incommodés. Les architectes en déduisent qu'une obstruction complète du conduit a dû se produire pendant l'été : la cause, expliquent-ils, doit être recherchée dans les trépidations auxquelles a été soumis le tuyau, à la suite de différentes circonstances, l'action du vent, de la pluie ou de la circulation des véhicules dans la rue de Bruxelles.

Les différents experts remettent leurs rapports au juge Bourrouillou, qui mettra un terme à son instruction quelques mois plus tard. Comme le signale un court entrefilet publié dans *L'Aurore*, le 6 avril 1903, le juge choisit de se ranger à l'avis des experts qui attribuent la mort de l'écrivain à « une cause purement accidentelle excluant toute idée de responsabilité étrangère ».

Les secrets de la rue de Bruxelles

Alexandrine Zola a-t-elle été convaincue par la thèse de l'accident ? En tout cas, elle accepte les résultats de l'enquête, sans chercher à les remettre en cause. Après l'immense douleur provoquée par le deuil qu'elle vient de subir, son souhait, avant tout, est de retrouver le calme, et elle ne veut surtout pas, en attirant l'attention sur elle, plonger à nouveau dans cette terrible atmosphère, faite de menaces et de violences, qu'elle a connue pendant les années au cours desquelles son mari a mené son combat en faveur d'Alfred Dreyfus. Il est possible, cependant, qu'elle se soit posé un certain nombre de questions. Les expériences conduites par les toxicologues n'ont rien montré de décisif. Et pourquoi ce conduit de cheminée s'est-il trouvé obstrué ? A cause de trépidations provoquées par la circulation dans la rue de Bruxelles ? L'explication n'est guère convaincante. Cette rue est calme, et pendant l'été il ne passe pas grand monde.

Peut-on penser que les responsables de la justice se sont empressés de clore l'enquête, sans chercher à poursuivre trop loin les investigations ? C'est ce que confiera, en 1921, le commissaire Cornette (alors à la retraite) à l'un de ses amis : « Si on avait cherché davantage, on aurait découvert qu'il ne s'agissait peut-être pas tellement d'un accident, mais à ce moment-là, la France sortait à peine de l'affaire Dreyfus », et « l'autorité supérieure ne tenait pas à avoir un autre sujet d'agitation ».

Alexandrine Zola partageait cette préoccupation. Elle aussi, elle souhaitait se tenir à l'écart de tout « sujet d'agitation ». Possédait-elle des informations qu'elle ne tenait pas à rendre publiques ? Un article publié par Léon Daudet dans *L'Action française*, le 9 avril 1940 (à l'occasion de la commémoration du centenaire de la naissance de l'écrivain), livre un indice. Il s'intitule : « Zola et Céard. » Henry Céard était un proche du romancier. Il a participé à l'aventure du mouvement naturaliste. Il a fait partie du groupe des écrivains qui ont publié avec Zola le recueil des *Soirées de Médan*, en 1880. Au cours des années 1920, en parlant avec Léon Daudet des circonstances de la mort de Zola, il lui aurait déclaré : « Je suis le seul à en connaître le secret, mais celui-ci mourra avec moi. » De quel secret s'agit-il ? Henry Céard, qui est mort en 1924, était-il le dépositaire d'une confidence que lui avait faite Alexandrine Zola et qu'il ne voulait pas divulguer ?

Des éléments de réponse à cette question se trouvent dans un témoignage recueilli beaucoup plus tard, au début des années 1960, par un criminologue, le commissaire Marcel Le Clère. Ce dernier en fera état dans un *Guide des cimetières de Paris*, publié en 1990, puis dans l'un des chapitres de son ouvrage intitulé *Enquêtes criminelles*, paru en 2000, où il écrit ceci : « Au début de ce mois de septembre [1902], un locataire de l'immeuble mitoyen aurait demandé l'obturation de sa cheminée dont il ne se servait jamais. Le patron et l'ouvrier qui effectuèrent ce travail se seraient trompés de souche et ne s'en sont jamais vantés. » Marcel Le Clère s'appuie sur des propos que lui a tenus un marbrier de l'avenue Rachel, du nom de Paul Jouvensel, qu'il a rencontré au moment où il se documentait sur l'histoire des cimetières parisiens. Un tampon de plâtre a été placé par erreur au sommet de la cheminée conduisant à la chambre à coucher, et c'est ce qui a causé la mort de l'écrivain. Il s'agirait donc d'une faute professionnelle. Qui étaient ces deux hommes, ce patron travaillant avec un ouvrier ? Paul Jouvensel n'a fourni aucune indication sur leur identité. Adolescent au moment des événements, il tenait, disait-il, cette information de ses parents, qui vivaient alors dans l'immeuble attenant à celui qu'occupait Emile Zola.

Alexandrine Zola et Henry Céard ont pu ainsi partager ce secret, qu'ils ont gardé soigneusement pour eux. Pourquoi en auraient-ils fait état ? Que la mort de Zola ait été causée par une obstruction accidentelle du conduit de la cheminée ou par une erreur humaine, liée à des travaux mal entrepris, cela ne changeait rien au fond des choses.

L'enquête de Jean Bedel

Et s'il s'agissait de quelque chose de plus grave, d'une tentative d'assassinat ? C'est l'hypothèse qui surgit en

1953, à la suite d'une série d'articles publiés par Jean Bedel, grand reporter au journal *Libération*[1]. Ces articles possèdent un titre qui n'a pas manqué d'attirer l'attention des lecteurs : « Zola a-t-il été assassiné ? » Après avoir d'abord retracé les circonstances de la mort de l'écrivain, Jean Bedel livre le témoignage surprenant que vient de lui fournir un homme alors âgé de 68 ans, un retraité, ancien employé de pharmacie, nommé Pierre Hacquin, et demeurant à Tessy-sur-Vire, en Normandie.

Avant la Seconde Guerre mondiale, Pierre Hacquin vivait à Sarcelles, dans la banlieue parisienne. Au cours des années 1920, il faisait de la politique au sein d'un « petit comité local qui groupait des commerçants de droite ». Il a alors fait la connaissance d'un entrepreneur de fumisterie, dont il a gagné la confiance. Il a reçu de sa part une confession troublante, dont il souhaite livrer le contenu à Jean Bedel. Par prudence, il ne veut pas, cependant, que le nom de cet homme soit rendu public (le texte de l'article le désignera, en effet, à l'aide de la lettre « Z »). Ce qu'il va dire, il n'en a jamais parlé à personne, mais, sur la fin de son existence, plus de cinquante ans après la disparition de l'auteur de *J'accuse*, cette « révélation » lui apparaît désormais comme « un devoir et une nécessité » : « Un jour d'avril [1928], alors que nous en étions venus à parler de Zola, M. Z... fut pris d'un besoin de confession. Pressentait-il sa fin prochaine ? (il était cardiaque et devait mourir un mois plus tard). Voici le langage qu'il me tint : “Hacquin, je vais vous dire comment Zola est mort. J'ai confiance en vous,

1. Le journal issu de la résistance, fondé par Emmanuel d'Astier de la Vigerie. Jean Bedel (1919-2015) reprendra le contenu de son enquête dans un ouvrage publié en 2002, chez Flammarion, sous le titre : *Zola assassiné.*

et du reste, il va y avoir prescription. Zola a été asphyxié volontairement. C'est nous qui avons bouché la cheminée de son appartement. Et voilà comment : dans une maison voisine, il y avait des travaux de réfection de la toiture et des cheminées. Nous en avons profité, par suite du va-et-vient continuel dans cet immeuble, pour repérer la cheminée de Zola et la boucher. Nous l'avons débouchée le lendemain matin, très tôt. Nous passâmes inaperçus. Vous savez le reste…" » Pierre Hacquin ajoute ces précisions : « Il se plaignait du cœur depuis quelque temps. Je le sentais préoccupé. M. Z… n'était pas un hâbleur. Devant mon étonnement, il a insisté : "Mais oui, je vous dis que c'est nous qui avons bouché la cheminée de Zola. Nous savions que Zola était rentré de la campagne et le lendemain matin, de très bonne heure, nous avons pu facilement monter sur le toit et déboucher la cheminée pour éviter toute suspicion. Nous avons même pu profiter du remue-ménage provoqué par la découverte de l'accident pour nous mêler aux ouvriers qui ont pénétré dans la maison de Zola." »

En apparence, le témoignage livré par Pierre Hacquin contredit celui de Paul Jouvensel. Le premier décrit une tentative d'assassinat ; le second évoquait le drame d'une faute professionnelle. Mais ce qu'il faut noter, ce sont plutôt leurs éléments de convergence. Une continuité se dessine, d'un récit à l'autre : une cheminée bouchée par une action humaine (et non par le tassement mécanique de la suie dans le conduit, comme l'indique le rapport de l'enquête officielle) ; à l'origine des faits, des travaux effectués sur l'immeuble mitoyen de celui de Zola ; une action commise par deux hommes. On peut donc faire la synthèse de ces deux récits, pour dépasser leurs contradictions apparentes. Car nous nous trouvons devant des données narratives lacunaires, dont la transmission orale a accentué le caractère fragmentaire. Mais leur réunion permet, paradoxalement, de leur donner plus d'épaisseur.

Voici ce que ces deux témoignages laissent supposer, si on les associe… A l'occasion de travaux effectués sur l'immeuble mitoyen de celui d'Emile Zola, un acte criminel est commis par un fumiste, accompagné par l'un de ses employés. Ce dernier, après avoir obstrué le conduit de cheminée, peut ensuite le déboucher (et c'est ce qui explique l'impossibilité devant laquelle se trouveront les experts pour reconstituer les conditions exactes de l'asphyxie). Personne ne le soupçonne, et il n'est pas interrogé dans le cadre de l'enquête officielle. D'une certaine façon, il est aidé, dans les mois qui suivent, par une rumeur qui court parmi les habitants de l'immeuble mitoyen selon laquelle le drame aurait été le résultat d'une erreur humaine. Cette réalité contredisait, certes, la version des faits établie par l'enquête officielle, mais pour ceux qui ont eu connaissance de cette rumeur, cette différence n'est pas apparue fondamentale, puisqu'elle confirmait la thèse de l'accident. Elle ne les a pas poussés, en tout cas, à révéler ce qu'ils savaient. Et c'est beaucoup plus tard, à la fin des années 1920, que le responsable de cet acte criminel se confie à son ami Pierre Hacquin. Plus de vingt-cinq années se sont écoulées. Toute poursuite judiciaire semble impossible. Cette confession peut être analysée comme un aveu, mais aussi, de la part de celui qui la formule, comme le besoin de préciser un fait, comme le désir de mettre fin à une rumeur qui aurait, jusque-là, déformé la vérité : « C'est nous qui avons bouché la cheminée de son appartement », déclare l'entrepreneur de fumisterie, en revendiquant, en quelque sorte, la paternité de son acte.

Ce que rapporte Pierre Hacquin trouve ainsi un relais dans une conviction qu'ont partagée les habitants vivant dans l'immeuble mitoyen de celui de Zola et dont le marbrier de l'avenue Rachel a pu avoir connaissance, grâce à ses parents. Cette rumeur souterraine n'a pu exister et se propager au cours des années que parce qu'elle soutenait la thèse d'une défaillance humaine, et non d'un crime. En ne remettant pas en cause l'idée même de l'accident, elle ne modifiait la vérité officielle que sur un point : l'origine des circonstances ayant entraîné la mort d'Emile Zola.

Histoire d'un fumiste

Afin de progresser dans la compréhension de cette histoire, il est nécessaire de s'interroger sur la personnalité de ce fameux « Z » dont le nom était soigneusement dissimulé aux lecteurs du journal *Libération*, en 1953. Un nouvel article de Jean Bedel, publié dans *Le Quotidien de Paris* le 12 mai 1978, donne l'information. C'est un article rapide, qui ne reprend pas dans le détail l'enquête conduite en 1953, mais qui nous apprend que l'entrepreneur de fumisterie s'appelait Henri Buronfosse. Le secret peut enfin être dévoilé, puisque son détenteur, Pierre Hacquin, est mort depuis plusieurs années déjà, en 1970.

Qui était Henri Buronfosse ? Pour le savoir, il faut se tourner vers les différentes sources que constituent, à côté des périodiques, les documents d'état civil, les archives militaires, les listes électorales ou les recensements de population. C'est ce que nous avons fait, pour tenter de reconstituer l'existence de ce fumiste inconnu. Et voici ce que nous avons pu découvrir, à la suite des recherches que nous avons conduites…

Henri Buronfosse a vu le jour à Saint-Quentin, dans l'Aisne, le 23 novembre 1874. Son acte de naissance n'indique pas qui est son père. Car c'est un enfant naturel. Sa mère, Blanche Séverine Buronfosse, exerce la profession de couturière. Agée de 21 ans au moment de sa naissance, elle habite rue Saint-Martin, à Saint-Quentin. Deux ans plus tard, le 4 juillet 1876, elle met au monde une petite fille, prénommée Augustine, qui est également déclarée comme une enfant naturelle.

Au début des années 1890, Blanche Buronfosse quitte le département de l'Aisne pour s'installer dans la capitale. Elle habite avec ses deux enfants 13, rue Saint-Denis, dans le Ier arrondissement. Augustine, qui a la possibilité de faire des études secondaires, deviendra institutrice. Quant à Henri, après avoir fait son service militaire au 160e régiment d'infanterie, de novembre 1895 à septembre 1896, il choisit de s'engager dans la profession de fumiste. A l'âge de 26 ans, en décembre 1900, il est en mesure de fonder sa propre entreprise dont le siège se trouve 3, rue Mornay, dans le IVe arrondissement. Il travaille avec un associé, du nom de Ludovic Branca. Ce dernier, qui est d'origine italienne, appartient à une famille dont plusieurs membres exercent la même profession que lui. En 1905, les deux associés se séparent, et Buronfosse se retrouve seul à la tête de son entreprise.

A la fin des années 1890, Henri Buronfosse s'est engagé dans un mouvement politique d'extrême droite, la Ligue des patriotes, que dirige Paul Déroulède. Recrutant au sein des milieux populaires, la Ligue est particulièrement active dans le IVe arrondissement de Paris, où elle est animée par l'un des plus fidèles lieutenants de Déroulède, Henri Galli. D'abord simple adhérent, Buronfosse s'élève bientôt dans la hiérarchie de la Ligue dont il devient l'un des « commissaires ». Chargés d'encadrer les manifestations, arborant fièrement des brassards noir et vert aux couleurs de la Ligue, ces militants constituaient alors l'élite de l'organisation nationaliste.

Quand survient la guerre de 1914, Henri Buronfosse se trouve mobilisé dans l'armée territoriale. Il rejoint son corps d'affectation à Falaise, dans le Calvados. Mais le 30 août 1915, il est placé en « sursis d'appel » et renvoyé dans ses foyers. En tant qu'entrepreneur de fumisterie, il devient l'un des fournisseurs du ministère de la Guerre. Il est démobilisé le 24 avril 1919.

Dans les années qui suivent la Première Guerre mondiale, Buronfosse choisit de vivre à Sarcelles, où il va bientôt faire la connaissance de Pierre Hacquin. Ce dernier s'est installé dans cette ville un peu avant la guerre. Ancien combattant (il a été fait prisonnier à Verdun), marié, père de quatre enfants, il travaille à Paris : il est préparateur en pharmacie dans une officine de la rue Ordener, la pharmacie Campan. En octobre 1921, à l'occasion d'élections partielles, il est élu conseiller municipal de Sarcelles. En 1922, il est membre d'un Comité d'action nationale républicaine, de tendance conservatrice. C'est une personnalité active de la politique locale. En 1923, il devient président du Cercle démocratique du canton d'Ecouen, où se trouve la ville de Sarcelles. En juillet 1924, il fonde le Comité d'Union républicaine, dont il est élu président. Le vice-président est Henri Buronfosse. Ce dernier, qui n'a pas entièrement rompu avec la Ligue des patriotes, a évolué cependant et il défend les opinions d'une droite plus modérée.

Buronfosse possède toujours son entreprise de fumisterie de la rue Mornay, à Paris. Il fait donc le trajet quotidiennement, comme beaucoup d'employés ou d'ouvriers de Sarcelles à cette époque (on met alors une demi-heure, en train, pour atteindre la gare du Nord). A Sarcelles, il habite 10, rue du Petit-Chaussy. Il ne s'est pas marié, mais il a une compagne, Julie, qu'il présente comme sa femme. Née en 1880, celle-ci est une veuve qui de son mariage a eu deux filles, Marcelle et Odette. Tous les quatre vivent sous le même toit, rue du Petit-Chaussy. Marcelle enseigne comme institutrice dans une école libre.

L'année 1925 est décisive pour l'action politique que mènent Hacquin et Buronfosse. Ils conduisent, en effet, une liste de droite aux élections municipales de mai 1925, mais ils sont battus. Les conseillers élus, emmenés par le maire, Olivier Langlois, sont tous de gauche, radicaux ou radicaux-socialistes. Pierre Hacquin, qui perd donc son siège de conseiller municipal, se retrouve dans l'opposition.

Les années 1926 et 1927 sont occupées par différentes polémiques auxquelles prennent part Hacquin et Buronfosse, en bataillant contre leurs adversaires de l'équipe municipale qui soutiennent la politique du Cartel des gauches. Au moment des élections législatives d'avril 1928, Pierre Hacquin apporte son soutien aux candidats du canton d'Ecouen qui représentent la droite conservatrice. Il est président de la Fédération des comités républicains du canton, dont Buronfosse est vice-président. Mais ce seront leurs dernières luttes politiques communes, puisque le fumiste meurt brutalement, le 24 mai 1928, à l'âge de 54 ans, peu après le résultat des élections législatives. Le 2 juin, *Le Progrès de Seine-et-Oise* publie cet hommage « à un ami disparu » que signe Pierre Hacquin : « La disparition soudaine et dramatique de M. H. Buronfosse a laissé parmi ses amis et au sein du Comité d'Union républicaine dont il était le vice-président une douloureuse impression. Beaucoup de ceux qui le connurent peuvent penser à présent que c'est lorsque les amis ne sont plus qu'on comprend alors tout le prix de leur amitié ! Souvent décrié et critiqué, par ceux qui le connaissaient mal ou ne le comprenaient pas, il savait toujours garder sa bonne humeur et rester malgré tout toujours prêt à rendre service ! Avec plusieurs de ses intimes que je connais bien, je perds personnellement un excellent ami, et longtemps la vision de son corps étendu, dans l'obscurité, et aussi de cette mort foudroyante, en dépit des secours, restera longtemps présente à mes yeux. »

De son côté, *Le Drapeau*, l'organe de la Ligue, consacre à Buronfosse, le 10 juin, une brève notice nécrologique dans laquelle il rend hommage au « camarade » qui vient de disparaître si brutalement.

Valeur d'un témoignage

Ces données biographiques rendent vraisemblable le contenu de la confession faite par Henri Buronfosse à son ami Pierre Hacquin, en avril 1928. Tout concorde : les dates (Buronfosse a fondé son entreprise en 1900), les circonstances (l'occasion fournie par des travaux réalisés sur le toit de l'immeuble attenant à celui qu'occupait Zola), la personnalité du fumiste (il était membre d'une organisation nationaliste, la Ligue des patriotes).

L'acte qu'a pu commettre Henri Buronfosse s'inscrit dans l'atmosphère de violences continues qui a entouré les combats de l'affaire Dreyfus, à la fin du XIXe siècle. Pour mesurer ce degré de fureur, il suffit de parcourir les listes des souscriptions en faveur du monument Henry que *La Libre Parole* a fait paraître entre le 14 décembre 1898 et le 15 janvier 1899. Dix-huit listes où se déploie toute la litanie des horreurs engendrées par les délires de la pensée nationaliste. Un « mémorial de honte », un « répertoire d'ignominies », écrit Pierre Quillard, qui les a réunies dans un volume publié en 1899. Pour les souscripteurs, il s'agissait de défendre la mémoire du colonel Henry qui venait de se suicider, après avoir avoué être l'auteur d'un des faux qui accablaient Dreyfus. La plupart des donateurs se contentent d'inscrire leur nom, à côté du montant de leur obole. Certains expriment avec vigueur leur ferveur patriotique, en faisant l'éloge de l'armée. Mais quelques-uns motivent leur geste en clamant leur haine des Juifs qu'ils souhaitent expulser de France, dont ils veulent « crever les yeux », « couper les jambes », qu'ils aimeraient « pendre », « fumer » comme des « jambons », etc. D'autres disent leur détestation des « intellectuels », qu'ils considèrent comme des « décadents » ou des « détraqués ». Le nom de Buronfosse ne se trouve dans aucune de ces listes. Mais on découvre un « fumiste » qui a signé, le 23 décembre 1898, sans indiquer son nom. Et dans d'autres listes apparaissent, à quatre reprises, les initiales « H. B. » (car beaucoup de souscripteurs se contentent de mentionner leurs initiales). Henri Buronfonsse – qui avait 24 ans en 1898 – se dissimule peut-être derrière l'une de ces occurrences. Dans ce « répertoire d'ignominies », il a pu, en tout cas, trouver une source d'inspiration…

Zola a-t-il été la cible d'un attentat dirigé contre lui par la Ligue des patriotes ? Il n'est pas nécessaire d'aller aussi loin et de soutenir une telle hypothèse. On peut supposer seulement que Buronfosse a profité des circonstances qui s'offraient à lui. Etait-il accompagné d'un ouvrier ou de son associé, Ludovic Branca ? Quoi qu'il en soit, il était en mesure d'agir. Alors, il est passé à l'acte. Il a souhaité punir celui que la presse nationaliste présentait comme un romancier « sans patrie », défenseur du « traître » Dreyfus, coupable par ses écrits d'avoir porté atteinte à l'honneur de l'armée. Peut-être imaginait-il simplement qu'en enfumant son habitation, il lui donnerait une leçon, une terrible leçon, sans penser forcément que son action conduirait à la mort de l'écrivain. Mais son geste a eu des conséquences tragiques.

Il est possible, toutefois, que Buronfosse se soit vanté d'un acte qu'il n'avait pas commis. Car tout repose sur son seul témoignage oral, communiqué par Pierre Hacquin à Jean Bedel, vingt-cinq ans après avoir été émis. Quel crédit faut-il lui apporter ? Si l'on cherche à analyser la valeur de ce récit, la personnalité de Pierre Hacquin doit être prise en compte. Cet intermédiaire n'est pas n'importe qui. C'est un homme intelligent, cultivé, qui a su se montrer très actif au sein de la vie politique de Sarcelles, pendant plusieurs années. Il a longuement fréquenté le fumiste. Il lui a accordé sa confiance et son amitié. Et il n'a pas mis en doute le témoignage qu'il a reçu de son compagnon, un jour d'avril 1928. La parole de Pierre Hacquin constitue donc une source qui ne saurait être écartée.

L'identité imaginaire

Un dernier élément doit être ajouté pour compléter ce dossier. Il possède un caractère troublant. Quand on consulte les listes électorales du IVe arrondissement, on s'aperçoit qu'à partir de 1903 (et jusqu'en 1923) le nom de Buronfosse apparaît, précédé de trois prénoms : Henri, Charles, Emile. D'après son acte de naissance, le fumiste ne possède qu'un seul prénom, celui d'Henri. L'addition de deux prénoms supplémentaires est sans doute pour lui une façon de dissimuler son origine bâtarde. Cette trilogie de prénoms l'inscrit dans une lignée familiale imaginaire, en le rattachant à des ancêtres supposés. De fait, Charles est le prénom de son grand-père maternel, Charles François Séverin Buronfosse. Mais qu'en est-il d'Emile ? Il est surprenant que Buronfosse fasse ce choix quelques mois seulement après la mort de Zola. Veut-il faire référence à l'écrivain dont il a causé la mort ? Souhaite-t-il laisser ainsi une trace de son acte ? Est-ce de sa part un geste fou, insensé, celui d'un guerrier vainqueur exhibant symboliquement la dépouille de son ennemi ? Une sorte d'aveu, annonçant la confession qui sera faite vingt-cinq ans plus tard ?

Mais il y a plus étrange. L'acte de décès rédigé à Sarcelles, en mai 1928, est établi au nom d'Henri Charles Buronfosse. Le prénom *Emile* a disparu. Ou plutôt il s'est déplacé. Car on lit que l'entrepreneur de fumisterie est le fils d'un certain Henri Emile Buronfosse, « retraité, 75 ans, demeurant à Saint-Quentin, 41, rue des Jacobins ». Qui est ce père inconnu, dont l'identité surgit ainsi ? Les recensements de la population de Saint-Quentin effectués en 1921 et 1926 montrent qu'aucun Henri Emile Buronfosse n'a vécu rue des Jacobins pendant cette période ; et il est impossible de retrouver un quelconque acte de naissance correspondant à ce nom dans les registres d'état civil du canton de Saint-Quentin, autour de 1850. De toute évidence, cet homme n'a jamais existé. Du reste, le nom a été raturé après coup sur l'acte de décès. La modification s'est accomplie dans les formes légales : l'indication de la ligne raturée a été paraphée par Augustine Buronfosse, la sœur du fumiste, qui a signé la déclaration de décès aux côtés du maire de Sarcelles. Etabli dans un premier temps à partir des indications que possédait la mairie de Sarcelles, le texte de l'acte de décès a ensuite été corrigé à la demande d'Augustine, soucieuse de ne pas laisser subsister la mention d'une origine généalogique fausse.

On ne peut que s'interroger sur cette étrange invention onomastique : *Henri Emile Buronfosse* ? A ce père imaginaire qu'il n'a jamais connu le fumiste de la rue Mornay attribue deux prénoms, le sien et celui d'Emile. Est-ce pour lui une façon de laisser une trace, une empreinte gravée dans l'état civil, soulignant la rencontre tragique qui s'est produite, un jour de septembre 1902, entre deux destinées que tout opposait ?

Bibliographie sélective

Bedel, Jean, « Zola a-t-il été assassiné ? », *Libération*, 29 septembre-7 octobre 1953.

—, *Zola assassiné*, Flammarion, 2002.

Le Clère, Marcel, *Guide des cimetières de Paris*, Hachette, 1990 (2e éd.).

—, *Enquêtes criminelles*, Editions Yzer, 2000.

Mitterand, Henri, *Zola*, t. III, *L'honneur, 1893-1902*, Fayard, 2002.

Pagès, Alain ; Morgan, Owen, *Guide Emile Zola*, Ellipses, 2002 ; rééd., coll. « Ellipses poche », 2016 [voir le chap. IX de la première partie, « Une énigme : la mort », p. 163-180].

Pagès, Alain, *Emile Zola. De « J'accuse » au Panthéon*, Lucien Souny, 2008 [voir le chap. XI, « Septembre 1902 : "Demain, nous serons guéris" », p. 251-292].

—, « La mort suspecte d'Emile Zola. Accident ou homicide ? », dans Fuligni Bruno (dir.), *Dans les archives secrètes de la police. Quatre siècles d'histoire, de crimes et de faits divers*, Gallimard, 2011, p. 201-205.

XVII

Rennes-le-Château. La faute de l'abbé Saunière

par Jean-Jacques Bedu

Jusqu'à la fin du siècle dernier, Rennes-le-Château, petit village du Sud de la France, pouvait s'enorgueillir d'être le lieu le plus mystérieux de l'histoire de l'humanité. Au milieu des années 1950 éclate une incroyable affaire. Béranger Saunière, le prêtre de la paroisse décédé en 1917 et que l'on avait pris pour un modeste ecclésiastique, aurait été à la tête d'une immense et étrange fortune. Durant les fouilles qu'il avait entreprises dans son église, il aurait découvert un fabuleux trésor sur la nature duquel les spécialistes vont se quereller durant deux décennies. Etait-ce l'Arche d'Alliance, le Graal, le trésor de Blanche de Castille, celui des cathares, le dépôt précieux des Templiers, ou des documents dynastiques compromettant les Habsbourg ? Aurait-il été acheté pour conserver le silence sur un terrifiant trésor d'ordre spirituel, détenu par une société secrète, le Prieuré de Sion ? L'affaire va faire le tour du monde jusqu'au début des années 2000, en servant de trame à Dan Brown pour la fiction romanesque du Da Vinci Code.

Les mystérieuses découvertes de l'abbé Saunière

C'est le 1er juin 1885, jour des funérailles de Victor Hugo, que Béranger Saunière, alors âgé de 33 ans, emprunte le sentier caillouteux qui le mène à la cure de Rennes-le-Château, petit village de l'Aude comptant trois cents âmes, et qui trône sur un promontoire rocheux dominant la route reliant Carcassonne à Quillan. Ordonné prêtre depuis six ans, il s'est déjà fait remarquer par son caractère frondeur et rebelle à toute hiérarchie. Farouchement monarchiste, les élections législatives du mois d'octobre vont lui donner l'occasion de prononcer en chaire un discours antirépublicain qui lui vaudra l'animosité d'une partie des habitants et une sanction administrative le tenant éloigné de sa paroisse jusqu'au 1er juillet de l'année suivante, date à laquelle il s'installe chez une logeuse, Alexandrine Dénarnaud, dont la fille – la jeune Marie – deviendra sa servante, puis sa maîtresse. Un don qu'il a sollicité auprès de la comtesse de Chambord, une somme avancée par le conseil de fabrique et un prêt consenti par un paroissien lui permettent de réaliser des travaux dans l'église, qui a besoin d'une réhabilitation. C'est donc à la fin de l'année 1886 qu'intervient le premier épisode qui va faire – un siècle plus tard – couler tant d'encre, et qu'une littérature surabondante décrit ainsi. En déplaçant l'un des piliers du maître-autel, des ouvriers mettent au jour une curieuse dalle sur laquelle figure, entre autres, le relief d'un cheval surmonté par deux cavaliers. Sous cette dalle, ils auraient trouvé une urne remplie de pièces d'or et d'objets précieux. Mais ils auraient fait une découverte bien plus singulière. L'un des deux piliers – d'origine wisigothique – est creux, et ils auraient extrait, au milieu de fougères sèches, quatre rouleaux de bois enserrant des parchemins, lesquels – une fois déroulés – auraient fait apparaître un texte d'origine inconnue. Averti, l'abbé se serait fait remettre les rouleaux et les pièces d'or, puis aurait éconduit les ouvriers en affirmant que ce n'étaient que de banales médailles de Lourdes ! Il aurait alors mystérieusement quitté le village afin de gagner la capitale et faire part de cette découverte à un prêtre occultiste de Saint-Sulpice. A Rennes-le-Château, la rumeur court que l'abbé aurait trouvé un trésor... Cette version très romanesque des premières découvertes date des années 1960 et a été établie sur la base de récits contradictoires émanant de prétendus témoins, qui en réalité n'étaient même pas nés lors des événements ! Si Béranger Saunière a trouvé un trésor, il a fait montre d'une extrême discrétion, car son train de vie est alors loin d'être dispendieux. L'analyse des carnets qu'il tient quotidiennement, de ses livres de comptes, démontre qu'il n'est pas riche, allant jusqu'à constituer un « compte des fonds secrets », sommes ridicules issues des deniers du culte, et qu'il soustrait pour ses modestes dépenses personnelles. Son traitement est alors de 75 francs-or par mois, et il est évident qu'à cette date Béranger Saunière n'a rien trouvé de significatif dans son église. La véritable découverte aura bien lieu cinq ans plus tard, lorsque ses moyens financiers lui permettront enfin d'entamer de nouveaux travaux qui vont le conduire, le 21 septembre 1891, à écrire dans ses carnets : « Lettre de Granes – découverte d'un tombeau, le soir pluie. » Puis, après des événements sans importance, il note le 29 : « Vu curé de Névian – Chez Gélis – Chez Carrière – Vu Cros et Secret. » Quel est ce mystérieux « Secret » que l'abbé Saunière mentionne dans ses carnets après la « découverte d'un tombeau » ? Cette fois, nous disposons d'un témoignage, un peu plus fiable, qui épaissit toutefois l'énigme plus qu'il n'en lève le voile. Il s'agit du carillonneur qui s'est rendu, un soir, dans l'église en pleine réfection. Portant son attention sur le balustre supportant l'ancienne chaire et qui était à terre, il a affirmé avoir aperçu un « reflet brillant » derrière une entaille de quelques centimètres révélée à la suite des démolitions. Intrigué, il aurait extrait une petite fiole du balustre qu'il aurait aussitôt remise à l'abbé, lequel demeurera à jamais muet sur son contenu. Cette fiole dans laquelle se trouvait peut-être le plan secret de l'église donnait-elle l'emplacement exact du fameux tombeau ? C'est une hypothèse crédible, bien que cette sépulture fût connue de tous, car mentionnée dans un registre paroissial datant de 1694, spécifiant que dans l'église se trouvait le « tombeau des seigneurs » près du balustre, et donnant l'identité d'anciens dignitaires de Rennes-le-Château. La « découverte d'un tombeau » ce soir de pluie par l'abbé Saunière le conduisit, le 29 septembre, à en référer à son évêque Mgr Billard par l'intermédiaire du vicaire général Cros, et en présence de son « Secrétaire » qu'il désigne par l'abréviation « Secret » plusieurs fois dans ses carnets. N'en déplaise aux amateurs de mystères, il n'y a donc aucun « Secret » dans l'exhumation de cette sépulture contenant la dépouille de nobles de rang inférieur. Le seul mystère réside dans le contenu de la fiole, dont nous émettons l'hypothèse qu'elle va lui donner l'emplacement exact d'une crypte alors inconnue et qu'il va s'employer à découvrir. Durant les années 1894-1895, à la faveur de la nuit, l'abbé Saunière et sa servante Marie Dénarnaud ne cessent de fouiller le cimetière, remuer les tombes, jeter les ossements dans l'ossuaire, ce qui va émouvoir les habitants et conduire le conseil municipal à lui intimer l'ordre de cesser ses agissements nocturnes. Que cherchait-il, intrigué par ses premières découvertes dans l'église ? Vraisemblablement un nouveau tombeau dans une crypte qu'il n'a jamais atteinte et qui aurait pu receler un éventuel « trésor ». La décoration de l'église donne-t-elle la clé de l'énigme ? L'abbé Saunière a-t-il laissé des indices ? Là encore, au grand dam des prétendus spécialistes d'occultisme chrétien, de symbolique, de numérologie ou de Kabbale, il est aisé de démontrer que tous les éléments de cette église d'un style sulpicien du plus mauvais goût ne sont pas l'œuvre de l'abbé Saunière, mais ont été choisis par l'intéressé dans le catalogue spécialisé de la maison Gisclard à Toulouse. Il n'y a rien, tant sur le fronton que dans l'intérieur, qui puisse offrir le moindre indice ésotérique, et tout est conforme à l'orthodoxie catholique. Le chemin de croix n'est pas dextrogyre. On retrouve exactement le même, installé dix ans plus tôt, à Rocamadour. Celui de Rennes-le-Château, comme nombre d'éléments dans cette église, a été maquillé dans les années 1970 pour laisser penser à une prétendue symbolique maçonnique. Béranger Saunière franc-maçon ? Sûrement pas. Son militantisme et son attachement à la monarchie sont incompatibles avec l'idéal maçonnique de cette époque. Un point mérite toutefois d'être éclairci. Si les découvertes de l'abbé Saunière s'étaient limitées à quelques bijoux pillés dans le « tombeau des seigneurs » de Rennes et d'objets cultuels laissés là par l'un de ses prédécesseurs à la Révolution, comment expliquer le train de vie insolite qu'il affiche à la fin des années 1900, l'achat de terrains autour de l'église afin d'y construire un somptueux domaine, le financement des réceptions qu'il offre à ses hôtes médusés, et surtout la nature des sommes qui lui ont permis de réaliser une entreprise aussi étonnante pour un modeste curé de campagne ?

La véritable source de revenus de l'abbé Saunière

Idéaliste, indépendant, rebelle à sa hiérarchie, l'abbé Béranger Saunière a mis en place un système de financement au profit d'une ambition démesurée, lequel – toutefois loin d'être novateur – fait preuve d'originalité, car utilisé de manière presque « industrielle », permettant de récolter des sommes très importantes : le trafic de messes. Cette qualification juridique paraît de nos jours étonnante et parfois loufoque à ceux qui persistent à rêver d'un hypothétique trésor matériel ou spirituel. N'en déplaise une nouvelle fois aux amateurs de mystère, il est très aisé de faire parler les livres de comptes et les carnets personnels de l'intéressé, qui ne cachent absolument rien de sa véritable source de revenus. La découverte récente des quelques carnets manquants aux archives départementales de l'Aude confirme la thèse d'une escroquerie bien commune à cette époque, mais qui dans le cas de Béranger Saunière a été menée avec une rare intensité. Pour comprendre un tel mécanisme et le principe du « trafic de messes », il convient de se replacer dans le contexte de la ferveur religieuse de cette fin du XIXe siècle durant lequel des foules de paroissiens – particulièrement dans les campagnes – sollicitent les prêtres afin de dire une ou plusieurs messes à l'intention d'un proche malade ou défunt. Le secrétariat de l'évêché centralise l'ensemble des demandes rémunérées entre 1 franc et 2 francs en distribuant – si possible de manière équitable – les honoraires auprès de l'ensemble des prêtres du diocèse. Le favoritisme est bien sûr de mise et l'abbé Saunière s'en est plaint de multiples fois. Il va donc réclamer les messes directement à la source, et en l'espèce aux principaux pourvoyeurs que sont les congrégations religieuses, florissantes avant la loi de Séparation entre l'Eglise et l'Etat. En écrivant à toutes les congrégations dans l'Hexagone, au sein des colonies et même à l'étranger, en passant des annonces dans des revues spécialisées, les résultats ne se font pas attendre. Il reçoit de très nombreuses messes à dire, et surtout les précieux mandats. Grâce à ses carnets, nous avons pu retracer avec exactitude et facilité son *modus operandi*. Avec l'aide de Marie Dénarnaud, il multiplie les courriers aux divers organismes. Lorsque la congrégation religieuse ou le donateur pressenti ne répond pas, le prêtre envoie une lettre de relance ; lorsque le destinataire répond favorablement en adressant ses honoraires, l'abbé remercie en ne manquant pas d'en solliciter d'autres. Après un certain laps de temps, il effectue – à l'aide d'une lettre type – de nouvelles relances. Cette industrie mise en place et parfaitement maîtrisée devient très fructueuse. Débordé par un succès inattendu, le modeste abbé Saunière se transforme en pionnier des techniques de marketing qui seront utilisées par la suite au XXe siècle. Lorsque certaines congrégations ont des messes à dire, elles sont d'office adressées à monsieur l'abbé Saunière, curé de Rennes-le-Château, qui est en passe de détenir le monopole de l'intention par correspondance ! Cette technique va lui rapporter des sommes considérables, avant de lui causer de graves tracas. En effet, selon le droit canon, lorsqu'il reçoit des intentions de messes, un prêtre a l'obligation de n'en dire que trois par jour. En examinant ses carnets, il apparaît que l'abbé Bérenger Saunière s'est livré à un authentique trafic, car il est dans l'impossibilité de toutes les dire. Le 9 janvier 1894, il note : « Arrêté là », et il tire un trait rageur. Il a près de trois ans de retard ! Jamais plus il ne remplira la cinquième colonne, celle où il regroupe les messes à dire par trois, tirant ainsi un trait définitif sur son honnêteté. De 1890 à 1910, il aura perçu des sommes considérables, de l'ordre de 150 000 francs de l'époque. Il reçoit par jour jusqu'à 500 francs de mandats postaux, alors que son traitement mensuel n'est que de 75 francs ! L'escroquerie atteint son sommet durant les dix dernières années. Si incroyable que cela puisse paraître, ces sommes détournées auront été suffisantes pour couvrir le somptueux train de vie, lui permettant, en sus, d'entretenir son réseau. En outre, il reçoit un nombre substantiel de dons, la plupart anonymes, car effectués à l'insu des familles. Ses livres de comptes justifient ces sommes en y accolant la mention : « - de X. » Enfin, il est avéré que le prêtre tient un « compte des fonds secrets », comptabilité occulte dont la rumeur prête à trois généreux et anonymes donateurs l'entier financement de la Tour Magdala, édifiée sur son domaine. Parmi les intermédiaires qui lui font parvenir dons et honoraires de messes se trouvent également de nombreux prêtres, dont son jeune frère Alfred Saunière, personnage trouble et mystérieux, versé dans l'occultisme, et dont il expiera par la suite les fautes. Il apparaît évident que, grâce à sa comptabilité occulte, Béranger rétribue certaines personnes, peut-être même son évêque Mgr Billard, qui – loin d'être un enfant de chœur – est de son côté accusé d'avoir détourné les fonds de la caisse de retraite du diocèse, et surtout capté un héritage d'un million de francs ! Jusqu'au milieu des années 1950, ce trafic de messe était connu. Nul ne le remettait en cause, et la postière de Couiza se souvenait encore de la multitude de mandats qui arrivaient quotidiennement. C'est au décès de Mgr Billard que son successeur – Mgr de Beauséjour –, intrigué par le train de vie de l'abbé Saunière, accordant crédit aux dénonciations de confrères envieux, et peu dupe de ses manœuvres frauduleuses, finit par exiger les livres de comptes. L'intéressé se justifie maladroitement, refuse de présenter sa comptabilité et dénonce une cabale menée contre lui à cause de frère Alfred, l'abbé libertin « mort trop tôt ». L'horizon s'assombrit. Le 27 mai 1910, Béranger Saunière est traduit devant le tribunal de l'Officialité du diocèse de Carcassonne, sous les chefs d'accusation suivants : trafic de messes, désobéissance à l'évêque, dépenses exagérées et non justifiées.

S'ensuit un imbroglio judiciaire durant lequel, refusant de comparaître, mal conseillé par son avocat qui l'incline à ne pas faire appel d'une première décision selon les règles de droit afin de se pourvoir en cour de Rome, l'abbé Saunière est condamné à restituer les sommes qui ont été détournées au profit de sa servante Marie Dénarnaud, intégralement propriétaire d'un domaine qu'il souhaitait en réalité protéger des désastreuses conséquences de la loi de Séparation entre l'Eglise et l'Etat. Sa seule aspiration – ce qui est avéré – aura été de construire un havre de paix pour les prêtres âgés et infirmes du diocèse. Il n'habitera jamais la villa qu'il a fait construire. Refusant une mutation, le 5 décembre 1911, Saunière est suspendu *a divinis*, ce qui lui interdit d'administrer les sacrements, jusqu'à une hypothétique restitution des fonds qui est, bien sûr, impossible. Désormais privé de sa substantielle source de revenus, il n'est plus le prêtre de Rennes-le-Château et, frappé par l'opprobre, usé par deux ans de procès et de conflits, lâché par ceux qui prétendaient être ses amis, il devient – selon sa propre dénomination –, « prêtre en retraite » ou « prêtre libre », en tentant de subsister durant cette période désastreuse, qui durera jusqu'à sa mort. L'entretien du domaine lui coûte cher. Il s'est vraisemblablement fait flouer dans des placements hasardeux et il est désormais harcelé par de nombreux créanciers. Béranger Saunière se trouve alors dans l'obligation de vendre l'intégralité de son mobilier, sa somptueuse bibliothèque, sa collection de timbres. Le magnifique jardin est laissé à l'abandon. Il fait estimer et hypothéquer ses constructions pour seulement 18 000 francs. Après avoir essuyé de multiples refus par divers organismes bancaires, le Crédit foncier lui accorde un prêt de 6 000 francs, lui permettant enfin d'améliorer son ordinaire, et qu'il aura bien du mal à rembourser. Il confie le domaine à plusieurs agences immobilières ou mandataires, lesquels ne trouveront jamais le moindre acquéreur. Cette période noire prend fin le 17 janvier 1917, date à laquelle Béranger Saunière succombe à une hémorragie cérébrale, après avoir été relevé *in articulo mortis* de sa suspense, lui accordant ainsi une sépulture religieuse. Contrairement à ce qui a été trop souvent écrit, l'abbé Rivière appelé à son chevet et qui reçoit la confession du mourant ne lui a pas refusé les derniers sacrements. Il n'a pas perdu la parole par la suite, ou sombré dans une grave dépression. Combien de légendes ont couru sur la mort du prêtre ! On raconte que, défilant devant sa dépouille, certains habitants – par vénération – se sont livrés à d'étranges rituels en arrachant, un par un, les pompons de la couverture recouvrant son corps sans vie. On raconte encore que la célèbre cantatrice Emma Calvé, qui aurait été sa maîtresse, et dont le visage était dissimulé sous un voile de crêpe noir, se serait rendue à Rennes-le-Château et aurait demandé à demeurer seule, de longues heures, au chevet de son ancien amant… Ces légendes sont nées dans les années 1970. Elles ont toutes pour origine les affabulations de Marie Dénarnaud, mais surtout celles d'un entrepreneur bien crédule et désargenté, Noël Corbu, qui a pris pour argent comptant une fable incroyable. Si l'affaire de Rennes-le-Château est hors norme, ce n'est pas par l'ampleur du trafic de messes institué par Béranger Saunière, mais par les passions et les fumeuses théories déclenchées à la suite d'un extraordinaire mensonge…

La servante à l'origine du mystère

Seule héritière de Béranger Saunière, Marie Dénarnaud va vivre cloîtrée, dans le mutisme, et dans un certain dénuement pendant près de trente ans. Ce n'est qu'en 1946 qu'elle se lie avec une famille venue de Perpignan pour un simple pique-nique – les Corbu – et qui, intriguée par cette vieille femme attachante, accepte de revenir plusieurs fois. Voyant le chef de famille, Noël Corbu, bien malheureux dans ses affaires, elle lui révèle alors un fait à peine croyable : « Ne vous faites pas tant de soucis mon bon Noël… Un jour, je vous dirai un secret qui fera de vous un homme riche, très riche… Les gens marchent ici sur de l'or sans le savoir… Monsieur le curé ne se baissait même plus pour ramasser un sou, tellement il en avait […]. Avec ce qu'il a laissé, on pourrait nourrir Rennes encore pendant cent ans, et il en resterait encore… » Rusée, Marie Dénarnaud persuade le très naïf Noël Corbu de reprendre la propriété en viager, lequel, flairant la bonne affaire et la perspective d'un secret qui ferait de lui cet « homme très riche », attend patiemment sa révélation, tout en menant les fouilles dans son nouveau domaine et aux abords de l'église. Hélas, sur son lit de mort, la vieille femme oublie de révéler au « bon Noël » ce fameux secret ! Les fouilles minutieuses du nouveau propriétaire n'ont évidemment rien donné, et il hérite seulement des papiers de l'abbé Saunière, composés des livres de comptes et des relevés de messes, qui ne lui apprennent rien sur la nature du dépôt précieux.

A court d'argent mais jamais d'imagination, Noël Corbu transforme la villa en hôtel-restaurant. C'est un échec. Bien que magnifique, les touristes ne se pressent pas sur le promontoire de Rennes-le-Château. Il écrit alors une fable qui va faire recette. Par le biais d'un enregistrement sonore, il informe les nouveaux visiteurs que le mystérieux abbé, exhumant des parchemins dans son église, a mis au jour le plus fabuleux des trésors, celui de Blanche de Castille, mère de Saint Louis et régente du royaume de France. Disponible aux archives départementales de l'Aude, le fruit des élucubrations de Noël Corbu nous apprend que le trésor se composerait de pas moins de « 18 millions et demi de pièces d'or en nombre, soit en poids environ 180 tonnes, plus de nombreux joyaux et objets religieux. Sa valeur intrinsèque, d'après cette liste, est de plus de cinquante milliards. Par contre, si l'on prend sa valeur historique, la pièce d'or de cette époque valant 472 000 francs, on arrive environ à 4 000 milliards. Ainsi dans ce modeste village au panorama magnifique et au passé prestigieux, dort un des plus fabuleux trésors qui soit au monde ». Voilà pourquoi l'abbé Saunière ne se baissait même plus pour ramasser cet or ! Les premiers curieux affluent à Rennes-le-Château, dont un journaliste de *La Dépêche du Midi* qui – à son tour –, flairant le « scoop », titre le 12 janvier 1956 : « La fabuleuse découverte du curé aux milliards de Rennes-le-Château. D'un coup de pioche dans le maître-autel, l'abbé Saunière met à jour le trésor de Blanche de Castille. » Il apporte surtout de nouvelles précisions sur la prodigieuse fortune de Saunière : « En tout, un million de francs-or fut ainsi englouti en l'espace de quelques années. L'argent coule à flots à Rennes-le-Château. Nobles et paysans n'ont qu'à tendre la main vers cette manne céleste pour être aussitôt comblés. » Le lendemain, nouvelle série de révélations :

« Monsieur Noël Corbu connaît-il la cachette du trésor de l'abbé Saunière qui s'élève à 50 milliards ? Tous les grands de la région firent exploser leurs rêves et tinter leur timbale en ce haut lieu rabelaisien. Car le cœur du prêtre était immense et sa bourse inépuisable. Qu'allait donc faire l'abbé au cours de ses déplacements ? Mais écouler des pièces qu'il allait faire fondre. D'ailleurs, ajoute mon interlocuteur, une personne encore vivante m'a certifié avoir vu chez le prêtre des caissettes de lingots d'or... » A la fin des années 1950, l'affaire du « Curé aux milliards » s'empare de la France entière et c'est une foule de chercheurs de trésors qui afflue, en n'hésitant pas à dénaturer le site à coups de bâtons de dynamite. Sans la moindre autorisation, l'église est fouillée de fond en comble pendant qu'une kyrielle de pseudo-historiens s'affrontent sur la nature du trésor : le Graal, l'Arche d'Alliance, le trésor du roi Salomon, celui des cathares puisque nous sommes près de Montségur ou celui des Templiers, car une commanderie se trouvait non loin de Rennes-le-Château... Personne n'a jamais rien trouvé ! On refuse bien sûr de donner la parole à ceux qui savent. Une fièvre journalistique et éditoriale, mais également la folie s'emparent du site. Sur la base de l'invention des parchemins par Noël Corbu, la suite ne sera qu'une succession incroyable de canulars...

Rennes-le-Château, capitale occulte de l'histoire du monde

Pour comprendre le singulier développement de cette pseudo-énigme de Rennes-le-Château, il faut se replacer dans le contexte des années 1960, qui est celui du mouvement de la contre-culture issu du « réalisme fantastique », et de l'étonnant succès du *Matin des magiciens* de Louis Pauwels et Jacques Bergier, ouvrage qui va exploiter le goût du merveilleux au sein d'un lectorat toujours plus crédule et captif. C'est de l'association d'un écrivain certes talentueux – Gérard de Sède – et d'un charlatan mégalomane qui a préféré au départ rester dans l'ombre – Pierre Plantard – que va naître *L'Or de Rennes*, un ouvrage qui n'est en réalité qu'un roman, mais qui est à la naissance de la sinistre réputation de Rennes-le-Château comme capitale occulte de l'histoire du monde. Les fameux parchemins de l'abbé Saunière, à l'origine du mythe et imaginés par Corbu, vont devenir un faux grotesque destiné à l'émission radiophonique de Francis Blanche, *Signé Furax*. C'est Philippe de Chérisey, comédien, humoriste, mystificateur et un temps comparse de Pierre Plantard, qui en est l'auteur. Il l'a maintes fois avoué ! Les parchemins commandités par Francis Blanche et détournés au profit des délires schizophrènes du douteux Pierre Plantard nous apprennent que ce dernier serait le rejeton d'une lignée perdue depuis l'époque mérovingienne. Sur la base de ce canular, d'une société secrète nébuleuse – le Prieuré de Sion –, et d'une multitude de documents apocryphes déposés à la Bibliothèque nationale, il revendique désormais le trône de France ! Ultra-catholique, proche des milieux d'extrême droite, xénophobe, antisémite, ayant eu un rôle trouble dans la Milice tout en s'inventant un passé de résistant, Pierre Plantard, totalement mythomane et illuminé, se présentant comme le « grand monarque », partage les droits d'auteur de *L'Or de Rennes* – tissu de mensonges – avec Gérard de Sède. L'affaire est juteuse pour les deux hommes pourvoyeurs d'un ésotérisme frelaté, sans toutefois atteindre le niveau de tirage du *Matin des magiciens*. A la fin des années 1970, après être devenu un véritable asile à ciel ouvert, le filon Rennes-le-Château a fini par s'épuiser. A court d'inspiration, Gérard de Sède en est réduit à affirmer que les Mérovingiens, dont Saunière aurait découvert le secret, étaient des extraterrestres qui se seraient égarés sur notre terre ! Il n'y a guère, en France, que quelques illuminés qui persistent à croire aux élucubrations du couple Plantard-de Sède. Les journaux narrent seulement la visite de François Mitterrand à Rennes-le-Château quelques semaines avant son élection. Outre-Manche, trois écrivains de langue anglaise vont redonner une formidable et ultime dynamique à cette fable. Michael Baigent, Richard Leigh et Henry Lincoln sont les seuls à croire à l'existence du Prieuré de Sion. Ils sont persuadés que cette société – qui est en réalité une association pour la défense des droits des habitants d'une HLM – est la dépositaire d'un héritage dont elle ne soupçonne pas l'immense valeur. Ce n'est pas le trésor caché de l'abbé Saunière, ni l'avènement du grand monarque prophétisé par Nostradamus, mais un terrible secret que les trois écrivains se proposent de dévoiler à la face du monde... Ensemble, ils vont bâtir un « best-seller » mondial, prélude au *Da Vinci Code*, pur produit de marketing, qui est *L'Enigme sacrée*. On y trouve un parfait dosage de francs-maçons, de Rose-Croix, de cathares, de Templiers, de Mérovingiens, de Graal, de sociétés occultes et – ce qui sera le liant – un inavouable secret, une conspiration durant deux mille ans d'histoire de la chrétienté : le grand complot de l'Eglise contre la vérité. Non, Jésus n'est pas mort sur la croix. Il est d'ascendance davidique, et c'est pour cette raison que les Romains l'ont arrêté. Jésus n'est pas ressuscité, tout est simulacre ! Il est marié avec Marie-Madeleine et a pu s'enfuir avec la complicité de Joseph d'Arimathie, puis trouver refuge dans une communauté juive du Sud de la

France. Il a eu une descendance qui a donné naissance à la lignée mérovingienne, que les Capétiens – avec la complicité de l'Eglise – vont évincer du trône de France. Le Prieuré de Sion, société secrète à l'origine de l'ordre du Temple, aurait donc découvert ce mortel secret sous les ruines du temple de Salomon, lors de la première croisade. Voilà donc ce qui était contenu dans les parchemins et à l'origine de la fortune de Saunière. Il a découvert le Graal, qui n'est pas un objet matériel, mais en réalité le « sang royal », le « sangreal » qui coule dans les veines de certains membres du Prieuré de Sion. La restitution du trône de France et des Etats-Unis d'Occident doit donc revenir au dernier descendant de sang royal, à la fois chef et guide spirituel, un prêtre-roi qui régnerait mais ne gouvernerait pas, en la personne de Pierre Plantard ! Avec ce délire mystico-ésotérique, le *Matin des magiciens* est alors largement dépassé ! Il n'y a bien sûr aucune preuve à ces assertions délirantes et à ces inepties, et les trois auteurs de l'ouvrage ont eu cette incroyable formule pour s'en justifier : « Absolument rien ne prouve que les sources que nous citons et les faits que nous rapportons soient authentiques, mais à supposer qu'ils le soient, les conclusions qu'on en peut tirer sont incontestables. » Tout est dit… Le *Da Vinci Code* va s'inspirer des mêmes procédés, avec le succès que l'on connaît. Il fera à nouveau l'effet d'une bombe. Pour illustrer ces propos, Octave Mirbeau a eu une phrase qui s'applique à merveille à l'affaire de Rennes-le-Château, et aux procédés employés par les nombreux faussaires qui en ont fait un mythe : « Le plus grand danger de la bombe est dans l'explosion de bêtise qu'elle provoque… »

En 1963, s'inquiétant du succès du *Matin des magiciens* – « un livre redoutable » –, Jean d'Ormesson titrait ainsi son article : « Voici venu le temps des mystificateurs. »

L'affaire du « Curé aux milliards », une des plus grandes énigmes de l'histoire de France et qui a connu de multiples rebondissements, en est le plus flagrant exemple. Elle s'est, de nos jours, définitivement essoufflée…

Bibliographie sélective

Baigent, Michael; Leigh, Richard; Lincoln, Henry, *L'Enigme sacrée*, Pygmalion, 1983.

Bedu, Jean-Jacques, *Rennes-le-Château, autopsie d'un mythe*, Loubatières, 1990.

—, *Les Sources secrètes du « Da Vinci Code »*, Editions du Rocher, 2005.

Corbu, Claire; Captier, Antoine, *L'Héritage de l'abbé Saunière*, Boumendil, 1985.

Descadeillas, René, *Mythologie du trésor de Rennes*, Collot, 1991.

Robin, Jean-Luc, *Rennes-le-Château, la colline envoûtée*, Trédaniel, 1990.

Sède, Gérard de, *L'Or de Rennes ou la Vie insolite de Bérenger Saunière*, Julliard, 1967.

—, *Rennes-le-Château, le dossier, les impostures, les phantasmes, les hypothèses*, Robert Laffont, 1988.

XVIII

Qui se cache sous la Cagoule ?

par Olivier DARD

Cocktail détonant de société secrète, de complots et d'assassinats, l'histoire de la Cagoule sent le soufre tant elle est nimbée de mystères. Le premier renvoie à son nom. La Cagoule est en effet le sobriquet que lui ont donné ses adversaires. Sa dénomination véritable est l'Organisation secrète d'action révolutionnaire nationale (OSARN) mais les autorités elles-mêmes, à la suite d'une erreur de transcription, ont mutilé cette appellation et parlé de Comité secret d'action révolutionnaire (CSAR).

De mystérieux assassinats

Un second mystère tient à ses conditions d'apparition et de médiatisation. Lorsque le 25 janvier 1937 la Cagoule procède à sa première exécution qui a comme cible Dimitri Navachine, banquier, économiste et ami du ministre de l'Economie nationale du Front populaire, le socialiste Charles Spinasse, personne n'a jamais entendu parler de cette organisation. Pour la presse du temps, l'assassinat de Navachine rejoint les morts « inexpliquées » qui jalonnent l'histoire politique française du début des années 1930.

Chacun a alors en tête le souvenir de l'escroc Alexandre Stavisky, incarnation pour de larges secteurs de l'opinion de la corruption du régime tertio-républicain. La découverte de son cadavre, le 8 janvier 1934 dans un chalet de Chamonix, renforce une suspicion déjà grande contre les institutions et la classe politique et met en branle une crise politique qui culmine avec l'émeute sanglante du 6 février 1934. Un autre exemple marquant, en lien avec le précédent, est celui du conseiller Albert Prince, chef de la section financière du parquet de la Seine, qui est retrouvé le 20 février 1934 au lieu-dit la Combe-aux-Fées, le corps décapité et écrasé par le train Paris-Dijon. Nombre de contemporains y voient un nouvel assassinat maquillé en suicide qui s'ajoute à une chaîne de morts dites mystérieuses que le cas Navachine contribue à alimenter.

L'assassinat de Carlo et Nello Rosselli, perpétré le 9 juin 1937, prend un autre relief. Les deux hommes sont des figures très connues de l'antifascisme italien et leur mort constitue un événement de premier plan qui a marqué les mémoires française et italienne. Mais en juin 1937, si certains commentateurs mettent déjà en cause l'Italie fasciste, il n'est évidemment pas question de la Cagoule et de ses liens avec le régime mussolinien : la presse nationale à grand tirage évoque, à l'instar du quotidien *Le Matin*, le « mystère de Bagnoles-de-l'Orne ». L'été se passe et la Cagoule, toujours non identifiée, passe à nouveau à l'action en perpétrant le 11 septembre 1937 un attentat contre le siège de la Confédération générale du patronat français (CGPF), rue de Presbourg près de l'Etoile. Sur le moment, le geste reste inexpliqué et les regards se tournent vers une mise en cause possible d'éléments anarchistes ou issus de la gauche radicale. La piste est erronée comme vont le montrer les surprises et les rebondissements qui jalonnent l'automne 1937.

La Cagoule démasquée

Le 16 septembre 1937 est une date marquante dans l'histoire de la Cagoule. Cinq jours après l'attentat inexpliqué de la rue de Presbourg, tandis que deux trafiquants d'armes sont arrêtés, une perquisition au domicile parisien d'Aristide Corre met la police aux prises avec des documents de première importance, en particulier des listes dactylographiées et décodées comportant de très nombreux noms. Les autorités ne le savent pas encore, mais elles viennent de mettre la main sur le fichier de l'OSARN que son secrétaire archiviste, ami d'enfance d'Eugène Deloncle, le chef de l'organisation, a commis l'imprudence de conserver chez lui. Tandis que la police s'intéresse à cette magnifique moisson et commence à l'exploiter, Aristide Corre minimise les choses auprès de ses amis en leur garantissant que les documents qui ont été saisis chez lui sont chiffrés… ce qui n'est nullement le cas. Forts cependant des affirmations de Corre, les dirigeants de l'OSARN, sans négliger les conséquences de cette découverte, n'en considèrent pas d'emblée toute la gravité et la portée. Ils ne mesurent pas que l'entreprise mise sur pied depuis des mois est menacée d'être démantelée. Un choix crucial se pose cependant pour l'état-major cagoulard : se révéler et agir au grand jour au risque de tout perdre ou attendre et espérer que les choses puissent se tasser.

L'attentisme est le choix initial d'Eugène Deloncle (1890-1944), le maître d'œuvre de l'OSARN autour duquel la police tourne depuis le 16 septembre. Polytechnicien et ingénieur du génie maritime, Deloncle est un ancien militant de l'Action française de Charles Maurras qu'il a rejointe après le 6 février 1934 et quittée l'année suivante. Cet ancrage doit être rappelé mais là n'est pas l'essentiel. Comme nombre de ligueurs, Deloncle a été profondément marqué par le 6 Février et ses suites qu'il analyse comme un échec cuisant infligé aux droites nationalistes pour lesquelles il envisage d'autres options que le militantisme ordinaire. De fait, si certains ouvrages ont voulu faire remonter les origines de la Cagoule en amont du 6 Février, c'est bien la déception et la frustration qu'il provoque chez les éléments les plus durs des ligues nationalistes qui motivent leur volonté de passer à la lutte armée que prendrait en charge une organisation structurée. Deloncle est de ceux-là avec d'autres militants de l'Action française en rupture de ban comme le docteur Henri Martin (« le Toubib »), maître d'œuvre du service de renseignements de la Cagoule, ou Jean Filliol, celui des exécutions. Mais chez Deloncle il faut compter aussi avec un anticommunisme radical et à certains égards spécifique. Il ne s'agit pas seulement chez lui d'un refus de la révolution et de ses désordres ou du souci de conservation de l'ordre économique et social existant. L'anticommunisme de Deloncle s'inscrit dans une logique clairement contre-subversive. Il n'entend pas seulement dénoncer le communisme et lutter contre lui par des moyens classiques. Il veut le combattre en lui opposant ses propres méthodes. On comprend dès lors toute l'importance qu'avec son frère Henri il accorde à l'ouvrage de Neuberg (un pseudonyme qui cache un collectif où on trouve notamment le futur Hô Chi Minh), *L'Insurrection armée*, qui est publié sous l'égide du Parti communiste français en 1931. Eugène Deloncle reprend à son compte et avalise les conceptions d'un texte qui peut se lire comme un manuel d'instruction sur la technique de l'insurrection ou du coup d'Etat pour préparer ce qui devrait être un contre-putsch balayant celui que perpétreraient les communistes. Car la conviction du patron de l'OSARN est inébranlable : les communistes vont tôt ou tard passer à l'action et il importe, face à eux, d'être prêt et de pouvoir s'appuyer sur une organisation clandestine structurée et armée. Ou pour le dire autrement, sur ce que l'essayiste anticommuniste et antimaçon Léon de Poncins, lui aussi lecteur attentif de Neuberg, a appelé une « contre-organisation méthodique » au « plan communiste d'insurrection armée ». L'anticommunisme de la Cagoule précède donc sa constitution en même temps qu'il se rattache chez ses fondateurs à deux marqueurs fondamentaux de leur « outillage mental » : une relation très particulière au secret comme au complot.

Un mois après l'attentat de l'Etoile contre le siège de la Confédération générale du patronat français, la Cagoule entend agir avant d'être complètement démantelée. L'ordre de mobilisation de ses troupes à Paris est donc donné dans la nuit du 15 au 16 octobre 1937, car un putsch communiste est prétendument attendu. Il n'en est rien. Du côté cagoulard, si la mobilisation s'opère, aucun des ordres d'occupation des points névralgiques de la capitale n'arrive aux hommes qui ont été mis sur le pied de guerre. Plus encore, au petit matin vers 5 heures, la consigne leur est donnée de se disperser. Il faut savoir que dans la nuit l'état-major s'est fortement divisé. Les militaires attendus par Deloncle n'ont pas bougé, car ils ont très vite compris que les communistes n'étaient nullement mobilisés. Quant à Deloncle lui-même, il répond à Filliol, qui veut coûte que coûte en découdre, que les hommes de la Cagoule ont d'abord « été formés pour la défensive » et que pour agir ils sont censés avoir été « provoqués ». Pour l'OSARN, la nuit est lourde de conséquences car l'organisation, déjà infiltrée par des indicateurs, s'est encore davantage dévoilée. Avec une circonstance aggravante liée aux points de rassemblement choisis et qui correspondaient aux lieux des dépôts d'armes.

Dorénavant, tout s'enchaîne et la police multiplie perquisitions et arrestations. Dès le 17 novembre, la presse titre sur le « complot contre la sûreté de l'Etat » qui serait en train d'être démasqué. Six jours plus tard, le ministre de l'Intérieur Marx Dormoy fait adresser à la presse un communiqué faisant état de la découverte d'un « véritable complot contre les institutions républicaines ». Le nom de Deloncle est cité et ses intentions sont proclamées : il aurait œuvré à une restauration de la monarchie... ce qui permet de mêler les monarchistes et, implicitement, l'Action française à une affaire à laquelle elle est totalement étrangère puisque Maurras n'a cessé, depuis des mois, de tonner contre les « cerveaux brûlés » qui veulent abattre un régime qui en réalité les manipulerait. Dans cette optique, la Cagoule ne serait qu'une vaste provocation policière. Une interprétation qui n'est pas marginale dans la France de 1937-1938. Le complot dénoncé devient également un véritable feuilleton politico-médiatico-judiciaire car durant des semaines, chaque jour ou presque apporte son lot de révélations sur les dépôts d'armes ou les personnes compromises dans l'affaire dont les arrestations, comme celle du général Duseigneur ou du duc Pozzo di Borgo, ancien dirigeant des Croix-de-Feu du lieutenant-colonel de La Rocque, sont des épisodes marquants. Sans oublier au début de 1938 la révélation, le 12 janvier, des noms des auteurs de l'attentat de l'Etoile, ou, le lendemain, de l'assassinat des frères Rosselli. Sur tous les dossiers les choses ont bien avancé. Il faut dire que l'enquête menée par la Sûreté nationale ratisse très large, même si la police, quoique ayant arrêté Deloncle, ne peut mettre la main sur des figures de premier plan de la Cagoule comme Filliol qui choisissent le chemin de l'exil (souvent espagnol). Le succès de l'enquête devrait bénéficier au gouvernement, mais la situation est beaucoup plus ambiguë. Assurément, le ministre de l'Intérieur socialiste a l'appui de la presse de gauche, à commencer par celui du journal de son parti, *Le Populaire*, qui encense son action en faveur de l'antifascisme et de la défense de la République. Mais d'autres secteurs de l'opinion ironisent sur un acharnement qu'ils jugent brouillon, suspect et intéressé : sa médiatisation permettrait d'éviter que soit mis au premier plan ce qu'ils considèrent comme les vrais sujets de l'heure, à savoir les problèmes économiques et sociaux (grèves, etc.) et les menaces extérieures pesant sur le pays. Enfin, du côté de la presse de droite, on ironise sur le nombre de perquisitions sans résultat et on met en cause la bienveillance des autorités à l'égard des communistes qui sont le véritable ennemi à combattre. C'est dans un tel contexte, alors que l'éradication de la Cagoule s'achève, que se produit le 27 janvier 1938 à Villejuif l'épisode le plus sanglant de cette histoire : on dénombre 14 morts à la suite de l'explosion accidentelle, à l'occasion de leur transfert par les militaires, d'une caisse de grenades conservées dans un arsenal clandestin à côté de 171 autres. L'épisode, après d'autres, marque les esprits et invite dès cette époque les contemporains à s'interroger sur la puissance effective de la Cagoule.

La Cagoule et sa puissance effective

Depuis les années 1930, un débat partage les analyses sur la Cagoule. Pour les gauches de l'époque, la Cagoule aurait incarné un danger redoutable contre le régime républicain, danger symbolisé par l'importance de ses dépôts d'armes et les soutiens, identifiés ou non, dont elle aurait bénéficié. L'image de la Cagoule est ici celle d'une organisation tentaculaire. Pour d'autres contemporains, et ce, bien au-delà des droites nationalistes, sa dangerosité, sans devoir être niée, doit être minorée. Il conviendrait en effet de prendre en compte l'intérêt qu'auraient eu les autorités d'alors à exploiter au maximum une conspiration dont l'échec des 15-16 octobre 1937 signait l'amateurisme.

Les historiens se sont beaucoup préoccupés de la puissance effective de la Cagoule en repartant de l'importance des stocks d'armes découverts, notamment en région parisienne. Les chiffres sont parlants : 7 000 grenades, une trentaine de mitrailleuses, 230 armes automatiques allemandes et italiennes, 150 fusils de guerre et 150 fusils de chasse. Ajoutons-leur 300 000 cartouches et plus de 150 kg d'explosifs. L'arsenal est conséquent et sans commune mesure avec ce que pouvait être l'armement des ligues nationalistes. A titre de comparaison, on rappellera un exemple fameux, « le complot des panoplies » prêté à l'Action française durant le premier conflit mondial par le gouvernement Painlevé. A cette époque, des perquisitions avaient également été effectuées et leur bilan s'était avéré médiocre : 50 armes à feu et 250 cannes plombées.

La quantité d'armes réellement détenues par la Cagoule, supérieure au chiffre proposé si on lui ajoute ce qui n'aurait pas été découvert et les dépôts effectués en province qui ont été ensuite dispersés (au besoin en jetant des armes dans des cours d'eau), pose la question de ses effectifs. On peut considérer, en bonne logique, que le stock d'armes aurait été calculé de façon réaliste et proportionné aux effectifs disponibles. Mais les historiens qui ont travaillé sur ce dossier sont sceptiques. Ils considèrent en effet que les dirigeants de l'OSARN ont mis sur pied un arsenal sans rapport avec les effectifs militants dont ils disposaient réellement. Certes, les armes de guerre et les explosifs accumulés sous-entendent que l'organisation pouvait compter sur un nombre important d'hommes résolus à en découdre. Mais ces derniers ont-ils été au rendez-vous ? Il faut en douter pour l'historien Frédéric Monier suivi par Jacques Nobécourt, le biographe regretté du lieutenant-colonel de La Rocque, qui résume les choses d'un mot : « Les conspirateurs attendirent en vain des troupes qui ne vinrent pas. » Cette assertion impose de chiffrer les effectifs de la Cagoule, défi redoutable faute de sources fiables. Cependant, sur la base des enquêtes policières effectuées, quelques chiffres peuvent être proposés. Dans la ville de Paris, les effectifs de la Cagoule s'élèveraient à 3 000 hommes quand la presse en annonce le quadruple au début de 1938. Le chiffre de 3 000, qui ne tient pas compte des militants les plus âgés et qui exclut la banlieue, doit être remis en perspective. En particulier avec celui que les ligues nationalistes étaient en mesure de mobiliser en février 1934. Il était alors nettement supérieur, ce qui est au demeurant logique si on prend la mesure de ce que fut la Cagoule dans ces milieux, une fois les ligues interdites. A savoir l'agrégation de leurs différents militants les plus décidés qui n'ont pas accepté l'interdiction de 1936 ni l'option qui leur était offerte de militer dorénavant dans les partis de masse créés à l'été 1936, principalement le Parti social français du lieutenant-colonel de La Rocque qui compta près d'un million de membres à la veille du second conflit mondial, ou le Parti populaire français de l'ancien communiste Jacques Doriot sur lequel se cristallisent alors les espoirs des tenants d'un fascisme français.

Par-delà les données quantitatives, il faut s'entendre sur la qualification de « cagoulard ». Si l'accusation sous ce label était commode en 1937-1938, une définition un peu rigoureuse est plus délicate qu'il y paraît. On soulignera l'importance du serment et le culte du secret dans l'OSARN. Un culte du secret rappelé dans des circulaires, tout comme les sanctions frappant celui qui s'y soustrairait. Peut-on cependant imaginer un secret si bien gardé pendant plus d'un an dans une organisation qui aurait regroupé des dizaines de milliers de membres ? Plus encore, il est essentiel d'opérer un tri sérieux au sein d'un milieu supposément cagoulard qui s'apparente à une nébuleuse. On y rencontre certes des cadres et des militants aguerris mais aussi des troupes sur lesquelles les premiers espèrent surtout pouvoir compter à l'heure H. En réalité, le statut des « adhérents » était variable et fonction du degré d'investissement qui leur était demandé : pour la majorité il semble bien qu'ils aient été seulement assujettis aux dispositifs d'alertes graduées. Ceux-ci n'ont à vrai dire rien de nouveau pour qui connaît l'histoire des ligues nationalistes et ces militants décidés n'ont guère vu de différences avec des pratiques auxquelles ils étaient rodés ; à ceci près que le Front populaire avait interdit les ligues à l'été 1936, ce qui donnait à leur engagement un parfum sulfureux d'interdit et de clandestinité. Mais dans cette nébuleuse, sur un mode choisi et sélectif, seul un petit nombre de militants, sous la responsabilité du docteur Martin, est en charge de collecter et de transmettre des renseignements, notamment sur les communistes ou en vue du futur putsch. On peut enfin considérer que ce n'est qu'au sommet de cette organisation, très pyramidale, que le cadre cagoulard possède la pleine mesure de ce qui est en train de se préparer.

Dans ces conditions, la question des effectifs, sans être négligeable, ne doit pas dissimuler que pour les concepteurs de l'ensemble, et d'abord Deloncle, il ne s'agit pas de mettre en place une organisation de masse mais de construire une structure élitaire ayant ses entrées dans des milieux bien ciblés, à commencer par l'armée. Ce dossier a fait couler beaucoup d'encre. On rappellera que des contacts existent, à commencer par ceux de Deloncle et du général Duseigneur, le patron de l'Union des comités d'action défensive (UCAD). Il faut cependant se défier d'une approche par trop mécaniste lorsqu'on examine froidement les potentialités effectives de ce type de rapprochement. Que vaut en effet ce recrutement par bouche-à-oreille et certaines promesses qui peuvent être faites ? Sans compter avec le goût de l'état-major cagoulard pour la mise en scène de rituels du secret inspirés de leur antimaçonnisme ou les organigrammes dont le juge Béteille, chargé de l'instruction de ce dossier monumental, a pu écrire qu'il n'y trouvait qu'une « décevante hiérarchie d'organismes superposés ». Sous l'Occupation, lorsqu'il est revenu à différentes reprises par voie de presse sur l'épisode cagoulard, Deloncle n'a pas masqué sa relation faite de haine et de fascination pour la franc-maçonnerie. Il a expliqué, dans un entretien publié par *La Gerbe* d'Alphonse de Châteaubriant le 25 septembre 1941, que la Cagoule pouvait être comprise « comme une franc-maçonnerie au service de la nation ». En veine de confidence, le patron de l'OSARN ajoute même s'être inspiré de la célèbre secte des Illuminés de Bavière de Weishaupt, exemple bien connu à partir duquel l'abbé Barruel a construit ses célèbres *Mémoires pour servir à l'histoire du Jacobinisme*, l'ouvrage fondateur de la littérature antimaçonnique publié à Londres de 1797 à 1799. Franc-maçonnerie inversée, la Cagoule peut aussi se comprendre en référence à l'armée dont elle s'est employée à calquer le modèle. C'est ainsi qu'elle est structurée à partir d'un état-major divisé en quatre bureaux tout ce qu'il y a de classiques. La référence communiste n'est pas non plus absente puisque l'on retrouve à la base de l'édifice le terme bien connu de « cellule » pour qualifier l'unité qui comprend entre 7 et 12 hommes. En résumé, la Cagoule n'a pas été seulement un tigre de papier. Mais elle ne fut pas la pieuvre que d'aucuns ont voulu dépeindre. Une image cependant qu'il faut prendre en compte pour comprendre son histoire qui a largement nourri les imaginaires politiques du temps.

Le serpent de mer cagoulard

Le démantèlement de la Cagoule en 1937-1938 ne signifie nullement la fin de son histoire, car son procès n'eut lieu que dix ans plus tard, en 1948. Entre-temps, si la Cagoule n'existe plus, les cagoulards ont continué leurs activités. Sous l'Occupation, les itinéraires divergent puisque l'on trouve des cagoulards dans la collaboration parisienne, à Vichy ou dès 1940 à Londres auprès du général de Gaulle.

Eugène Deloncle est devenu un dirigeant collaborationniste en vue puisqu'il a cofondé avec l'ancien socialiste Marcel Déat le Rassemblement national populaire avant de prendre en charge sa propre structure, le Mouvement social révolutionnaire où l'on retrouve également Jean Filliol et bien d'autres anciens cagoulards. L'écrivain Raymond Abellio, pseudonyme de Georges Soulès, qui fut secrétaire général du parti, a laissé un témoignage saisissant sur le duo Deloncle/Filliol : « L'esprit de géométrie de Deloncle n'avait cessé de décomposer et en quelque sorte de profaner l'action directe en l'inscrivant dans des systèmes d'équation trop bien rangés. Filliol se tenait au-delà de tout système. Sa pensée était, si l'on peut dire, consubstantielle à son action et n'avait nul besoin de la précéder, ni d'ailleurs de revenir sur elle. » Tandis que l'« activiste Filliol » se caractérise par « cette force indéfinissable et au-delà de toute force qu'on nomme la *présence* », Deloncle n'est pas le « conspirateur » attendu. Ancien polytechnicien, Abellio marque la surprise que lui inspire cet autre polytechnicien :

« Je l'avais imaginé froid, impénétrable, aussi dur au-dedans qu'il voulait le paraître au-dehors, je le trouvai volubile, chaleureux, et si désireux de plaire [...] que j'en vins à tout de suite chercher la faille cachée de ce *maniaque de l'action*. C'était en fait un homme d'une ambition impatiente et d'une volonté de puissance sans limites visibles [...]. La forme toute polytechnicienne de son intelligence le conduisait toujours à des dénombrements précis et même chiffrés, et son énorme capacité de dissimulation s'employait alors à recouvrir d'un semblant d'objectivité un ensemble de ruses banales mais savamment montées qu'il confondait avec une stratégie, une vision. A côté de cela, un grand vide idéologique [...]. »

Présents à Paris, les cagoulards le sont aussi à Vichy, notamment au sein des « groupes de protection » (François Méténier), des services de renseignements (le docteur Martin) ou au sein du Service des sociétés secrètes. Si certains vont suivre l'Etat français jusqu'au bout, d'autres ont été arrêtés et internés par l'occupant (Martin) ou figurent parmi les « vichysto-résistants ». Enfin, on compte parmi les premiers ralliés au général de Gaulle des cagoulards emblématiques comme Maurice Duclos, le chef du réseau Saint-Jacques.

La relation de la Cagoule et des cagoulards au second conflit mondial n'est pas seulement une affaire d'engagements ou d'itinéraires. Le mystère qui l'a entourée a nourri tout un imaginaire qui a largement inspiré la prose de contemporains, journalistes ou hommes politiques. On ne compte pas le nombre d'articles ou d'ouvrages qui se sont employés à faire de la Cagoule un acteur souterrain mais essentiel de l'histoire de la France des années 1930 et 1940. La Cagoule rejoint alors dans tous ces écrits le prétendu complot de la synarchie, cette organisation secrète technocratique qui aurait en 1941 mis Darlan, les « trusts » et leurs hommes (de « jeunes cyclistes ») au pouvoir afin de mettre à bas la Révolution nationale du maréchal Pétain. Puis, telle l'hydre, la synarchie aurait au lendemain de la guerre installé ses hommes pour entraver la reconstruction. Dans ce schéma conspirationniste, la Cagoule est étroitement associée à la synarchie et ce, dans un processus d'hybridation qui renvoie sous des plumes d'auteurs marqués à « gauche » à la dénonciation du « fascisme » et de la mainmise du « grand capital ». Toute l'histoire des années 1930, de la défaite et de l'Occupation pourrait alors se relire à l'aune de celle de la Cagoule agrégée pour ce faire avec la synarchie à la célèbre « cinquième colonne ». Ainsi, le socialiste Charles Dumas, ancien directeur de cabinet du ministre socialiste Marx Dormoy, dont on a souligné le rôle dans le démantèlement de la Cagoule, prétend expliquer dans une brochure parue en 1944, *La France trahie et livrée*, comment la synarchie, qui aurait fait main basse sur la Cagoule, aurait été à l'origine de la débâcle et de l'avènement du maréchal Pétain… Ce dernier est au centre des débats et il incarnerait même, pour le radical Albert Bayet, la « cinquième colonne » dont il serait le chef. En fait, Pétain serait un traître depuis… 1918, ce qui explique que certains publicistes aient pu faire remonter de façon totalement fantaisiste la naissance de la Cagoule à cette date. Quant aux armes de la Cagoule, elles n'auraient pas été destinées aux fascistes français soucieux d'abattre la République, mais surtout stockées pour servir à la « cinquième colonne », dont la synarchie aurait été la pièce maîtresse ; le tout dans le cadre d'un processus contrôlé de bout en bout par l'Allemagne nazie qui aurait même réussi, grâce à l'influence de sa propagande en France à la veille de la guerre, à circonvenir les journaux pour qu'ils ridiculisent la Cagoule et endorment la vigilance de l'opinion publique. Si on ajoute à cela la littérature produite sur les infiltrations cagoulardes dans l'entourage du général de Gaulle et ses conséquences (le Général serait devenu un « dictateur » selon le journaliste de droite antimunichois Henri de Kérillis), on mesure à quel point l'image de la Cagoule est celle d'une entreprise tentaculaire. Elle aurait contrôlé le pouvoir politique en France et ce, quels qu'aient été les hommes au pouvoir.

Lorsque le procès de la Cagoule s'ouvre en octobre 1948, en pleine vague de grèves déclenchées par la CGT et le parti communiste, une décennie s'est écoulée depuis la mise au jour de l'organisation. Il faut dire que si le procès a été long à organiser après la guerre c'est que le dossier avait été perdu… en réalité caché depuis juin 1940 dans les toilettes du palais de justice de Paris. A l'automne 1948, bien des figures marquantes de cette histoire sont décédées, à commencer par Deloncle (mort en 1944, il fut pourtant officiellement invité à se présenter à la Santé !). A l'ouverture du procès, 49 personnes sont présentes sur les 65 inculpés et Maurice Duclos, qui a appris la tenue du procès depuis Buenos Aires, est venu se joindre aux accusés. Comme l'écrit Philippe Bourdrel, ce procès est celui des « spectres ». Il est aussi celui des silences, car les accusés ne livrent rien au cours des 38 audiences où défilent des témoins prestigieux, de Léon Blum à Edouard Daladier en passant par le colonel Groussard ou le commandant Loustaunau-Lacau. La cour d'assises prononce 11 acquittements et des condamnations allant jusqu'aux travaux forcés à perpétuité.

Absent, Filliol se voit condamné pour la troisième fois à mort depuis 1945.

Le procès et les condamnations qui l'accompagnent signent la fin officielle de l'histoire de la Cagoule. Ils ne mettent pas fin aux activités de certains cagoulards emblématiques qui, comme le docteur Martin, s'illustrent au moment de la guerre d'Algérie en mettant sur pied en 1958 le complot du Grand O [Occident] pour abattre une IVe République accusée de lâcher l'Algérie. La Cagoule a également ressurgi durant le second septennat de François Mitterrand (1988-1995) lorsqu'ont été rappelés ses liens avec certains cagoulards qu'il a beaucoup fréquentés avant la guerre, pendant le conflit (Gabriel Jeantet l'a parrainé pour l'obtention de la francisque) ou ensuite à travers ses liens anciens avec l'entreprise L'Oréal dont le président fondateur, Eugène Schueller, avait été un des bailleurs de fonds et un des dirigeants du MSR.

Bibliographie sélective

Bourdrel, Philippe, *La Cagoule. Histoire d'une société secrète du Front populaire à la Ve République*, Albin Michel, 1992 [1970].

Dard, Olivier, *La Synarchie. Le mythe du complot permanent*, Perrin, coll. « Tempus », 2012 [2e éd.].

Monier, Frédéric, *Le Complot dans la République. Stratégies du secret de Boulanger à la Cagoule*, La Découverte, 1998.

Péan, Pierre, *Le Mystérieux Docteur Martin*, Fayard, 1993.

XIX

Jean Moulin, le rendez-vous tragique

par Olivier Wieviorka

Le 21 juin 1943, le délégué du général de Gaulle, Jean Moulin, tombait à Caluire, une modeste localité de la banlieue lyonnaise où se tenait une réunion destinée à gérer le remplacement du chef de l'Armée secrète, le général Charles Delestraint, arrêté à Paris le 9 juin de la même année. Cette affaire constitue, à n'en pas douter, l'un des « grands mystères de l'histoire de France » pour deux grandes séries de raisons.

D'une part, les responsabilités dans la chute de Jean Moulin n'ont jamais été établies avec certitude. Si les historiens ont, dans leur grande majorité, des convictions, sinon des certitudes, ils ne disposent pas de preuves irréfutables permettant de trancher sur les responsabilités respectives qui incombent aux différents protagonistes. Loin de s'éclaircir, le mystère, d'autre part, s'est épaissi au fil du temps en raison des controverses que la personnalité du délégué du Général a rétrospectivement suscitées. L'homme lige du général de Gaulle a d'abord été présenté comme un sous-marin communiste. Trompant de Gaulle, il aurait en fait « mis en place une structure pernicieuse [le Conseil national de la résistance] *dominée par un parti qui était loin d'être au service de la France, structure qui devait paralyser les efforts du gouvernement provisoire au lendemain de la Libération », affirma dès 1950 Henri Frenay, fondateur du mouvement de résistance Combat. En 1993, Thierry Wolton, un journaliste, franchit une étape supplémentaire en prétendant que Moulin avait été un agent soviétique. S'appuyant sur des documents mineurs dont il s'abstenait, le plus souvent, de préciser l'origine, sa thèse fut rejetée par les historiens. Dans la même veine, Gérard Chauvy suggéra, à mots couverts, que les époux Aubrac, membres du mouvement Libération-sud et fort proches du Parti communiste français, portaient une lourde responsabilité dans le drame de Caluire – une thèse qui valut à son auteur une condamnation pour diffamation en avril 1998.*

La piste communiste ne fut cependant pas la seule à aiguillonner l'imagination des auteurs. En 1998, Jacques Baynac s'orienta vers une piste radicalement nouvelle. Assurant que le chef de la France libre et son représentant étaient en conflit, il soutint que les Anglo-Américains souhaitaient s'appuyer sur le second afin de préserver, dans la perspective du débarquement, l'Armée secrète. Or, dans l'entourage de l'agent parachuté par les services secrets américains pour mener cette mission délicate figurait un homme contrôlé par les Allemands qui purent ainsi filer Moulin et l'interpeller à Caluire. En 2013, enfin, Jacques Gelin reprit le dossier qu'il enrichit. Moulin aurait été sacrifié par une partie de ses compagnons d'armes qui, le soupçonnant de cryptocommunisme, craignaient un coup de force rouge à l'heure où les Alliés, ils en étaient persuadés, se préparaient à débarquer sur les côtes françaises.

Ce bref résumé des thèses en présence confirme que la chute de Jean Moulin associe à l'adret policier (qui est responsable de l'arrestation ?) un ubac complotiste (s'agit-il d'une conjuration visant à éliminer un homme jugé dangereux ?). L'entrelacement de cette problématique duale confère à cette intrigue une dimension sulfureuse, à la hauteur cependant des enjeux qu'elle charrie. Car Jean Moulin représentait un élément clé dans l'architecture gaulliste.

« Rex »

Né en 1899, Jean Moulin avait entamé avant guerre une carrière préfectorale. La force de ses convictions républicaines comme ses éminentes qualités lui valurent d'être nommé au cabinet du radical-socialiste Pierre Cot, au temps du Front populaire notamment, avant de renouer avec une carrière plus classique. Préfet d'Eure-et-Loir en janvier 1939, il resta à son poste durant la débâcle et se distingua par un premier haut fait. Malgré les pressions allemandes, il refusa en effet d'accuser des tirailleurs sénégalais d'avoir commis des atrocités contre des civils qui avaient, en fait, été victimes des bombardements de la Luftwaffe. Brutalisé puis enfermé, il tenta de se suicider puis fut alors libéré. Le régime de Vichy ne tarda pas à le révoquer le 2 novembre 1940.

Ardemment patriote, ce haut fonctionnaire était doué d'éminentes qualités intellectuelles et morales – sa tentative de suicide le confirme. Assurément progressiste, il n'éprouvait cependant aucune inclination pour le Parti communiste français, pas plus qu'envers l'Union soviétique. Il avait cependant été amené à côtoyer, au cabinet de Pierre Cot, des affidés, déclarés ou non, du PCF qu'il retrouva dans la résistance – à l'instar de Pierre Meunier ou de Robert Chambeiron. Mais cette proximité ne signifie en rien qu'il ait, pendant comme après la guerre, servi les intérêts de Maurice Thorez ou de Joseph Staline.

Désireux d'agir, Moulin avait décidé de rejoindre le général de Gaulle à Londres. Après avoir longuement enquêté sur la résistance, il gagna Londres, *via* l'Espagne et le Portugal, où il arriva en octobre 1941. Convainquant l'homme du 18 Juin de l'importance que revêtaient les mouvements – alors que la France libre misait plutôt sur les réseaux dont l'activité militaire paraissait plus rentable –, il fut alors chargé de procéder à l'unification des forces clandestines, en zone libre d'abord, pour l'ensemble de la métropole ensuite. Parachuté en janvier 1942, Rex, puisque tel était, avec Max, l'un de ses pseudonymes, fut à la hauteur de sa tâche. Les trois principales organisations de la zone sud – Combat, Franc-Tireur et Libération-sud – formèrent en novembre 1942 un comité de coordination, avant, en janvier 1943, de se fédérer au sein des Mouvement unis de résistance (MUR). Après être retourné à Londres et avoir reçu les instructions du général de Gaulle, Moulin présida, le 27 mai suivant, la première séance du Conseil national de la résistance (CNR) qui associait, outre les huit principales formations clandestines, les deux grandes centrales syndicales (CGT et CFTC) ainsi que les plus importants partis, du PCF à la Fédération républicaine, en exceptant cependant le Parti social français (PSF) du colonel de La Rocque.

Au vrai, Jean Moulin poursuivait quatre buts. Il entendait d'abord unifier la résistance afin d'accroître sa valeur et d'en faire un instrument efficace pour contribuer à la libération du pays. Il cherchait également à la placer sous la tutelle du général de Gaulle, afin de renforcer la légitimité d'un chef dont les Anglo-Américains disputaient le droit de parler au nom de la France. Dans cette optique, il s'efforça de gagner le concours des partis politiques dont le prestige et la représentativité renforceraient la position du rebelle, à l'heure où les

Alliés tablaient sur son rival, le général Giraud. Enfin, il plaidait pour l'autonomie de l'Armée secrète – l'ensemble des forces paramilitaires que les mouvements devaient recenser et armer afin qu'elles épaulent, le jour venu, les troupes débarquées.

Si ce programme herculéen fut réalisé dans ses grandes lignes au printemps de 1943, Moulin se heurta à de vives oppositions. Bien des chefs de la résistance intérieure, Frenay en tête, refusaient en effet l'assujettissement à la France combattante. Prêts à reconnaître de Gaulle comme symbole, ils récusaient son commandement, réclamant d'être traités en pairs et non en subordonnés. Ils exigeaient par conséquent une autonomie dans la direction des opérations et dans la stratégie, revendiquant par exemple le droit de choisir les objectifs plutôt que de frapper les seules cibles sélectionnées par Londres. Dans la même veine, ils demandaient, à commencer par Frenay, la direction de l'Armée secrète puisqu'ils en fournissaient les recrues. *Last but not least*, la présence des partis politiques au sein du CNR les révulsait. Cette inclusion, affirmaient-ils, revenait à offrir un brevet de respectabilité à des forces qui, hormis les socialistes et les communistes, n'avaient guère brillé dans la nuit clandestine. Surtout, elle condamnait – ce qu'ils taisaient – leurs ambitions politiques. Car en remettant en selle des formations discréditées par une défaite dont elles étaient en partie responsables, faute d'avoir assuré la défense du pays, le CNR compromettait la recomposition du champ politique qu'une frange de la résistance intérieure appelait de ses vœux.

Des heurts violents opposèrent donc Moulin à une partie des chefs de la résistance intérieure, Frenay en tête. Mais ils tournèrent systématiquement à l'avantage du premier. Rex disposait en effet des liaisons avec Londres et du nerf de la guerre – l'argent. Avec la bénédiction du général de Gaulle, il put donc placer le général Delestraint à la tête de l'Armée secrète et en écarter Frenay, qui en conçut une vive amertume. Il était de même parvenu à créer le CNR, malgré l'hostilité de certains chefs clandestins et de deux autres représentants de la France libre, le colonel Passy, chef des services secrets, et Pierre Brossolette, son éminence grise.

Bref, Jean Moulin était loin de faire l'unanimité dans les rangs de la résistance, une réalité que sa panthéonisation, célébrée par André Malraux le 19 décembre 1964, a largement contribué à occulter. L'hostilité que lui vouaient quelques chefs ne signifiait pas pour autant que ces derniers aient fomenté un complot destiné à l'éliminer, ce que confirme l'engrenage de Caluire.

L'engrenage

Le 21 juin 1943, un commando des services de sécurité nazis, le *Sicherheitsdienst* (SD), conduit par le patron de leur antenne lyonnaise, Klaus Barbie, arrêtèrent donc, dans la maison du docteur Dugoujon, à Caluire, dans la banlieue lyonnaise, plusieurs hauts responsables de la résistance française. A Jean Moulin s'ajoutaient sept autres clandestins dont Henry Aubry, chef de cabinet du général Delestraint, Emile Schwarzfeld, patron du mouvement France d'abord, Raymond Aubrac, commandant des forces paramilitaires de Libération-sud, ainsi que René Hardy (Didot), membre de Combat et coordinateur du sabotage ferroviaire.

Cela posé, Caluire se situait dans le prolongement d'un autre coup dur. Le 7 mai précédent, la Milice avait arrêté un militant du mouvement France d'abord qui, sans subir de tortures, avait donné six « boîtes aux lettres ». Situées dans les lieux les plus divers, ces dernières servaient de poste clandestine aux résistants, qui y déposaient des documents – papiers, rapports ou circulaires… – que d'autres relevaient, parfois plusieurs fois par jour. Ces boîtes aux lettres pouvaient être de véritables boîtes aux lettres ; mais parfois, des commerçants acceptaient de réceptionner ou de livrer les plis que des résistants leur remettaient.

Le 27 mai 1943, le général Delestraint (Vidal) fixa rendez-vous à René Hardy au métro parisien La Muette pour le 9 juin en faisant déposer un billet au 14, rue Bouteille, à Lyon. Or, les Allemands surveillaient les lieux. Lorsque le chef de l'Armée secrète arriva à pied à la station de métro, ils l'interpellèrent et le conduisirent aussitôt au siège de la Gestapo de l'avenue Foch à Paris. Le chef de l'AS était tombé.

De son côté, Didot était parti de Lyon pour rejoindre la capitale le 7 juin 1943. Cet ancien cadre de la SNCF, dont un zeste de hâblerie et un soupçon de mythomanie mâtinaient le courage, avait tenté, en mai 1941, de quitter la France captive pour rallier la France libre. Capturé, condamné à quinze mois de prison, il avait rencontré, pendant sa détention, Pierre Bénouville, futur membre de ce même mouvement. En décembre 1942, un membre de Combat, Jean-Guy Bernard, l'avait présenté au patron, Henri Frenay, qui, séduit par ses talents d'organisateur, lui confia la responsabilité de la Résistance-Fer. Début mai, Delestraint le coopta à son état-major et le chargea de préparer un plan de sabotage du réseau ferré, le futur plan Vert, qui devait paralyser par une série d'attentats les mouvements des troupes ennemies lors du débarquement allié. Hardy montait donc à Paris pour mettre son carnet d'adresses, et notamment les contacts dont il disposait à la SNCF, à la disposition de Vidal tout en préparant avec Jean-Guy Bernard une extension à la zone occupée du

Noyautage des administrations publiques (NAP) – une stratégie qui visait à persuader des fonctionnaires bien placés de jouer double jeu.

Le 7 juin, Hardy prit le Lyon-Paris de 21 h 50. Or, deux hommes occupaient le compartiment voisin : Robert Moog, un agent de l'Abwehr détaché auprès du *Sicherheitsdienst*, et Jean Multon (Lunel) qui devaient procéder à l'arrestation de Delestraint. Secrétaire de Maurice Chevance-Bertin, responsable des Mouvements unis de résistance pour les Bouches-du-Rhône, Multon avait été arrêté à Marseille le 27 avril 1943. Retourné, il s'était alors placé au service des Allemands et avait provoqué des ravages – plus d'une centaine d'arrestations dans les rangs de la résistance.

La présence de ces deux hommes dans le compartiment mitoyen de celui qu'occupait René Hardy ne résultait pas du hasard. Le 23 janvier 1943, Didot avait en effet rencontré Lydie Bastien (Béatrice), une femme au charme vénéneux. « Avec son ovale de Madone et ses traits de gitane, elle a tout de la femme fatale : une abondante chevelure brune, souvent relevée en chignon, des lèvres pleines, un nez droit et surtout des yeux immenses, profonds, qu'elle ourle de khôl sous des sourcils soigneusement dessinés », rappelle Pierre Péan. Hardy tomba immédiatement amoureux de cette créature que Daniel Cordier, alors secrétaire de Rex, décrit comme « une beauté frémissante ». Pour son plus grand malheur. Car cette aventurière, également éprise de Harry Stengritt, un membre du SD, avait été recrutée, fin 1942, par les occupants et s'était placée à leur service. A leur demande, elle avait séduit Hardy ; à leur demande, elle réserva une place de wagon-lit dans le compartiment qui jouxtait celui qu'occupaient Moog et Multon. L'arrestation de Hardy devait intervenir lors de l'arrivée à Paris. Mais sur le quai de Perrache, Multon et Hardy se reconnurent. Plutôt que d'interrompre son périple, Didot préféra le poursuivre, non sans avoir demandé à un autre résistant rencontré par hasard sur le quai de la gare, Lazare Rachline, de prévenir Pierre Bénouville que Multon l'avait vu. Du coup, les Allemands modifièrent leurs plans. Ils préférèrent interpeller leur proie non dans la capitale mais en gare de Chalon-sur-Saône vers 1 heure du matin ; dès son arrivée, Rachline fit cependant prévenir Bénouville de l'incident auquel il avait assisté.

Le 10 juin, René Hardy, incarcéré dans la prison de Chalon-sur-Saône, fut pris en charge par Klaus Barbie qui avait fort opportunément trouvé, dans ses affaires, une lettre adressée à sa fiancée, Lydie Bastien. Le chef du SD lyonnais le convainquit alors de travailler pour ses services, sans que l'on sache précisément le chantage dont il usa. Affirma-t-il, comme le pense Henri Frenay, qu'il révélerait que Béatrice travaillait pour lui, ce qui aurait placé Didot dans une situation pour le moins délicate ? Ou menaça-t-il, comme le déclare Hardy, « qu'ils arrêteraient la famille Bastien et ma fiancée comme otages » ? Au vrai, peu importe. Le résistant fut libéré, non sans avoir promis au gestapiste qu'il le servirait fidèlement. S'agissait-il d'un marché de dupes ? Peut-être. « On ne peut pas totalement exclure que, après avoir accepté de "travailler pour Barbie", Hardy, dont la modestie n'était pas la qualité première, ait cru être assez fort pour se jouer de celui qui n'était alors qu'un petit lieutenant. Pour gagner du temps, il lui aurait bien livré le brouillon du "plan Vert", mais sans pour autant "donner" la réunion de Caluire, jusqu'à laquelle il aurait été, malgré lui et à son insu, filé. » Mais il ne s'agit, ajoute Jean-Pierre Azéma, que d'une « explication minimaliste » dans la mesure où un document allemand de l'époque, le rapport Flora, le cite explicitement comme « un agent double ».

Recouvrant la liberté, Hardy renoua le contact avec ses camarades et notamment Pierre Bénouville. Ce dernier savait-il que Hardy avait été arrêté, fût-ce brièvement, par les Allemands ? Hardy l'affirma et Bénouville, après bien des palabres, finit par le reconnaître. Ce point, en apparence mineur, n'est aucunement secondaire et joua dans les jours qui suivirent un rôle décisif. Car Moulin, ébranlé par l'arrestation de Delestraint, en avait immédiatement pesé les conséquences. « J'ai tenu secrète l'arrestation de Vidal. Il n'y a pas une minute à perdre. Tout peut encore être réparé », écrivit-il dans une lettre manuscrite adressée au général de Gaulle le 15 juin. « Mais il faut que personne à Londres et à Alger ne soit au courant et surtout pas les chefs des mouvements. »

Or, les responsables de Combat, rapidement informés du drame, mesurèrent les possibilités qui s'ouvraient. Delestraint écarté, ils pourraient reprendre les rênes de l'Armée secrète dont ils estimaient avoir été injustement dépossédés. Jean Moulin flaira la menace. Pour y parer, il conçut de remplacer Delestraint en nommant deux responsables de l'AS à titre intérimaire : Aubrac coifferait la zone nord ; au colonel Schwarzfeld reviendrait la zone sud. Une réunion des responsables paramilitaires des Mouvements unis de résistance (MUR) devait valider ce schéma. Elle fut fixée au 21 juin, au cabinet du docteur Dugoujon, à Caluire.

Nul ne se méprenait sur l'importance d'une réunion qui devait procéder au remplacement du chef de l'Armée secrète, un enjeu de première importance. Elle risquait cependant d'être tendue, puisque les dirigeants de Combat entendaient récupérer la direction de l'AS. Moulin la prépara donc minutieusement. Pour se rallier les grands chefs, il multiplia les rencontres avec des responsables influents, Copeau et Aubrac pour Libération-sud, Claudius-Petit pour Franc-Tireur... Mais les dirigeants de Combat se dépensèrent tout autant, afin de contrecarrer ces manœuvres.

Ainsi, le chef de cabinet de Delestraint, Henri Aubry, décida de convoquer René Hardy à la réunion de Caluire. Après avoir été recruté à Combat, ce lieutenant de la Coloniale avait été placé par Frenay auprès de Vidal pour disposer dans la place d'un homme sûr. En amenant Didot à une réunion à laquelle il n'était pas invité, Aubry commettait cependant une triple faute. La plus élémentaire prudence commandait tout d'abord de le placer en quarantaine, que ce dernier ait été ou non suspecté d'avoir été retourné par les Allemands : n'avait-il pas disparu pendant plus d'une semaine ? Les règles de sécurité, par ailleurs, interdisaient formellement « d'amener une tierce personne, quelle qu'elle soit, à un rendez-vous pris avec un autre », selon les termes mêmes d'une directive de Combat rédigée le 31 janvier 1943. Jean Moulin, enfin, ne fut pas avisé de cette venue, alors qu'il se défiait d'un homme qui, après s'être évanoui, était brutalement réapparu dans la cité des Gaules après de longs jours d'absence. Aubry agit donc avec une légèreté d'autant plus coupable qu'il récidivait : alors qu'il savait que la boîte aux lettres où le message fixant rendez-vous au général Delestraint au métro La Muette était brûlée, il avait omis de l'en aviser, provoquant ainsi indirectement son arrestation.

Aubry, cela posé, agit vraisemblablement sur ordre de Bénouville qui vouait à Moulin une solide inimitié que ce dernier lui rendait bien. Jugeant vraisemblablement qu'Aubry ne ferait pas le poids, il suggéra sans doute de s'appuyer sur Hardy, dont la réputation de bravache était solidement établie. Ce dernier fut donc imposé à la réunion de Caluire par deux responsables de Combat sans y avoir été convié. Hardy fut-il alors filé ? Ou donna-t-il le rendez-vous ? Cette dernière hypothèse est avancée par Edmée Delettraz, une agent double qui travaillait tant pour le colonel Groussard, un vichyste passé dans la résistance, que pour la Gestapo, qui disposait sans doute d'un fort moyen de pression pour contraindre cette femme à travailler pour elle. Hardy a toujours nié avoir trahi, soulignant qu'aucun responsable de Combat n'avait par la suite été arrêté – ce qui est exact mais ne constitue en aucun cas la preuve de son innocence : il avait pu exiger, pour prix de son retournement, que ses camarades ne fussent pas arrêtés. Et les Allemands, pour mieux utiliser cette taupe, avaient peut-être intérêt à ménager le mouvement de Frenay afin de permettre à Didot de poursuivre son travail de sape sans éveiller l'attention.

Le drame se noue

Mis sur la piste de Jean Moulin, les Allemands intervinrent. Le 21 juin 1943, deux tractions avant Citroën déposèrent, vers 15 heures, sept ou huit hommes du SD devant la maison du docteur Dugoujon. Le commando arrêta aussitôt toutes les personnes qui leur paraissaient suspectes, patients comme résistants, tout en brutalisant Henri Aubry, Bruno Larat et André Lassagne, membre de Libération-sud. En revanche, René Hardy parvint à s'enfuir, en bousculant le garde qui le tenait à l'aide d'un cabriolet – une chaîne tordue autour du poignet dont le policier tenait l'extrémité. Blessé, il fut transporté à l'hôpital de l'Antiquaille puis transféré au quartier cellulaire de l'hôpital allemand de la Croix-Rousse. Il s'en évada le 3 août.

Cette succession de miracles attisa les soupçons. A la différence de tous ses camarades, Hardy n'avait pas été menotté, ce qui avait facilité son évasion. Sa blessure, par ailleurs, semble suspecte. Lorsqu'il se cacha, un cantonnier l'aperçut. Il affirma qu'il n'avait pas été atteint par les tirs qu'avait déclenchés, mollement semble-t-il, un Allemand. Avait-il été victime de cette salve ? Ou s'était-il ultérieurement infligé une blessure en se tirant ou en se faisant tirer dans le bras, afin de conforter la vraisemblance de son évasion ? La question reste posée, mais bien des indices penchent en faveur de la seconde hypothèse. De même, la facilité avec laquelle il réussit à s'évader de l'hôpital allemand de la Croix-Rousse, où il avait été transféré, ne fit que redoubler les doutes – à moins de supposer que les Allemands aient été particulièrement abrutis.

Au total, le SD lyonnais avait réussi un splendide coup de filet en s'emparant de responsables éminents de la résistance : Raymond Aubrac et André Lassagne de Libération-sud, Henri Aubry de Combat, le colonel Schwarzfeld de France-d'abord, Bruno Larat du COPA et surtout Jean Moulin. Ce dernier ne fut pas aussitôt reconnu bien que le SD ait su le jour même qu'il tenait Max. Barbie s'acharna donc sur les prisonniers dont il connaissait l'activité résistante et brutalisa longuement Larat, Lassagne et tout particulièrement Aubry. Ce fut vraisemblablement le 23 juin que Barbie perça l'identité du délégué. Il le tortura alors abominablement et le fit transporter, sans doute le 28 juin, dans un état critique à Paris avant de le transférer, probablement le 8 juillet, à Berlin. Les sévices infligés par le gestapiste expliquent-ils la mort de Moulin ? Ou ce dernier préféra-t-il se suicider plutôt que de parler sous les coups, hypothèse qu'accrédite sa première tentative de suicide à Chartres en 1940 ? Peu importe. « Une certitude demeure, la seule qui importe pour l'histoire : Jean Moulin fut l'un des très rares résistants à ne pas céder sous la torture », s'incline Daniel Cordier. « Il est possible même que, muré dans son silence, il n'ait avoué ni son véritable nom, ni reconnu son rôle dans la résistance. La survie de ses collaborateurs, dont aucun ne fut inquiété, et le témoignage de son bourreau en sont garants : "il n'a rien avoué" dira Klaus Barbie. Pour une fois, il dit certainement la vérité. »

L'affaire de Caluire reste, on l'a dit, mystérieuse. Si tous les indices convergent pour accabler René Hardy, sa culpabilité n'a jamais été prouvée. De fait, les procès, tenus en 1947 puis en 1950, se soldèrent par deux acquittements. Certes, Hardy souligna que s'il avait trahi, il aurait donné la plupart des chefs clandestins, ce qui, de fait, ne se produisit pas. Mais cet argument, on l'a vu, ne suffit pas à l'innocenter. En revanche, la justice se montra d'une troublante mansuétude à l'égard de Didot, qui bénéficia « de mécanismes lourds et manifestes destinés à le faire acquitter », selon les mots de Jacques Gelin. Des documents ne furent pas produits, des acteurs de la répression allemande ne furent pas convoqués ou se rétractèrent, des pressions s'exercèrent à l'encontre de certains témoins… De toute évidence, une partie de l'appareil d'Etat ne tenait pas à ce que la vérité éclate.

Faut-il, par ailleurs, admettre que les dirigeants de Combat aient sciemment éliminé un homme qui contrecarrait leurs desseins ? Ce serait assurément forcer le trait. Notons cependant que certains chefs se montrèrent *a minima* singulièrement légers. Ils ne respectèrent pas les règles de sécurité qu'ils avaient eux-mêmes édictées et firent bon accueil à Hardy – y compris après deux évasions dont le caractère rocambolesque aurait suffi à éveiller le soupçon. Pierre Bénouville resta de marbre, alors que cette double résurrection, assurément miraculeuse, aurait dû le « convaincre de sa culpabilité », conclut Jacques Gelin. La hauteur de l'enjeu – le commandement de l'Armée secrète – explique sans doute qu'Aubry et Bénouville aient couru le risque, sans que l'on puisse pour autant parler de complot ou de conjuration.

La tragique disparition de Moulin priva la France libre d'un grand serviteur. « Sans doute la résistance intérieure française à qui la personnalité de Jean Moulin a su imprimer, en dix-huit mois, une marque indélébile, ne sera plus jamais ce qu'elle eût été sans Jean Moulin. Mais, celui-ci disparu, elle ne sera plus jamais, non plus, ce qu'elle eût été avec lui », conclut Henri Noguères. De fait, Rex cumulait trois fonctions : commissaire national, il présidait par ailleurs le Conseil national de la résistance et le Comité directeur des MUR. Il jouait donc un rôle éminent dans les instances de la résistance intérieure comme dans l'organigramme de la France combattante, assumant le lien entre ces deux rives dont il garantissait *in fine* la cohésion.

Son remplacement s'annonçait donc ardu. Il ne fut pas satisfaisant. Côté Délégation, Claude Bouchinet-Serreulles (Sophie, Scapin, Clovis, Sauvier), membre du cabinet du général de Gaulle, avait demandé à servir en métropole. Déposé par un bimoteur Hudson le 16 juin 1943, il devait assister Jean Moulin, scénario que le drame de Caluire brisa net. Sophie assura donc l'intérim, mais Pierre Brossolette, qui rêvait de cette fonction, lui mit d'emblée des bâtons dans les roues, sans pour autant parvenir à s'imposer. Passons sur la succession de délégués qui, d'Emile Bollaert à Alexandre Parodi, assumèrent l'héritage, pour conclure : jamais la Délégation ne retrouva l'éclat dont elle brillait sous le mandat de Max ; constamment contestés par la résistance intérieure, les délégués ne furent jamais en mesure d'imposer la plénitude de leur pouvoir. Ainsi, durant l'insurrection de Paris, en août 1944, une partie des mouvements ainsi que la mouvance communiste débordèrent constamment l'autorité de Parodi. De même, la présidence du CNR échut à Georges Bidault, un résistant éminent, qui, malgré sa loyauté à l'égard du général de Gaulle, fut loin d'être l'un de ses hommes liges, d'autant que les communistes parvinrent assez vite à contrôler le Bureau du Conseil. De Gaulle perdit ainsi une bonne part du contrôle sur la résistance intérieure que Jean Moulin lui avait assuré.

Caluire représente assurément l'un des « grands mystères de l'histoire de France » également dans la mesure où les responsabilités respectives des différents protagonistes du drame n'ont pu être établies. Et pour cause : les acteurs ont délibérément brouillé les pistes, qu'il s'agisse de René Hardy, Lydie Bastien, Klaus Barbie ou Pierre Bénouville. La multiplication des thèses, parfois rocambolesques, portant sur les options politiques présumées de Jean Moulin a largement contribué à épaissir cette opacité, en entourant le drame d'une rumeur complotiste. Le mystère, en d'autres termes, ne réside pas tant dans le *modus operandi* de l'affaire elle-même. Il tient, plus prosaïquement, dans les projections fantasmatiques qu'elle a inspirées, tant en raison du statut iconique de Jean Moulin conféré par la panthéonisation de 1964 et l'inoubliable discours d'André Malraux, que de la haine que Rex et de Gaulle inspiraient. Une partie de la droite ne pardonna jamais à l'homme du 18 Juin la rectitude de son attitude durant les années sombres ainsi que l'abandon de l'Algérie française. Hier aveuglés par la grande lueur qui brillait à l'est dont ils avaient été les fidèles zélateurs, d'anciens communistes brûlèrent avec la même flamme ce qu'ils avaient adoré et surestimèrent les infiltrations menées par les services de Moscou. Faute de pouvoir attaquer directement de Gaulle, ces deux mouvances jetèrent l'opprobre sur son délégué, transformant ainsi la tragédie de Caluire en mystère, brouillant les pistes plutôt que de les éclaircir. Sans parvenir pourtant à souiller la mémoire d'un homme qui avait emporté ses secrets dans sa tombe, sans trahir.

Bibliographie sélective

Azéma, Jean-Pierre (dir.), *Jean Moulin face à l'histoire*, actes du colloque 10-11 juin à Paris, Flammarion, 2000.

—, *Jean Moulin : le politique, le rebelle, le résistant*, Perrin, 2006.

Azéma, Jean-Pierre; Veillon, Dominique, « Le point sur Caluire », Azéma, Jean-Pierre; Bédarida, François; Frank, Robert (dir.), *Jean Moulin et la Résistance en 1943*, Cahiers de l'IHTP, n° 27, juin 1994.

Cordier, Daniel, *Jean Moulin. La République des catacombes*, Gallimard, 1999.

Gelin, Jacques, *L'Affaire Jean Moulin, trahison ou complot ?*, Gallimard, 2013.

Hardy, René, *Derniers Mots, Mémoires*, Fayard, 1984.

Noguères, Henri; Degliame-Fouché, Marcel, *Histoire de la résistance en France*, t. III, *Et du Nord au Midi. Novembre 1942-septembre 1943*, Robert Laffont, 1972.

Péan, Pierre, *Vies et morts de Jean Moulin. Eléments d'une biographie*, Fayard, 1998.

—, *La Diabolique de Caluire*, Fayard, 1999.

XX

De Gaulle à Baden-Baden : le coup de Massu

par Pierre PELLISSIER

Le mois de mai 1968 aura été l'un des plus agités qu'ait connus la Ve République. Il est aussi le terme de plusieurs semaines de folies, d'excès, de violences. La crise, née dès le mois de janvier, ne cessera ensuite d'agiter le monde universitaire, qui a ses revendications propres à avancer : crédits insuffisants, contenu de l'enseignement, la discipline dans les résidences pour étudiants et étudiantes, jusqu'aux protestations contre la guerre américaine au Viêt Nam. Le mouvement gagne Caen, Bordeaux, Angers, Lyon, Nantes... Dans un premier temps pourtant, l'agitation se concentre sur Nanterre où se fait remarquer un jeune étudiant allemand, Daniel Cohn-Bendit, puis à la Sorbonne, où des locaux sont occupés et où apparaissent les premiers slogans, « Non à l'université bourgeoise », « Professeurs vous êtes vieux et votre culture aussi »...

Avec le temps, avec les ordres suivis par les contrordres, le gouvernement paraît débordé. Les étudiants le sont aussi puisque les syndicats, comprenant les avantages qu'ils pourraient tirer de l'aventure, en termes de salaires ou d'avancées sociales, récupèrent le mouvement. Le désordre environnant les conduit à déclencher une grève générale qui va totalement paralyser le pays. Les politiques entendent aussi profiter du climat glissant vers l'insurrection et les partis de gauche réclament un changement de gouvernement, parfois de nouvelles élections.

Jusqu'au 29 mai, jour où le général de Gaulle s'éclipse !

Lors de la disparition de Charles de Gaulle, il y a trois semaines que le Quartier latin à Paris est le cadre d'affrontements de plus en plus violents. Le 3 au soir se retrouvent face à face 1500 policiers et 2000 étudiants; des voitures sont incendiées, des barricades érigées. Le 4 mai, quatre manifestants sont condamnés à deux mois de prison ferme; le 6, des manifestations sont organisées contre ces condamnations. Les rassemblements commencent dans le calme vers 9 heures du matin, dégénèrent dans la journée, tournent au combat de rue jusqu'au cœur de la nuit; avec d'autres voitures renversées, des arbres arrachés, des débuts de barricades; avec 600 blessés. Les villes universitaires soutiennent les étudiants parisiens. Le 7 mai, 25000 manifestants sèment le désordre dans les rues de Paris, s'attaquent aux forces de police bien au-delà de minuit. Les 10 et 11 mai, l'ampleur des manifestations démontre que le gouvernement est débordé. Vers minuit, à l'angle des rues Soufflot, Médicis et du boulevard Saint-Michel, des barricades se dressent atteignant parfois deux mètres de hauteur. Les chaussées sont dépavées, les arbres coupés, des voitures retournées ou incendiées… Il faut attendre 2 h 15, au matin du 11, pour que la police reçoive l'ordre d'intervenir. Cinq heures de combat sont nécessaires pour que CRS et gendarmes prennent d'assaut la soixantaine de barricades édifiées, après échanges de cocktails Molotov et de grenades offensives. Bilan de cette nuit de violence :

367 blessés, 460 interpellations, 188 voitures brûlées ou endommagées.

Entrant en jeu, les syndicats et les partis de gauche organisent une grève générale pour le 13 mai. Ce même jour, les étudiants occupent la Sorbonne ; le 17, le théâtre de l'Odéon tient scène ouverte pour les manifestants. C'est le grand moment des slogans provocateurs : « Il est interdit d'interdire », « CRS SS ! ». C'est surtout le début d'une nouvelle phase de la crise : dix millions de grévistes paralysent le pays. Les aéroports s'arrêtent puis les transports publics, les banques et la poste, les éboueurs, l'ORTF, les usines suivent.

De retour le 18 mai d'un voyage écourté en Roumanie, de Gaulle est en quête d'une issue. Le 24 mai, il annonce à la télévision un référendum sur la participation pour assurer la rénovation de la France, concluant : « Si la réponse est non, je n'assumerais pas plus longtemps mes fonctions. » Les manifestants lui répliquent violemment, à Paris comme à Lyon, Nantes, Bordeaux ou Strasbourg… A Paris, il y a des barricades à la Nation, à la Bastille, autour de la gare de Lyon. La police reprend le contrôle de la capitale vers 5 heures du matin ; il y a plus de 500 blessés, dont 178 hospitalisés, et 648 interpellations.

Le 28 mai, François Mitterrand anticipe sur les événements et annonce qu'il est candidat à l'Elysée et « prêt à former un gouvernement provisoire de dix membres ».

L'Elysée déserté

Un vent de panique souffle sur Paris au matin du 29 mai. Des ministres arrivant à l'Elysée pour le traditionnel Conseil du mercredi découvrent le palais désert. Personne ne les a prévenus, personne n'est là pour les informer; et encore moins pour leur expliquer que le général de Gaulle a disparu ! Le préfet de police, Maurice Grimaud, s'inquiète, appelle l'Elysée et découvre que le général de Gaulle est parti à 11 h 15, en hélicoptère, pour Colombey-les-Deux-Eglises. Il apprend bientôt qu'aucun hélicoptère ne s'est posé à Colombey, mais – ce qui le rassure – qu'aucun appareil n'a été accidenté. La veille, mardi 28 mai, Grimaud avait déjà recueilli des informations inquiétantes; des émeutiers pourraient s'en prendre à des bâtiments officiels, sans doute l'Hôtel de Ville; il redoute aussi que les manifestants de la CGT, mobilisés pour le lendemain 29 mai, soient armés. Au téléphone, ce même 28 mai, le général de Gaulle laisse entendre à Georges Pompidou qu'il compte prendre du champ; une journée de solitude loin de Paris; il sera de retour jeudi, le Conseil des ministres peut bien attendre le lendemain.

De Gaulle tient aussi des propos qui inquiètent davantage Pompidou : « Je suis vieux, vous êtes jeune, c'est vous qui êtes l'avenir. » Une courte conversation que de Gaulle achève de curieuse façon : « … Je vous embrasse. » Pompidou croit comprendre que le Général renonce au pouvoir. A tel point qu'un car de la télévision s'installe dans la cour de Matignon dès le lendemain matin : Pompidou veut être prêt à s'adresser aux Français…

Qui a pu conseiller au président de la République de s'éclipser ? Il ne reste guère que deux témoignages crédibles; ceux de l'amiral Philippe de Gaulle et de Christian Fouchet…

L'amiral vient dîner seul à l'Elysée, le lundi 27 mai. Les événements l'inquiètent; certaines réactions parisiennes – sa mère a été insultée dans un magasin – le hérissent. Il tient à en parler à son père, pour que celui-ci accepte une protection renforcée autour de l'Elysée. Il propose celle des commandos de la marine. La proposition est aussitôt écartée par le président.

« On dirait le début d'une révolution, dit Philippe à son père.

— Ce n'est pas une révolution. La révolution est armée. Les fauteurs de troubles n'ont pas d'armes ! C'est l'éclatement d'une société d'abondance. Ils braillent “non à la société de consommation”, mais ce n'est qu'un alibi. Ils veulent en réalité jouir, bambocher et faire la chienlit sans contrainte. A part deux ou trois ministres, et encore ! le gouvernement ne suit plus mes directives. Je n'ai plus barre sur personne. J'ai pratiquement perdu le contrôle de l'exécutif. Pompidou laisse pourrir. Jusqu'à quand ?

— Il faut bien voir qu'à terme votre règne est fini. Après les avoir une fois de plus tirés d'un mauvais pas, les Français ne veulent plus de vous. Ils ne veulent d'ailleurs rien, si ce n'est profiter de ce que vous leur avez apporté.

— Je ne peux tout de même pas laisser la France à un Mitterrand ou à un Cohn-Bendit. »

Face à son père, par instants découragé, à un autre moment survolté, Philippe de Gaulle esquisse une solution :

« D'abord, il faut quitter Paris qui est devenu un piège. Pourquoi ne pas aller à Brest ? Un croiseur ou même un porte-avions vous donneront tous les moyens de communiquer et de vous déplacer. Paris est un marécage qui n'a plus d'importance. Laissez-les cuire dans leur jus. Et si cela ne marche pas, vous pourriez toujours laisser tomber.

— Ne me décourage pas ! Je ne me vois pas à Brest chez les marins. Ils sont toujours à part chez nous. Je vais me tirer un jour ou deux à Colombey, quand ce ne serait que pour sortir de cette chaudière. »

L'idée d'un départ pour Colombey ne séduit guère Philippe de Gaulle, il craint que les Français ne voient là qu'un week-end comme beaucoup d'autres. A cela, Charles de Gaulle réplique en conseillant à son fils de quitter Paris avec sa famille ; qu'il s'installe à Contrexéville, ou même à Baden-Baden chez Massu. Le général Lalande, chef d'état-major à l'Elysée, y sera en mission dans deux jours, il pourrait arranger cela, suggère le président qui enchaîne :

« D'ailleurs cela me donne l'idée de rencontrer Massu à Strasbourg ou au Mont-Sainte-Odile, à mi-chemin de Colombey. Sans prévenir, cela ferait sensation. La CGT qui prépare une grande manifestation pour après-demain, tombera dans le vide. Il n'y aura personne à l'Elysée à ce moment-là. Naturellement d'ici là, il faut garder le secret… »

Philippe de Gaulle reparti, le président fait appeler son ministre de l'Intérieur, Christian Fouchet, qu'il reçoit en fin de soirée. Les deux hommes se connaissent bien, s'apprécient ; Fouchet sait ce qu'il peut dire au Général, à condition de ne pas aller trop loin. Dans le silence du cabinet présidentiel, éclairé par une seule lampe posée sur le bureau du Général, Fouchet l'entend se plaindre du gouvernement, des étudiants, des ouvriers, des syndicalistes, de la police :

« Fouchet, vous savez qu'il m'arrive de penser que je vais m'écrouler… »

Leur conversation les ramène sur le maintien de l'ordre à Paris et sur la possibilité d'ouvrir le feu contre les manifestants…

« Je n'arrive plus à dormir à l'Elysée avec ces grenades qu'on entend éclater dans les environs !

— Allez dormir à Versailles, mon général ! Vous y serez bien mieux qu'à l'Elysée. Et, après tout, Louis-Philippe aurait beaucoup mieux fait d'y aller en 1848 ; et d'écouter Thiers qui le lui conseillait.

— Je ne suis pas Louis-Philippe.

— Vous n'êtes pas Louis-Philippe, Dieu merci ! Mais le fait d'aller à Versailles frapperait les gens. »

Sur la piste du Général

Dès la mi-journée, le 29 mai, commencent les spéculations : où peut être passé de Gaulle s'il n'est pas arrivé à Colombey-les-Deux-Eglises ? Les uns l'imaginent au Trianon, à Versailles ; d'autres le croient à Marly, où la présidence a un discret pavillon de chasse ; certains le supposent à Brégançon ou à Taverny, le P.C. de la force de dissuasion…

Le ministre des Armées, Pierre Messmer, paraît être le mieux informé sur la destination possible du général de Gaulle. Il sait que le chef de l'Etat est parti en hélicoptère vers l'est. Peut-être pour Colombey-les-Deux-Eglises ; peut-être pour rencontrer l'un ou l'autre des généraux commandant une garnison de l'Est, Beauvallet à Metz ou Hublot à Nancy. L'hélicoptère fait escale à la base aérienne de Saint-Dizier, pour compléter le plein de carburant, puis reprend l'air. Mais, pour des raisons liées à la météorologie, il disparaît des écrans radar. Messmer informe Pompidou puis il le rappelle très vite : de Gaulle est retrouvé ! Massu vient d'annoncer à son ministre l'arrivée imminente du président à Baden-Baden : quelques minutes plus tôt, le capitaine de frégate Flohic, l'aide de camp de l'Elysée, a demandé à Massu de préparer la piste d'atterrissage de la résidence, pour deux hélicoptères ; ils s'y poseront d'un instant à l'autre...

La résidence du général Massu, commandant les forces françaises d'Allemagne, est installée à Baden-Os, à l'écart de la ville dont elle est séparée par un bois touffu. Sur le versant nord du Fremersberg, culminant à 527 mètres, un margrave de Baden a fait édifier au XVIIIe siècle un pavillon de chasse dont les Massu ont fait leur lieu de réception. Depuis les salons, la vue s'étend sur la vallée du Rhin et la plaine d'Alsace, avec par beau temps, au lointain, la silhouette du clocher de la cathédrale de Strasbourg. A quelques dizaines de mètres de ce premier bâtiment se trouve une ancienne auberge, avec des pièces peu nombreuses mais agréables, et un jardin d'hiver. C'est là qu'habitent le général Massu, sa femme, leur fille Véronique qui poursuit ses études de médecine à Strasbourg et, à l'occasion, Malika, leur fille adoptive, avec ses deux enfants et son mari, qui sont là ce 29 mai.

Un vent de panique souffle sur la résidence, encore sous le coup d'une visite soviétique qui s'est prolongée tardivement. C'est dans l'ancien pavillon de chasse que, le 28 mai, le général Massu et son épouse ont reçu le maréchal Kochevoï, commandant en chef des troupes soviétiques en Allemagne de l'Est, arrivé de Potsdam avec sa suite. Une soirée fortement arrosée... Au matin du 29, les pièces de réception sont toujours en désordre, les réfrigérateurs sont vides, la cave sérieusement entamée. Massu, qui est encore en pantalon de velours et pull rouge à col roulé, repense aux propos du maréchal soviétique en écoutant les informations et en apprenant donc la mystérieuse disparition du général de Gaulle. Et que lui a donc dit Kochevoï ? Quelques phrases menaçantes pour l'Allemagne de l'Ouest, que Moscou serait bien décidé à écraser si nécessaire : « Le prochain théâtre de guerre sera l'Allemagne occidentale. Tant pis pour les Américains s'ils demeurent aux côtés des Allemands. Leurs cinq divisions n'existeront pas devant nous… »

Sur sa lancée, le maréchal Kochevoï en vient à la crise qui agite la France. Il ne comprend manifestement pas que le gouvernement hésite à mater cette révolte, il insiste en joignant le geste à la parole : « Il faut les écraser… les écraser… » Massu tente un instant de lui expliquer qu'en France, on ne réduit pas si facilement les contestataires. Kochevoï insiste pourtant : « Les affaires de la France sont vos affaires, mais nous ne comprenons pas que vous vous soyez laissés jouer par quelques anarchistes. Nous les aurions écrasés. »

« Tout est foutu »

Vers 15 h 15, la première *Alouette* se pose sur la pelouse. En descendent le Général en civil, vêtu d'un costume sombre, et Mme de Gaulle, puis Flohic et les deux hommes d'équipage. Suivent à bord du deuxième appareil le médecin de l'Elysée, l'inspecteur de police Henri Puissant, puis Roger Tessier, un des plus fidèles gardes du corps, et l'équipage.

A peine descendu de l'hélicoptère de Gaulle marche vers Massu. Il lève les bras et dit à son hôte : « Massu, tout est foutu… Les communistes ont tout bloqué. Je ne commande plus rien. Donc, je me retire et comme je me sens menacé en France ainsi que les miens, je viens chercher refuge chez vous, afin de déterminer que faire. »

Mme Massu s'occupe de Mme de Gaulle ; elle croit comprendre que le couple présidentiel restera à Baden-Baden, au moins pour la nuit, d'autant que Mme de Gaulle précise qu'il faut « un très grand lit pour le général ».

De Gaulle ne paraît pas avoir cherché à créer l'événement en allant chez Massu. Il a dit à son fils qu'il pourrait voir Massu à Strasbourg ou au Mont-Sainte-Odile ; son gendre Boissieu n'a pu joindre l'Allemagne téléphoniquement ; les grèves compliquent tout en ce mois de mai. Alors, comme Massu ne peut aller à de Gaulle, de Gaulle ira à Massu... Qu'importe le long contentieux entre les deux hommes, lié à l'affaire algérienne mais tempéré par l'attachement de Massu à la personne de Charles de Gaulle : l'interview le 18 janvier 1960 de Hans Ulrich Kempski, publiée par un quotidien bavarois, et laissant entendre que Massu n'acceptait pas la nouvelle politique algérienne de De Gaulle ; le rappel, conséquence immédiate de l'interview, et la révolte d'Alger ; les arrêts qui lui sont infligés, après ses propos devant un congrès d'officiers de réserve, en septembre 1962, à Lunéville, où il a parlé des cadres d'Algérie malades du conflit entre l'honneur et la discipline, avant d'évoquer une nécessaire amnistie... Depuis, Massu a voulu oublier ; c'est, chez lui, une forme de fidélité revendiquée. D'autant que de Gaulle lui a donné sa cinquième étoile et le commandement des forces françaises en Allemagne avec une idée très précise : Massu doit se préparer à voir la France sortir de l'OTAN et le climat se tendre entre Bonn, Washington et Paris. La rupture sera pour mars 1966 ; Massu parviendra à tenir la barre

De Gaulle et Massu marchent vers la résidence, deux cents mètres à parcourir. Arrivé au perron, Massu, sachant que le Général ne voit plus très bien, l'aide à franchir les trois marches. Ils entrent dans le bureau ; de Gaulle s'assied dans un gros fauteuil, Massu reste debout face à lui. Le président avoue être inquiet pour ses enfants : « J'ai demandé à mon fils de me rejoindre ici avec sa famille. »

C'est l'autre surprise de cet après-midi : l'arrivée, quelques minutes plus tard, d'un cortège de voitures venant de l'aéroport de Baden-Os. A bord, l'amiral de Gaulle, avec femme et enfants ; puis le général Lalande, chef d'état-major particulier. Celui-ci est en mission : de Gaulle l'a chargé d'aller s'informer auprès des généraux Beauvallet à Metz, Hublot à Nancy, puis Massu à Baden-Baden ; il doit les interroger sur l'état d'esprit des troupes, si une aide militaire devait être demandée. Or, Lalande tombe des nues : il n'a jamais été informé que de Gaulle devait quitter Paris et le voici, lui aussi, à Baden !

Aucun officier n'assiste à l'entretien entre de Gaulle et Massu. Une seule parenthèse dans ce tête-à-tête à huis clos : les quelques instants nécessaires pour déposer un plateau-repas à l'intention de De Gaulle qui ne touchera pas à la viande, à peine à l'omelette, buvant seulement un peu de café. Le Général a la tête ailleurs, à Paris bien évidemment, puisqu'il complète sa première confidence, sur le rôle des communistes, sur le pouvoir qui lui échappe, sur le refuge qu'il espère trouver à Baden. Il confie à Massu qu'il se sent humilié d'être traité de cette façon par les Français, d'assister au suicide du pays en pleine prospérité. Il n'a plus personne sur qui s'appuyer ; la panique est générale ; tout le monde – « même les meilleurs », note-t-il – veut le voir partir ; avec une réserve toutefois : « M. Pompidou a peut-être eu tort de composer avec les étudiants mais il a été très bien par la suite… »

Secret d'Etat

La nature du tête-à-tête de Gaulle-Massu restera longtemps secrète ; Massu ne le racontera que quinze ans plus tard, dans son livre *Baden 68* ; une manière, selon lui, d'effacer certains commentaires, douteux ou tendancieux, parfois polémiques. Ce sont ces rumeurs qui le conduisent, en 1983, à déroger à la règle fixée : il détient un secret d'Etat, qui aurait dû le rester, comme le lui avaient demandé Pompidou et Giscard d'Estaing. Désormais il s'estime libéré et peut revenir sur leur dialogue du 29 mai :

« Pour vous et pour le pays, vous ne pouvez renoncer de la sorte. Vous allez vous déconsidérer par ce départ et ternir votre image. Tout ce qui a été fait en dix ans ne peut disparaître en dix jours. Vous allez libérer des vannes et accélérer le chaos que vous avez le devoir d'endiguer. Vous avez affaire à 15 000 individus décidés à porter chez nous une lutte qui se joue dans le monde entier. Vous êtes écœuré, mais vous en avez vu d'autres depuis 1940. Vous devez vous battre jusqu'au bout, sur le terrain que vous avez choisi, même celui du référendum, si vous y tenez encore. Si vous passez le pouvoir, il faut que ce soit à la suite de la consultation populaire. Pour le permettre, ceux qui visent votre succession dans la légalité seront amenés à pousser au retour au travail dans les postes, transports, préfectures, etc. S'il s'avère que ce référendum est impossible, il sera toujours temps de démissionner. »

Massu note que de Gaulle paraît sensible à ses arguments. Il était prostré au fond d'un fauteuil ; il se redresse, regarde de plus en plus fréquemment son hôte, il lui demande même de continuer. Alors Massu enchaîne :

« Il sera toujours temps de démissionner. Mais sans avoir fui au préalable, car le front est en France et, pour vous, à Paris. Le vieux lutteur qu'est le général de Gaulle doit faire front jusqu'au bout. Et il ne manquera pas de gens pour lui rendre hommage. Je ne crois d'ailleurs aucunement à une menace physique contre vous. Il vaudrait mieux être victime d'une telle éventualité que de s'être soustrait à un risque de cet ordre. »

De Gaulle compte-t-il rester à Baden-Baden ? Il semble bien qu'il ait été partagé entre la nécessité de rester et une envie, bien plus tardive, de repartir vers Colombey-les-Deux-Eglises ou, peut-être, Strasbourg. Il demande donc, dans un premier temps, à Massu de prévenir les autorités allemandes de sa demande d'hospitalité ; une idée qu'écarte Massu, sachant que le général Karpinski, le délégué permanent du gouvernement allemand, est absent. De Gaulle estime alors qu'il convient de prévenir l'ambassadeur de France, François Seydoux de Clausonne ; Massu considère qu'il est urgent d'attendre, comme s'il avait compris l'indécision du président. De Gaulle revient, un peu plus tard, sur son éventuel départ. Il parle cette fois de Strasbourg ; Massu lui tend les *Dernières Nouvelles d'Alsace* et lui montre l'article évoquant une manifestation devant le monument aux morts s'achevant sur *La Marseillaise* :

« Est-ce que je pourrais aller à Strasbourg ?
— Parfaitement, mon général. Avec un bon pilote, un hélicoptère peut se poser dans la cour du Palais du gouverneur, mais un seul appareil à la fois. Et je peux aussi vous conduire en voiture, Strasbourg n'est pas très loin. »

Après un instant de réflexion, de Gaulle revient sur la nécessité de prévenir les autorités allemandes de sa demande d'hospitalité. Certes, Massu a eu l'impression que de Gaulle était attentif à ses propos ; il n'est pourtant pas certain de l'avoir convaincu. Il s'absente quelques instants, le temps de demander à son aide de camp, le capitaine Richard, de prévenir quand même de la présence du chef de l'Etat en Allemagne. Et il ajoute à l'intention de Richard : « Nous ne sommes pas sortis de l'auberge, il est têtu comme une mule et bloqué dans sa résolution de tout laisser tomber ! Il m'a décrit l'Apocalypse. J'ai déployé pas mal d'arguments, mais il ne veut rien entendre. Nous ne pourrons pas cacher longtemps sa présence ici. Richard, faites-moi chercher notre ambassadeur à Bonn. Pour ma part, je n'ai pas renoncé et je retourne dans la fosse aux lions… »

Massu, quelques minutes plus tard, ressort de son bureau : il va chercher Mme de Gaulle : « Le Général souhaite vous parler, madame. »

Jacques Massu, derrière le dos de son hôte, fait un geste à son épouse, celle-ci l'interprète sans difficulté comme un énorme soulagement. Mme de Gaulle revient presque aussitôt : « Nous repartons dans un quart d'heure. Les enfants sont à l'abri. Quant à nous, nous avons vécu très longtemps. Nous verrons bien quel sera notre sort. »

Charles de Gaulle s'est bien laissé convaincre par Massu. Lorsqu'ils se retrouvent une nouvelle fois seuls, le président s'approche de Massu, l'embrasse et lui confirme qu'il repart avec sa femme.

Aux temps d'hésitations succède une étrange frénésie : de Gaulle a hâte de repartir, il s'impatiente parce que les pilotes ne sont pas là, parce que le plein de carburant n'a pas été fait… Il s'agite, fait les cent pas, parle aux uns et aux autres. Malika est venue avec ses deux enfants pour qu'ils aperçoivent le président. Au général Mathon, chef d'état-major des troupes françaises en Allemagne, et au colonel Moniez, directeur de cabinet du général Massu, de Gaulle pose la même question : « Massu m'a convaincu de repartir. Qu'est-ce que vous en pensez ? »

Les deux officiers lui répondent qu'ils sont aussi de cet avis... Curieusement il sera fait état, plus tard, d'une réunion d'état-major où la décision de rentrer aurait été prise ; or cette réunion n'a strictement jamais existé.

Le général Lalande, lui, est perplexe : il doute que de Gaulle ait l'intention de rejoindre Paris pour ce Conseil des ministres reporté. Il y a l'épisode de la lettre qui le trouble : le président, en arrivant chez Massu, a dit à son chef d'état-major qu'il allait lui confier une lettre pour Pompidou ; elle est inutile si le président envisage un retour rapide vers Paris... Il y a aussi l'instruction donnée à l'instant du départ : Lalande doit dire à Beauvallet qu'il vienne à Colombey le lendemain 30 mai.

Massu a un aparté avec Flohic : il lui explique que le général de Gaulle est mal entouré, pas suffisamment soutenu ; une variante des propos qu'il avait déjà tenus en janvier 1960 lorsqu'il avait reproché à de Gaulle d'être « entouré d'une bande de cons ».

A l'instant d'embarquer à bord de l'hélicoptère, le général de Gaulle souhaite parler à Mme Massu : « Je repars. J'ai voulu voir votre mari que j'aime de tout mon cœur. » Mme Massu trouve que ces paroles lui sont dites sur un ton exceptionnellement gentil : « Je dirais même tendre. »

Charles de Gaulle, avant le décollage, refuse que l'amiral, sa femme et ses enfants partent pour Colombey-les-Deux-Eglises. Il n'y a pas de place dans les hélicoptères ; que sa famille reste donc à Baden-Baden ; elle y sera mieux qu'en France. L'amiral, sa femme et leurs enfants seront d'ailleurs logés plusieurs jours dans une villa de fonction de la Vogesenstrasse. Philippe de Gaulle dit à Mme Massu ne rien comprendre à l'attitude de son père, qui – il est vrai – ne lui a rien expliqué. Il répète à plusieurs reprises, en remontant vers la résidence des Massu : « Ou mon père ou l'anarchie… » Puis il demande à voir Jacques Massu dans l'espoir d'obtenir quelques explications. Or ce dernier, à cet instant, est enfermé avec le général Lalande, qui entend remplir sa mission. Il interroge Massu sur l'état d'esprit des troupes françaises d'Allemagne. « Elles me paraissent sûres, lui répond Massu, et s'il devait y avoir affrontement, leur rendement dépendrait de leurs conditions d'emploi. » Lalande, qui a trouvé Massu fort désagréable, s'envole pour Metz, afin de poursuivre sa mission d'information. Massu peut recevoir alors Philippe de Gaulle ; il tente de lui remonter le moral, lui expliquant à quel point son père est sensible au climat familial : « C'est un grand sentimental, malgré les apparences. Il se sentira plus à l'aise sachant sa famille à l'abri. »

Une heure et demie après l'arrivée du président, Massu peut téléphoner à Messmer et lui annoncer que le président vient de s'envoler pour Colombey. Messmer transmet le message à Pompidou qui, une fois de plus, ressent un manque de confiance de la part du président ; il lui a confié si peu de choses sur ses intentions, sur son voyage… La blessure est là, Pompidou ne l'oubliera plus. A ce moment, il est vrai qu'il sait bien peu de choses sur cette fugue improvisée, presque rien en vérité.

A Paris, où la disparition du général de Gaulle a été assez vite connue, les militants de la CGT défilent entre la Bastille et la gare Saint-Lazare, par dizaines de milliers, sans incidents notables ; mais avec d'étranges slogans :

les manifestants hurlent alternativement « gouvernement populaire » et « Adieu de Gaulle ». Dans quelques jours, ils obtiendront le relèvement du SMIC de 35 % et des hausses de salaires voisines de 10 %. Les milieux politiques de l'opposition sont persuadés que le pouvoir est vacant. Mitterrand s'étant déjà porté candidat à la présidence de la République, c'est Pierre Mendès France qui annonce, ce 29 mai, qu'il ne refusera pas « les responsabilités qui pourraient lui être confiées par toute la gauche réunie ».

A Baden-Baden, le calme revient peu à peu. Massu doit pourtant répondre à un appel téléphonique du chef d'état-major des armées, le général d'aviation Michel Fourquet. Lui aussi aimerait savoir ce qui s'est passé :

« Le ministre veut savoir si Lalande est chez vous et ce qu'il y fait.

— Lalande est venu chez moi en tournée d'information. Il est reparti pour Metz, chez Beauvallet.

— Avez-vous reçu un autre… Le Grand…

— Affirmatif. Mais il est reparti.

— Attention, Massu. Pas de bêtises !

— Comment ? Des bêtises ?

— Adressez-moi un rapport.

— Pourquoi ? Je n'ai rien à dire de plus. Vous pouvez rassurer le ministre. »

Depuis Paris survient un autre appel téléphonique ; il est près de 22 heures. Françoise Verny, des éditions Grasset, prétexte un prochain rendez-vous qu'elle doit reporter – Mme Massu est en pourparlers pour un livre sur son passage aux « Rochambelles », les infirmières de la 2e DB. Au téléphone, les questions se multiplient, souvent soufflées à l'oreille de Françoise Verny, qui en vient rapidement à l'essentiel : « Que pense le général Massu ? », puis : « Il est là le général Massu ? » Apparemment les militaires ne sont pas les seuls à s'interroger sur l'attitude des forces françaises d'Allemagne…

Le sursaut

Le jeudi 30 mai, de Gaulle est de retour à Paris. Le Conseil des ministres a lieu en début d'après-midi. Quelques minutes avant, le président reçoit Georges Pompidou, bien décidé à démissionner puisque de Gaulle n'a plus confiance en lui… Il est d'ailleurs persuadé que Maurice Couve de Murville a travaillé, ces derniers jours, à la formation d'un nouveau gouvernement. Pourtant tout change en quelques instants : Pompidou comprend que le temps des hésitations, des états d'âme, n'est plus de mise : de Gaulle réapparaît sûr de lui. Il veut encore ce référendum que Pompidou croit perdu d'avance ; son Premier ministre préférerait une dissolution de l'Assemblée nationale et donc des législatives anticipées. Il gagne cette partie et oublie son éventuelle démission…

L'Elysée fait savoir que le président interviendra à la radio à 16 h 30. Pourquoi la radio ? Il s'est beaucoup dit que de Gaulle voulait rappeler les temps lointains de la France libre, et les transistors, désormais nombreux, lui assureraient une sérieuse audience. Il est aussi vraisemblable que fatigué, agacé, il voulait éviter les caméras de la télévision qui, d'ailleurs, est toujours en grève. Le prétexte parfois avancé de son apparence physique – il a 78 ans – peut être écarté : il est apparu à l'écran le 24 mai, il va bientôt y revenir. Le message aux Français est donc lu et entendu : Pompidou est confirmé comme Premier ministre, l'Assemblée nationale est dissoute et des élections législatives annoncées comme l'abandon du référendum sur la participation… Au Palais-Bourbon, les députés courent chercher leurs écharpes tricolores et gagnent la place de la Concorde où les premiers Parisiens attendent le départ de la manifestation de soutien au général de Gaulle, qui se prépare depuis la veille. La droite, rassemblée, entend dire au chef de l'Etat qu'elle ne veut plus des désordres, de ce qu'il appelait la « chienlit ».

Rapidement surgissent de curieux récits de l'entrevue de Baden-Baden. Il s'est dit que de Gaulle avait été demander à Massu si, d'aventure, il pourrait compter sur les forces françaises d'Allemagne. Sur ce point, Massu est formel : jamais de Gaulle n'a fait allusion à cet éventuel renfort et, si la question avait été abordée, il aurait refusé une telle assistance. Le général Lalande – dont c'était la mission – fera cependant référence à l'apparente sûreté des troupes françaises en Allemagne ; avec la réserve déjà avancée par Massu à propos de leurs éventuelles conditions d'emploi. Il a également été écrit que Massu aurait demandé à de Gaulle l'amnistie des officiers putschistes et la libération du dernier d'entre eux, détenu à Tulle, Raoul Salan. Massu a, là encore, toujours démenti une telle démarche.

Il faudra attendre le 7 juin pour que l'épisode de Baden-Baden approche de sa fin. Ce jour-là, le général Massu vient à Paris où l'attend Pierre Messmer, à qui il va remettre son rapport sur l'après-midi du 29 mai. Il ira ensuite à l'hôtel Matignon pour y rencontrer Georges Pompidou. Le moment des remerciements et des aveux…

Il apparaît que si Massu a parlé d'amnistie, ce n'est pas à Baden-Baden avec de Gaulle, mais ce 7 juin avec Messmer. Après avoir remercié Massu « au nom du pays et au nom des compagnons », le ministre ajoute une confidence plus politique : « Pompidou et moi sommes les deux seuls à être demeurés à nos postes. »

Sans doute mis en confiance, Massu se laisse aller et aborde le problème de l'amnistie : « Dans la perspective d'être utilisés dans une nouvelle guerre civile en métropole, les cadres qui ont été acteurs en Algérie et plus ou moins traumatisés apprécieraient que soient effacées toutes les séquelles de la guerre civile algérienne, par une amnistie générale certainement méritée par nos soldats perdus après sept ans, au moins autant que par les anarchistes étudiants aussitôt après leurs "exploits"... »

Le général Massu connaît la difficulté majeure : impossible de faire voter cette amnistie, faute de Parlement, il conviendrait donc de faire savoir, par quelques voies officielles – et il fait clairement allusion au garde des Sceaux –, que la mesure est décidée et qu'elle aura donc son effet électoral; pas seulement sur les militaires, mais également auprès des pieds-noirs anticommunistes. Le ministre des Armées répond à Massu que le décret-loi concernant l'amnistie est déjà rédigé. Les effets sont immédiats : le 10 juin, Soustelle et Bidault reviennent d'exil sans être inquiétés; le 15 juin, le général Salan, le colonel Argoud et neuf autres membres de l'OAS sont graciés; les colonels Broizat et Lacheroy, condamnés à mort, rentrent en France sans souci.

Le général Massu peut quitter l'hôtel de Brienne pour Matignon, où l'attend le Premier ministre.

« Vous avez été un roc, Monsieur le Premier ministre, nous vous avons tous admiré.

— Vous et moi, nous avons sauvé la République, répond Pompidou. Je pouvais tenir, mais il me fallait un président. Vous me l'avez renvoyé. »

L'essentiel étant dit, le ton change ; les deux hommes reviennent sur d'anciens souvenirs ; sur la proposition faite à Massu d'être, en 1966, candidat aux législatives à Metz. Après coup, Massu revient sur les trois raisons qu'il a eues de refuser cette offre : un trop mauvais souvenir de son « entrée » en politique, à Alger en 1958 et 1959, sa sympathie pour le maire Raymond Mondon avec qui il s'est parfaitement entendu étant gouverneur militaire de Metz, enfin cette mission à Baden qui lui paraît être une conclusion intéressante pour sa carrière ; trois raisons pour dire non...

Le soir venu, le général Massu allume son poste de télévision : il lui est impossible de ne pas suivre l'interview que de Gaulle s'apprête à accorder à Michel Droit, depuis l'Elysée. Michel Droit est direct : d'entrée, il demande au président s'il avait envisagé toutes les éventualités, lors de son départ vers Baden : « Oui, le 29 mai, j'ai eu la tentation de me retirer, répond le Général. Et puis, en même temps, j'ai pensé que si je partais, la subversion menaçante allait déferler et emporter la République... Alors, une fois de plus, je me suis résolu... Vous savez, depuis quelque chose comme trente ans que j'ai affaire à l'histoire, il m'est arrivé quelquefois de me demander si je ne devais pas la quitter. »

Alors de Gaulle évoque Dakar en septembre 1940, où les Français ont tiré sur d'autres Français ; Londres, en mars 1942, où éclate une dissidence de la France libre ; 1946, lorsqu'il renonce au pouvoir, découragé par le jeu stérile des partis ; le premier tour de la présidentielle de 1965 « où une vague de tristesse a failli m'entraîner au loin ».

Le commentaire de Massu – qu'il reproduit dans *Baden 68* – est court : « J'admire avec quel art le général de Gaulle dégonfle l'exploitation qui pourrait être faite du voyage à Baden en répondant aux questions de Michel

Droit. Il explique clairement sa velléité de démission qui n'est pas la première de sa vie… »

De Gaulle et Massu ne se reverront plus avant le 8 novembre 1968, pour un entretien très particulier à l'Elysée :

« D'homme à homme, je veux vous dire combien votre action a été, le 29 mai, déterminante sur mon comportement et sur le redressement national qui en a résulté.

— Mon général, je suis heureux et fier d'avoir été placé par la Providence en posture de vous être utile, votre action ayant éclairé et dirigé l'essentiel de ma vie militaire. »

Bibliographie sélective

Fouchet, Christian, *Au service du général de Gaulle*, Plon, 1971.

Gaulle, Philippe de, *Mémoires accessoires*, Plon, 2000.

Massu, Jacques, *Baden 68, souvenirs d'une fidélité gaulliste*, Plon, 1983.

—, *Avec de Gaulle. Du Tchad 1941 à Baden 1968*, Editions du Rocher, 1998.

Pellissier, Pierre, *Massu*, Perrin, 2003.

Roussel, Eric, *Charles de Gaulle*, Gallimard, 2002.

Notices biographiques des auteurs

Directeur de l'axe politique du LabEx « Encyclopédie pour une histoire nouvelle de l'Europe », Eric ANCEAU enseigne l'histoire de la France et de l'Europe du XIXe siècle à Paris-Sorbonne et à Sciences Po Paris. Il a publié une quinzaine d'ouvrages dont *Napoléon III. Un Saint-Simon à cheval* (Tallandier, 2008 et 2012), couronné par plusieurs prix littéraires.

S'étant vu confier l'ensemble des archives de l'abbé Saunière, Jean-Jacques BEDU a écrit trois ouvrages sur la démystification de l'affaire de Rennes-le-Château. Il est amené à intervenir régulièrement dans les médias sur cette affaire. Il est par ailleurs l'auteur de biographies de Maurice Magre, de Francis Carco, de Pablo Casals et d'un roman qui lui ont valu plusieurs distinctions. Délégué général du prix Méditerranée et du prix Spiritualités d'aujourd'hui, il publie en 2018 *Les Initiés de l'an mil à nos jours* dans la collection « Bouquins », chez Robert Laffont.

Archéologue et directeur de recherche au CNRS, Jean-Louis BRUNAUX a publié plusieurs ouvrages sur la civilisation gauloise, en particulier *Nos ancêtres les Gaulois* (2006), *Voyage en Gaule* (2011) et *Alésia* (2012).

Historienne et journaliste, spécialiste de la société d'Ancien Régime et de l'histoire des femmes, Joëlle CHEVÉ a consacré plusieurs ouvrages à l'histoire des femmes, parmi lesquels une biographie intitulée *Marie-Thérèse d'Autriche, épouse de Louis XIV* (2015), *Les Grandes Courtisanes* (2012) et *L'Elysée au féminin, de la IIe à la Ve République* (2017).

Avocat pénaliste, Pierre CORNUT-GENTILLE est aussi un historien reconnu. Il a publié chez Perrin *L'Honneur perdu de Marie de Morell*; *La Baronne de Feuchères*; *Un scandale d'Etat, l'affaire Prince*; *Madame Roland. Une femme politique sous la Révolution*; *Le 4 septembre 1870. L'invention de la République*.

Olivier DARD est professeur d'histoire contemporaine à l'université Paris-Sorbonne. Spécialiste d'histoire politique, il a notamment publié chez Perrin *Voyage au cœur de l'OAS* et *Bertrand de Jouvenel*.

Hélène DELALEX est conservateur du patrimoine au Musée national des châteaux de Versailles et de Trianon. Diplômée de l'Institut national du patrimoine et de l'université Sorbonne-Paris-IV, où elle est chargée de cours d'histoire de l'art moderne, elle est l'auteur de nombreux ouvrages d'histoire et d'histoire de l'art des XVIIe et XVIIIe siècles français, dont *Le Carrousel du Roi-Soleil* (Gallimard, 2016), *Louis XIV intime* (Gallimard, 2015), *Un jour avec Marie-Antoinette* (Flammarion, 2015), *Marie-Antoinette* (Chêne, 2013).

Historien et journaliste, Philippe DELORME, né en 1960, est l'auteur d'une quarantaine d'ouvrages sur les dynasties souveraines et les destins d'exception. Grand reporter pendant plus de vingt-cinq ans à *Point de vue*, il a fondé le trimestriel *Point de vue Histoire*. Il collabore aujourd'hui en tant que chroniqueur au magazine *Valeurs actuelles*. L'étude historique qu'il a menée conjointement avec une équipe de généticiens en 2000 sur le cœur de Louis XVII a eu un retentissement international.

Maître de conférences honoraire en histoire médiévale de l'université Paris-I-Panthéon-Sorbonne, Alain DEMURGER, spécialiste des ordres religieux militaires, est l'auteur de *Vie et mort de l'ordre du Temple* (1989) ; *Moines et guerriers : les ordres religieux militaires au Moyen Age* (2002) ; *Les Templiers, une chevalerie chrétienne au Moyen Age* (2005) ; *La Persécution des Templiers. Journal* (2015).

Directeur de la Fondation Napoléon et chargé de cours à l'Institut catholique d'études supérieures, Thierry LENTZ est l'auteur d'une trentaine d'ouvrages sur le Consulat et l'Empire, dont *Nouvelle histoire du Premier Empire* (Fayard, 2002-2010, 4 volumes), *Waterloo* (Perrin, 2015) ou la biographie plusieurs fois primée *Joseph Bonaparte* (Perrin, 2016). Ses dernières publications sont *Le Diable sur la montagne. Hitler au Berghof. 1922-1944* et, en collaboration, *Le Mémorial de Sainte-Hélène. Le manuscrit retrouvé* (Perrin, 2017).

Jean-Clément MARTIN, professeur émérite de l'université Paris-I-Panthéon-Sorbonne, ancien directeur de l'Institut d'histoire de la Révolution française, a notamment publié chez Perrin une *Nouvelle histoire de la Révolution française*, un *Dictionnaire de la Contre-Révolution* et une biographie de Robespierre, ainsi que *La Terreur. Vérités et légendes*.

Professeur émérite à la Sorbonne-Nouvelle, Alain PAGÈS a publié notamment *La Bataille littéraire* (Séguier, 1989), *Le Naturalisme* (PUF, 1989), *Emile Zola de « J'accuse » au Panthéon* (Lucien Souny, 2008), *Une journée dans l'affaire Dreyfus. « J'accuse… »* (Perrin, 2011), *Zola et le groupe de Médan* (Perrin, 2014). En collaboration avec Brigitte Emile-Zola, il a recueilli la correspondance intime de Zola en éditant les *Lettres à Jeanne Rozerot* (Gallimard, 2004) et les *Lettres à Alexandrine* (Gallimard, 2014, prix Sévigné 2015).

Pierre PELLISSIER, parallèlement à une carrière de journaliste politique marquée par deux passages au *Figaro* (de 1960 à 1975 puis de 1985 à 1995) et une parenthèse radiophonique (RMC puis France Inter), s'est consacré à des ouvrages historiques. Il a notamment signé des biographies de Robert Brasillach et Prosper Mérimée. Il est également l'auteur, aux éditions Perrin, de *La Bataille d'Alger*, *Diên Biên Phu* et d'ouvrages sur le maréchal de Lattre de Tassigny et les généraux Massu et Salan.

Jean-Christian PETITFILS, historien et écrivain, docteur d'Etat en science politique, diplômé de l'Institut d'études politiques de Paris, licencié en droit et en histoire-géographie, spécialiste de la France classique, est l'auteur de plus d'une trentaine d'ouvrages, dont une vie de Jésus (Fayard) et des biographies de Louis XIII, Louis XIV, Louis XV et Louis XVI (Perrin). Il est l'auteur également, chez Perrin/« Tempus », du *Masque de fer, entre histoire et légende*, de *L'Assassinat d'Henri IV, mystères d'un crime* et du *Dictionnaire amoureux de Jésus*. Il est membre du conseil scientifique du *Figaro Histoire*.

Claude QUÉTEL est historien, ancien directeur de recherche au CNRS et ancien directeur scientifique du Mémorial de Caen. Avant de se tourner vers la Seconde Guerre mondiale, il a travaillé sur l'Ancien Régime et l'enfermement. Il a notamment publié une *Histoire de la Bastille* (R. Laffont, 1989 ; Larousse, 2006 ; Texto, 2013), *Les Lettres de cachet* (Perrin, 2011), *L'Affaire des Poisons* (Larousse, 2007 ; Texto, 2015).

Archiviste-paléographe, docteur habilité de l'université Paris-I, Thierry SARMANT est conservateur en chef au Service historique de la Défense, où il dirige le Centre historique des archives (château de Vincennes). Il est l'auteur de plusieurs ouvrages consacrés à Louis XIV et à l'Etat d'Ancien Régime.

Ancien élève de l'Ecole normale supérieure, Laurent THEIS, historien et éditeur, est président honoraire de la Société de l'histoire du protestantisme français. Il est notamment l'auteur de *François Guizot* et de *Guizot, la traversée d'un siècle*.

Jacques TRÉMOLET DE VILLERS est avocat au barreau de Paris, conférencier et écrivain. Il a publié de nombreux ouvrages, dont, en 2016, *Jeanne d'Arc, le procès de Rouen* aux éditions des Belles Lettres et aux éditions Perrin. Il prépare un essai sur Cicéron.

Professeur à l'Ecole normale supérieure de Cachan et membre de l'Institut universitaire de France (2011-2016), Olivier WIEVIORKA est un spécialiste de la Seconde Guerre mondiale, à laquelle il a consacré plusieurs ouvrages dont une *Histoire du débarquement en Normandie*, une *Histoire de la résistance* et une *Histoire de la résistance en Europe occidentale*.

LE FIGARO HISTOIRE
14, boulevard Haussmann
75438 Paris cedex 09

PERRIN
12, avenue d'Italie
75627 Paris cedex 13

K07287/08

Achevé d'imprimer en mai 2018
par Normandie Roto Impression s.a.s.
61250 Lonrai
N° d'impression : 1801968

Imprimé en France